从"中国制造"到"中国创造"

企业创新

方法与工具

韩春生／

周涛／著

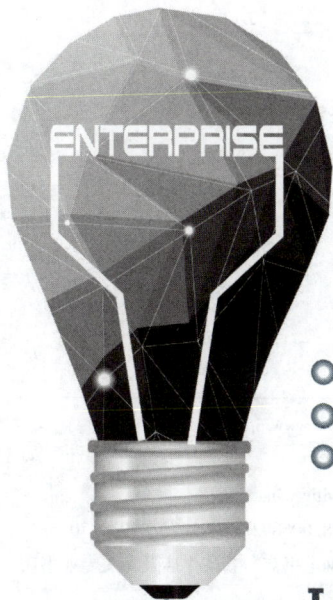

- **1** 套创新框架
- **10** 个简易创新工具
- **大量** 企业调研走访助力企业创新发展

INNOVATION

知识产权出版社

全国百佳图书出版单位

图书在版编目（CIP）数据

企业创新方法与工具/韩春生，周涛著. —北京：知识产权出版社，2016.3
ISBN 978 – 7 – 5130 – 4087 – 7

Ⅰ. ①企… Ⅱ. ①韩…②周… Ⅲ. ①企业创新 Ⅳ. ①F270

中国版本图书馆 CIP 数据核字（2016）第 050016 号

内容提要

当前，中国企业面临从"中国制造"到"中国创造"的艰苦转型。在这次转型过程中，企业能否生存，能否壮大，能否迈入世界顶尖企业的行列，最终的决定性因素就是"创新"。什么是创新？企业怎么进行创新？创新有没有方法可循？本书就是基于这样的目标，通过对大量企业的调研走访，并结合国内外最新的创新理论，归纳总结出了一套适合我国企业的创新框架和十个简单易用的创新工具，希望对广大中国企业的创新实践有所帮助。

责任编辑：汤腊冬　崔开丽　　　　　责任校对：董志英

装帧设计：陶建胜　　　　　　　　　责任出版：刘译文

企业创新方法与工具

韩春生　周　涛　著

出版发行：知识产权出版社有限责任公司	网　　址：http://www.ipph.cn
社　　址：北京市海淀区西外太平庄55号	邮　　编：100081
责编电话：010 – 82000860 转 8377	责编邮箱：cui_kaili@sina.com
发行电话：010 – 82000860 转 8101/8102	发行传真：010 – 82000893/82005070/82000270
印　　刷：北京嘉恒彩色印刷有限责任公司	经　　销：各大网上书店、新华书店及相关专业书店
开　　本：787mm×1092mm　1/16	印　　张：18
版　　次：2016 年 3 月第 1 版	印　　次：2016 年 3 月第 1 次印刷
字　　数：255 千字	定　　价：48.00 元

ISBN 978-7-5130-4087-7

自 序

每个人都有很多梦想，我的女儿看到日渐衰老的爷爷，曾经对我说长大了要当医学家，发明"长生不老"的药；当然她的梦想有很多很多，大多数遥不可及，可依然能让她激动不已。即便是成人的世界，梦想依然是支撑我们前行的力量。往小处说个人的幸福感和成就感是个人的梦想；往大处说，实现中华民族的伟大复兴是全体中国人的梦想。

梦想要变成现实还需要踏踏实实地努力前行，而铸就中国梦的支撑力量之一就是创新。看看我们身边的现代化机器设备、生活电器，大多都是中国制造的，却罕见中国创造的。从中国制造到中国创造是这个时代的中国人无法回避的历史责任。诚然，这中间的问题有很多很多，然而再多的问题也需要一个个地进行梳理和解决。这不仅仅是政府的责任，更是千千万万企业家的责任，是亿万普通老百姓的责任。借用一句流传很广的话并稍加修改：只要人人付出一点努力，中国创造一定能够到来。

说起来容易，做起来难。企业如何实现创新？如何能从创新中获得足够的利益？如何确保企业创新能力的提升？怎样提升员工的创新能力和热情？创新仅仅是指技术创新吗？这些现实问题却并不好回答，甚至没有现成的标准答案。

基于多年的企业培训咨询经验，笔者对于企业管理者内心的困惑非常理解；同样出于责任感和兴趣，笔者试图从原理和应用方面来分析企业创新所面临的实际问题以及解决方法。《企业创新方法与工具》正是在这样的想法下逐步完成，我们以问卷调查的方式收集了 90 多位企业管理者的意见和建议，实地走访了 20 多家企业并对两家企业进行了深度调研，收集了大量的一手材料。为了增强可读性，在书中我们采用最简单的语言进行描述，并充实了大量的案例。第三章的理论部分稍有难度，略显枯燥；但笔者强烈建议大家细读第三章的内容，这是结合了系统理论、混沌理论和心理学知识的、完整的企业创新体系架构，希望能从战略层面对企业创新管理加以梳理。本书还附上了两家企业的调研报告，希望能给读者更直观的感受。

很多企业刚开始时都挣扎在死亡线上，模仿和抄袭成为一种生存手段；然而笔者相信，企业的长久生存必然依靠的是那一份执着和梦想。创新就是新一代企业的必由之路，创新之路就在脚下，笔者愿与大家同行。

韩春生

2016 年 3 月 9 日

目　录

迷途，重生

0.1　现实的警醒　／3

0.2　缘起　／5

0.3　迷途　／9

0.4　重生　／21

0.5　企业创新管理调查报告　／25

第1章
创新是伟大企业的使命和基石

1.1　创新是行业竞争的驱动力　／44

1.2　产品生命周期与企业创新特点　／50

1.3　传统产业创新悖论　／68

1.4　企业创新案例　／71

第2章
中国企业的创新困境

2.1　当前中国企业的创新环境　／83

2.2　中国企业的创新现状　／89

2.3　阻碍中国企业创新的因素　／95

2.4　流行的创新理论体系介绍　／97

2.5　欧美国家或地区的创新政策及创新实践介绍　／106

第3章
混沌创新方法论

3.1　企业管理是一个系统　/ 122

3.2　复杂系统理论简介　/ 127

3.3　企业是一个复杂系统　/ 131

3.4　企业创新管理现状　/ 139

3.5　企业创新能力模型　/ 143

3.6　构建主动性的企业创新体系　/ 156

第4章
混沌创新工具

工具一：强制联合　/ 184

工具二：多多益善　/ 190

工具三：少就是美　/ 196

工具四：层层嵌套　/ 202

工具五：否极泰来　/ 207

工具六：优化重组　/ 212

工具七：化直为曲　/ 217

工具八：以"色"取胜　/ 221

工具九：方圆相对　/ 223

工具十：一物多用　/ 228

附录　创新调研报告　/ 235

中文参考文献　/ 275

英文参考文献　/ 279

后记　/ 281

迷途，重生

当许多人在一条路上徘徊不前时，他们不得不让开一条大路，让那珍惜时间的人赶到他们的前面去。

——苏格拉底

0.1 现实的警醒

1958 年 7 月建立的成都钢铁厂，是国家"一五"计划批准的首批钢铁生产企业，2002 年被攀枝花钢铁集团合并，与攀钢集团成都无缝钢管有限责任公司联合重组，合称为攀钢集团成都钢铁有限责任公司（简称攀成钢）。2015 年 3 月底，攀成钢压缩产能 180 万吨，职工分流 1 万多人，这在几年前是很难想象的事情。

时间进入 2015 年，世界经济复苏乏力，金砖国家❶普遍陷入低增长，即便是曾经的主要发动机——中国，也逐渐步入新常态，经济增速从 2007 年的 13% 左右跌至 2015 年的 6.9%，如图 0 - 1 所示。

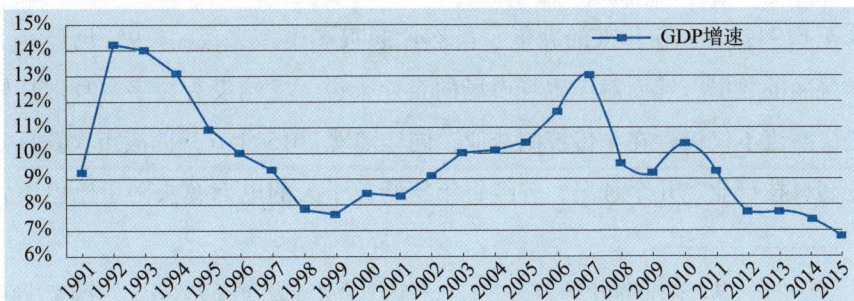

图 0 - 1 1991 ~ 2015 年中国 GDP 增速

❶ 指巴西、俄罗斯、印度、中国、南非这五个经济高速增长的国家。

"从要素结构看，随着人口结构的变化，适龄劳动人口（16 ~ 59 岁）总量开始减少，劳动力投入对经济增长呈现出负贡献；随着人口红利高峰期过去，储蓄率开始下降，资本积累对经济增长的贡献开始减弱；随着比较优势逐步减弱，外贸出口增速大幅放缓，技术溢出效应减小，劳动力由农村向城市的转移效应放缓，而技术进步和人力资本短期内比较稳定，因而短期内全要素生产率（TFP）也存在放缓态势。" ❶

——国家信息中心经济预测部　牛犁

以上现象及专家判断说明，大到国家小到企业，再依赖过去粗放的总量扩张形式来发展已经无法持续，必须依赖转型与升级才能继续保持增长态势。但是怎么转型和升级，这个话题谈了十几年，似乎成了不可能完成的任务；时至今日，大量的过剩产能、无效产能等着关停并转。

目前的状况是，从高科技的 IT 行业到传统的制造业都已经感到了经济下滑的寒意，按照一般的经济学理论，企业应该是收缩、转型或者创新以便熬过寒冬，迎来春天。然而多数的企业不仅没有转型创新的行动，还在观望等待财政或者货币政策的救火措施，期待下一个泡沫下的盛宴。

2016 年 1 月国家统计局最新公布的数据 ❷ 显示，中国 GDP 的增速已经降至 6.9%，创 25 年来的新低。虽然比起很多国家来说，6.9% 已经是非常靓丽的数据，然而对于置身市场的企业来说，显然没有数字本身那样轻松。寒流不仅仅存在于传统制造业，同样随着 2015 年 6 月的股市大跌蔓延到高科技行业。几个月来，曾经每年招聘数千人的电商龙头阿里巴巴停止

---

❶ 牛犁. 如何看待当前中国经济形势？——国际社会要适应中国经济发展进入新常态 [EB/OL]. （2015 - 09 - 24）[2015 - 11 - 10] http：//finance. people. com. cn/n/2015/0924/c1004 - 27626554. html.

❷ 中华人民共和国国家统计局. 2015 年国民经济运行稳中有进、稳中有好 [R/OL]. （2016 - 01 - 19）[2016 - 01 - 20] http：//www. stats. gov. cn/tjsj/zxfb/201601/t20160119_ 1306083. html.

招聘，百度停止招聘等消息不时出现在媒体，成为"热炒"的新闻。虽然，笔者认为这是企业非常正常的应对之举，但显然代表了时下中国经济转型期的阵痛。

经济短期下行的困难并不是现今最令人担忧的事情，正如国家主席习近平 2015 年 10 月在英国访问期间的讲话所说："当前，中国经济确实存在一定下行压力，存在一些结构性矛盾，这是**中国经济增长到一定阶段、一定水平之后必然要经历的正常调整**"。那么什么是最令人担忧的事情呢？什么是我们当前最重要的任务呢？习近平说："中国正在制定'十三五'时期经济社会发展规划，**重点是加快经济发展方式转变、经济结构调整，更加看重增长质量，更加注重创新驱动，更加倚重消费拉动**。"

在这些重点中，创新驱动是核心内容之一，李克强总理也不断在各种场合提到企业的创新问题。创新是什么？为什么创新很重要？为什么创新是企业的生存要素之一？如何增强企业的创新能力？如何构建创新型的企业管理方式？这些都是本书试图解决的问题。笔者将与大家一起分享调查的第一手资料、最新的企业创新方法与工具，为我国企业的创新转型提供助力。

0.2　缘起

从 1985～2015 年这过去的 30 年，中国经济迅猛增长，无数的企业家为此做出了巨大的贡献，随之而来的是企业规模从小到大。如今，很多中国企业如中石油、中移动、华为公司、阿里巴巴等已经进入世界级企业的行列，根据美国《财富》杂志于北京时间 2015 年 7 月 22 日晚发布的 2015 年世界 500 强企业名单❶，中国上榜企业继续保持强劲增长态势，达到 106 家，比上年度增加 6 家，上榜企业数量稳居世界第二，美国上榜企业 128 家，数量与上年度持平。而在 2005 年，上榜的中国企业仅有 18 家。

---

❶ 财富中文网. 2015 年财富世界 500 强排行榜［EB/OL］.（2015 - 07 - 22）［2015 - 09 - 25］http://www.fortunechina.com/fortune500/c/2015 - 07/22/content_ 244435.htm.

探讨中国经济高速增长的原因，总是离不开中国企业的高速成长，很多经济学家如吴敬琏、林毅夫等人都对此做过非常详细的解释和论证，其中被人们认可最多的是我国企业充分发挥了**比较优势**和**后发优势**。

正如中国古语所言，"成也萧何，败也萧何"，**很多企业长期奉行的发展模式是：走别人走过的路，大家一起挤在一条路上。通过复制别人的技术、产品和商业模式来壮大自己**。在这种情况下，大多数中国企业过去的基本发展模式是技术引进 + 学习模仿，迅速达到一定的生产水平，抢占一部分市场份额。这种模式在初期的时候由于比较优势的存在（低工资、低成本），企业得以迅速发展，规模不断扩大，再加上我国中低端市场需求巨大，企业形成了高速发展的态势。

1985~2005 年，我国在人口红利和成本方面有显著的比较优势，企业通过简单地复制或引进国外技术进行生产就可以获得可观的利润，因此逐渐形成了自己的路径依赖：**不断地需要外部的创新技术和方法，以及商业模式，然后进行成本优化，甚至生产"简装版"，最后占领部分市场**。这期间，出口占领国外市场，成为这种模式的巨大推动力。

为了让大家充分认识到这种模式的特点，我们先来简单回顾一下我国电视机行业的发展历史❶。

第一阶段：模仿学习，最后实现体量的超越

1977 年，中国的电视机年产量不过 20 万台，但到了 1980 年，全国产量已达到 250 万台了，1981 年的生产量则是 300 万台，其中还有 6 万台彩色电视机。

1978 年，国家批准上海电视机厂（即现在的上海广电集团）引进第一条彩电生产线（日本松下），该生产线 1982 年 10 月份正式竣工投产。不久，国内第一个彩色显像管生产厂——咸阳彩虹显像

---

❶ 李松伟. 中国电视工业：从零起步到全球第一［EB/OL］.（2009 - 09 - 08）［2015 - 09 - 25］http://tech.qq.com/a/20090908/000367.htm.

管厂成立，彩电得以在国内大规模生产。

也正是在这个时间，敏感的日本媒体发现了来自中国这一邻国在电视机工业方面的强大竞争威胁，《日本经济新闻》当时发布了一篇题为《中国电视机生产步伐加快》的报道，认为在电视机领域，中国内地成为强力竞争对手的日子即将来临。(**这是一个信号，任何容易引进的、容易模仿的产品都容易被超越。**)

1985 年，国家经贸委把彩电国产化列为全国 12 项重大引进、消化吸收项目之一，对彩电国产化的技术引进、技术改造、科技开发，从政策和资金上给予重点扶持。1987 年，我国电视机产量已达 1934 万台，超过了日本，成为世界最大的电视机生产国。这一荣誉保持至今。1991~2003 年，国产电视生产商全面超越洋品牌。

第二阶段：模仿学习并没有实现本质的超越，新技术依然只能靠引进

从 2004 年起，以液晶屏幕为主的平板电视开始推向市场。早期的平板电视并没有引起国内厂商的重视，2004 年平板电视在国内的销量尚不过 40 万台，占彩电销量的份额亦不足 2%，但从 2014 年 10 月份起，平板电视在国内几个主要城市的销售额已经超过 CRT 电视，这一趋势随后快速向大中城市蔓延。

根据国家信息中心《2006 年度国内平板电视市场白皮书》中显示，2006 年国内彩电零售量为 3500 万台，其中平板电视销售量为 477 万台，液晶电视为 397 万台，等离子电视为 80 万台，平板电视占整体销售量的 13.63%。但到 2007 年，国内 CRT 电视销量下滑到 2400 万台，液晶和等离子电视大幅增长至 700 余万台。

并且，由于技术水平的领先，原本已经失去大量市场份额的国外厂商又重新占据领先地位，三星和夏普成为液晶屏的主流厂商。而长虹选择的等离子技术，由于市场的认知情况并不如液晶，失去了大量的客户。这一段时间持续了大约 5 年。

第三阶段：走自己的路，活出精彩

2008 年的世界金融动荡带来了新变化，由于经济的下滑引起国外厂商技术更新的放缓，给了我国企业非常宝贵的时间和机会；同时，互联网技术的发展也引起了跨界的竞争，出现了智能电视以及 4K 屏、OLED、海信自主研发的 ULED、激光电视机等概念产品。

以智能电视为例，从 2010 年起，陆续有国内厂商开始推出智能电视的概念机型和附属产品，例如海信、康佳等传统电视机生产商推出智能电视，小米、华为等跨界厂商推出网络电视盒子，还有乐视等新的行业"入侵者"推出超级电视，等等。

根据中信证券的研究报告，截至 2014 年年底，中国七大主流电视厂商已累计创造 3110 万智能电视用户。智能电视时代，用户量和激活量成为商家必争之地。报告显示，传统厂商还是略胜一筹。海信以 800 万用户居榜首，TCL、创维分列第二位和第三位，分别是 650 万和 630 万。作为"入侵者"的乐视和小米用户量分别为 150 万和 30 万，略显"羞涩"。

据悉，用户量第一的海信，截止到 2014 年年底，其智能电视的用户总量已超过 800 万（指连接互联网被激活的用户），占国内主流智能电视厂商激活总量的 26%。海信方面预测，三年后，这一数据会攀升到 3000 万。

有趣的是，正在笔者写书的过程中，事情又起了变化，乐视 2015 年 9 月 24 日宣布，乐视超级电视第 3 代发布❶。值得一提的是，在发布第 3 代超级电视时，乐视给这代产品打上了"生态电视"的符号，而这代产品的最大卖点就是——低于量产成本定价。

"在互联网时代，只有第一名，没有第二名，乐视希望成为市场占比超过 30% 的电视厂商。"乐视智能终端事业部首席运营官

---

❶ 新浪科技. 乐视推出第 3 代超级电视 6 款产品售价 1699 起 [EB/OL]. （2015 - 09 - 24）[2015 - 09 - 25] http：//tech. sina. com. cn/elec/znjj/new/2015 - 09 - 24/doc - ifxieymu0826942. shtml.

（COO）梁军告诉记者，"乐视电视当前最重要的是尽快获得足够多的用户，并透露，乐视已具备生态型的盈利模式。

可以想象，这场以智能电视为噱头的大战还将进行下去；而且，参加战斗的不仅是老牌电视机生产商，还包括了新入行的互联网新贵——他们手拿风投（VC）或资本市场大笔的资金，奉行血淋淋的肉搏战，嗜血如命。这场战争的结局如何，留待时间评判。**唯一能够断定的是，如果主流厂商还希望采取跟随策略，不肯主导某种领域的创新，必将被淘汰。**

电视机行业是较为市场化的行业，竞争充分，行业发展迅速。企业出于竞争的需要不断地加大投入，产品更新换代比较快。而反观我国很多其他行业的发展情况，它们并不像电视机行业这样快速，有些还处于低成本规模扩张后期阶段。

0.3　迷途

我国发展成为全球第二大经济体，特别是国内土地和房产价格的飙升，直接带动了生产资料和劳动力成本的巨大上涨。在这种情况下，制造业很难在简单复制的基础上，继续扩大国际和国内的市场份额。原有的粗犷的经营模式逐渐失去竞争力，一方面劳动生产率提升缓慢，一方面商品同质化严重，生产者竞相压价，利润一跌再跌直到成本线以下。**企业通常是希望：第一，通过精细管理，降低成本或者购买先进技术重新获得竞争优势；第二，找到新的领域，继续原来的故事。**

0.3.1　降低价格之痛

举个简单的例子，对于 10 元钱的商品，假如利润是 1 元，为了获得市场份额，企业降价 0.5 元，虽然商品本身只降低了 5% 的售价，而利润却损失了 50%。因此，企业为了应付不断升级的价格战，只能压低利润，并寻求各种方法降低成本。

近年来由于苹果手机的巨大成功，智能手机市场成为各路资金眼中的金矿，于是，很多家企业不约而同地投资手机生产线，进入手机市场；遗憾的是，很快，中低端手机生产线就大量饱和，已经无利可图，可以预见的是，全行业亏损现象很快就会蔓延到这一领域。

2014 年，国产手机市场已是一片红海。根据市场研究机构 IDC 发布的数据，2014 年我国智能手机出货量达到 4.2 亿部，同比上升 19.9%。但由于市场趋于饱和，IDC 预测 2015 年中国智能手机增速趋缓，同比仅有 7.8%，这是自 2009 年以来增长率首次降至个位数。

进入 2015 年，中国智能手机市场第一季度销售总量为 1.1 亿部左右，同比下滑 3.7%，这是过去 6 年来，中国智能手机市场首次季度同比出现下滑。增长率和出货量放缓释放出一个信号，国内手机市场渐趋饱和，需求不再旺盛。

即便手机市场已经竞争激烈，小米、大神、魅族、乐视等厂商却又卷入一轮新的价格战，格力、奇酷等新进入者也在虎视眈眈。实际上市场已经给出信号，行业淘汰开始进行，接下来国产手机该拼什么？还能拼什么？大家首先想到的仍然是价格！

一个月之内（2015 年 7 月），小米、华为、魅族等国产手机品牌的旗舰机普降了 200 到 300 元，连低端机都下血本调价 100 元左右。有消息称，红米 2A 降价半天后就销售了 20 万台。

是什么造成了这个降价"怪圈"呢？手机中国联盟秘书长王艳辉在接受《IT 时报》记者采访时分析："现在国产手机厂商享有的资源是差不多的，供应链越来越透明，大家的手机配置都差不多，没有特色。"一旦一家发出降价信号，其他手机厂商不得不跟着降价。

"以前一台机子至少赚 30 元，现在这个差价已经算多的了。搞

手机就是在走量，没量根本没收入。黄金时代已经过去了。"一个手机经销商说道。❶

对于手机销售商，好日子已经一去不返了，但是对于手机生产商是不是就因为压低价格赚到盆满钵满呢？答案是否定的，笔者在写书的调研过程中发现，部分手机生产线已经处于闲置状态，甚至因为订单的不稳定和规模太小，部分手机厂商不得不停工。

> 2014 年 12 月 5 日，中国台湾胜华科技在东莞东城和松山湖的两家子公司——万士达、联胜科技停产；2014 年 12 月 9 日，胜华科技旗下苏州子公司联建科技也陷入停产，3 家子公司相继解散近万名员工。
>
> 2014 年 12 月下旬，位于东莞望牛墩的奥思睿德世浦电子科技有限公司老板跑路，据称欠债 1.35 亿元。
>
> 2015 年 1 月 3 日，东莞市兆信通讯实业有限公司因资金链断裂加上高利贷重压陷入困境，目前已经关门歇业。
>
> 2015 年 10 月 8 日，中兴、华为的一级供应商深圳市福昌电子技术有限公司突然宣布倒闭。
>
> 2015 年 12 月 18 日，华为、三星、中兴等手机品牌的代工厂中天信电子老板失联，工厂 4000 名员工突然被失业，且遭欠薪。❷

2015 年 2 月 27 日，工信部发布了《2014 年手机行业发展回顾及展

---

❶ 戚夜云，孙妍. 国产机血拼价格战，一个月线上普降 200 到 300 元［EB/OL］.（2015 - 07 - 06）［2015 - 11 - 10］http：//tech. qq. com/a/20150706/045420. htm.

❷ 王思琪. 手机代工企业告别黄金时代 附表：中国手机代工企业近年主要欠薪、停产、倒闭事件［J/OL］.（2015 - 12 - 22）［2015 - 12 - 29］http：//finance. ifeng. com/a/20151222/14132713_0. shtml.

望》的报告❶。报告中指出，2014 年手机在智能机快速增长、新兴市场加快普及等因素的带动下延续增长态势，手机整体产量达到 16.3 亿部，同比增长 6.8%，与 2013 年同期相比，增速回落 16.4 个百分点。**2014 年，手机行业平均利润率为 3.2%，低于电子制造业平均水平 1.7 个百分点**。

根据加拿大市场研究机构 Cannacord Genuity 的分析，2014 年中，苹果公司在智能手机市场的营业利润是市场份额排名前八家厂商营业利润之和的 65%，而 2015 年第一季度则更是达到了创纪录的 92%，同期三星智能机的营业利润占前八家厂商营业利润之和的 15%。苹果和三星两家公司的利润份额居然超过 100%，其原因是在智能手机行业内，其他厂商有的不赚不赔，有的甚至亏损。该公司分析师预计，未来几年中 iPhone 的销售量仍将继续增长，预计到 2018 年年底 iPhone 用户总数将达 6.5 亿人。从财务业绩来看，苹果公司远超其竞争对手。

这两组数字放到一起，我们就只有一个感觉，那就是除了苹果、三星等少数厂商，其他的厂商至少在账面上是亏损的状态。

靠价格竞争只有一个结局，就是输掉利润，变成价格的奴隶。当企业变成价格的奴隶，你会发现低质伪劣商品就充斥市场。

北京市场超六成床品不合格 部分企业盲目压低成本❷

作为每天都要"亲密接触"的东西，床上用品的质量关乎每个人的健康。北京市消费者协会昨日发布床上用品比较试验结果，41 个测试样品有 26 个样品质量指标不符合国家标准要求，占总样品数的 63.4%，一些价格高、品牌响的产品同样存在质量问题，恒源祥、迪士尼、ESPRITE 和宜家、特力屋、沃尔玛等知名品牌和商家

---

❶ 中华人民共和国工业和信息化部. 2014 年手机行业发展回顾及展望［R/OL］. （2015 - 02 - 27）［2015 - 09 - 30］http：//www. miit. gov. cn/n11293472/n11293832/n11294132/n12858462/16471145. html.

❷ 肖丹. 超六成床品不合格［N］. 北京晨报，2013 - 09 - 16（A08）.

上了"黑榜"。

四成样品缩水严重

生活中常说的"缩水"，即水洗尺寸变化率，按国家标准规定，优等品水洗尺寸变化率允许 ±3%；一等品水洗尺寸变化率允许 ±4% 以内；合格品水洗尺寸变化率允许 ±5%。北京市消协在比较试验中发现，17 个样品的该项指标不符合国家标准要求，占样品总数的 41.5%。其中水洗尺寸变化率超标严重的样品品牌有："金太阳""小绵羊""欧·色彩""恒发""百富帝""瑞朗""喜乐年华"。这些品牌的样品购自沃尔玛超市宣武门店等知名商家。

六成样品易掉色

色牢度考核的是颜色是否够牢固，是否容易掉色。41 个样品中有 25 个样品色牢度指标不符合国家标准要求，占样品总数的 61%。其中，购自物美超市华天店的"迎时"牌样品耐皂洗、耐碱汗渍、耐酸汗渍、耐水色牢度四项指标不合格，伊利诺伊、特力屋、宜家等家居专门店也分别有一款样品被检出色牢度不合格。

两款产品 pH 值超标

国标规定，A 类产品（婴幼儿纺织产品）pH 在 4.0 ~ 7.5，B 类产品（直接接触皮肤的纺织产品）pH 在 4.0 ~ 8.5。本次比较试验中，两个购自沃尔玛超市宣武门店的样品"恒发"牌 pH 为 9，"瑞朗"牌为 8.9。据介绍，人体皮肤呈弱酸性，如果与皮肤接触的纺织品呈碱性或酸性，就会对人体造成伤害。

部分企业盲目压低成本

北京市消协表示，床上用品质量差的原因一是部分企业盲目压低原材料成本，又不具备相应的检测能力，或有意或无意偷工减料、以次充好；二是相当一部分企业对产品质量的监控不到位，为应付销售企业的进店检查，仅对每一品种的个别产品进行检测，对其他出厂产品缺少监管。

0.3.2 "逐水草而居"也不容易

"逐水草而居"是对古代游牧民族生活方式的描写，有水有草的地方，比较适合放牧，所以人们要追逐有水有草的地方居住。同样，当一个产业已经无利可图的时候，是不是赶紧转向有机会的地方呢？这应该是常见的一种反应，也是我国企业最常做的事情，只要有某个行业存在获利机会，并且所获利润超过社会平均利润，那么资本马上蜂拥而至。

这叫做市场的赚钱效应，对于市场经济来说是很正常的事情；任何一本宏观经济学的专业书籍都不会认为这是个问题。是的，对于整体经济来说，这确实是正常现象；然而，实际上由于我国的经济管理方式以及企业的群体效应，大量资本集中奔向一个领域，造成一个非常复杂的问题：**超利润行业迅速变成亏损行业**。

无锡尚德 2005 年成功在美国上市后，光伏产业成了资本眼中的香饽饽。在光伏行业蒸蒸日上的日子里，政府主导建立了众多的"太阳城"和"光伏产业园"，通过大力招商引资，引来更多的光伏企业和项目上马。以江苏为例，这个全国光伏第一大省自 2008 年开始，先后建设了常州、无锡、金坛、常熟、镇江、扬州、盐城、徐州、泰州、高邮、启东、苏州等光伏产业园。很快，光伏产业就走到了拐点。美国加州市场研究机构 iSuppli 的报告显示，在 2008 年，光伏产业的利润率高达 40%，而到了 2009 年，大部分公司利润率为零。

由于规模效应，我国光伏产业在 2009 年还保持相当的利润，但是由于上马的生产线非常多，价格竞争极为惨烈。中国光伏产业联盟秘书处王世江博士说，从 2011 年第三季度开始，在全球光伏产能严重过剩的背景下，我国中小型光伏企业挑起了价格战，并最终在 2012 年年底导致了全行业亏本销售的恶果。"2012 年年底时，我国的光伏组件成本约为 0.7 美元/瓦，当时销售一瓦组件，企业就要亏

损 10 美分"。❶

在经过高歌猛进的黄金十年之后，光伏产业内部积聚的产能过剩矛盾已经到了崩溃的边缘，又恰逢全球金融危机和以欧美为首的一些国家的反倾销反补贴调查，国内光伏产业的危机被迅速放大。这个靠政策扶持起来的行业已经负债累累，大企业面临资金链断裂的风险，而那些想趁着好年景分一杯羹的小企业，更多选择了"三十六计，走为上策"。❷

可以这样说，如果进入光伏产业的企业稍微晚一步，就是亏血本的状态，最后还要政府来出台政策救市。于是市场就陷入了一个怪圈：**新市场机会→产业资本进入→政府大力扶持→更多产业资本进入→新机会变成陷阱→政府救市→大量僵尸企业苟延残喘→去产能留下少数企业。**

由于我国政府在经济生活中扮演着重要的角色，这个怪圈与纯市场竞争还不完全一样。因为政府的扶持，企业未对风险进行充分考虑便一哄而上，有时候甚至是被鼓励进入（低息贷款和优惠政策被滥用），在这个过程中很容易造成市场的大幅波动，超额利润大幅缩减乃至产生亏损，从而产生大量的无效投资和浪费。政府救市过程同样会产生很多负面效果：一是人为延长了行业的调整时间；二是大量无效的僵尸企业消耗了过多的资本。在行业的低迷期，由于政府的救市行动，延缓了去产能过程。当然政府在某些时候的救市是本着稳定就业的愿望，然而该淘汰的企业不淘汰，那么全行业必将遭受低利润甚至全行业亏损的尴尬局面；直到有一天，再也无法拯救的时候，去产能过程才最终完成。

类似光伏行业的故事在无数其他行业中重现着：建材行业、钢铁行

---

❶ 中国新闻周刊网. 光伏回暖，能否走出传统"怪圈"［J/OL］.（2014 – 02 – 13）［2015 – 11 – 10］. http：//finance. inewsweek. cn/20131101，79556. html.

❷ 李艳洁. 黄金十年终结，中国光伏产业困境调查［N/OL］.（2012 – 10 – 27）［2015 – 11 – 10］. http：//news. hexun. com/2012 – 10 – 27/147278482. html.

业、工程机械，甚至笔记本电脑行业都有过类似的故事。

"逐水草而居"必然希望快速进入市场，于是复制别人的产品或者购买技术成为企业的主要产品开发方式。然而很快，企业就发现这样的方式有着致命的缺陷：第一，由于技术的进步越来越快，产品的升级换代频率增加，购买技术的成本越来越高；第二，复制来的技术和产品缺乏新意，往往只能占领中低端市场，而有着相同经验的其他企业也会这么做，导致利润越来越低，直到无法盈利；第三，由于前两者的原因，当利润下降的时候，企业无力承担创新的投入，从而进入生存末期，要么被收购，要么涅槃重生——创新转型。

0.3.3　创新转型之痛

企业创新转型通常指企业通过对业务和管理进行结构性变革，获取经营绩效的改观；具体来说就是提升管理效率，提升产品层次。例如：由劳动密集型向自动化生产转变；由生产低端产品向生产高端产品转变；由提供单一产品向提供"产品＋服务转变"等不同方式。

企业的转型并非只是动动嘴皮子这么简单，**企业转型面临的最大制约就是创新能力不足。"不创新转型等死，创新转型找死"成为摆在不少企业家面前的难题。**

创新转型为什么难？经过调研和实地采访，笔者认为企业转型之所以困难主要在于如下的几个因素：

第一，缺乏主动性，多是被动的行为。

由于发展的惯性，我国大多数企业家对企业经营管理的认识还停留在曾经的成功经验上，即"扩大规模＋债务杠杆"。这一点在大型企业中最为常见。根据有关数据分析，在以高投入、高负债维持高增长的大背景下，企业不断加大举债投资规模，扩大产能占领更多市场份额，以致目前企业债务高企、产能过剩。据统计，2012 年非金融企业杠杆率（企业债务占 GDP 的比重）已攀升至 113%，超过经济合作与发展组织（OECD）国

家 90% 的阈值，在所有统计国家中高居榜首。●

如此高额的企业债务负担，一方面说明企业粗放的经营方式总体上一直在恶化，而另一方面也说明企业严重依赖负债维持生产的循环和产生收益。一旦生产回报低于债务利息支出，或者不能继续借到贷款，企业就处于非常危险的境地，而这在经济下滑阶段是非常容易发生的。

因此，在资金容易获取，扩大生产规模可以产生效益的时候，企业管理者往往并不关注转型与提升，当然了，日子过得很好，干嘛变呢？可是一旦经济下滑，企业又要拼命维持生计，并且因为财务杠杆越来越高，企业的各种生产活动必须围绕着生存这一主题，根本顾不上转型的问题了。直到有一天，当企业原有模式无法继续的时候，才会被迫进行某种程度的创新转型动作。说是转型，其实不过是寻求破产重组的一种方式而已。

东北地区最大的煤炭企业——黑龙江龙煤矿业控股集团有限责任公司（下称龙煤集团）未来三个月将分流 10 万员工，这引起了强烈的社会关注。

9 月 21 日晚，龙煤集团在机关全体员工大会上宣布，执行集团安置分流人员和鼓励职工创业闯市场相关政策，启动以现金流为核心的自救工作。龙煤集团董事长王智奎表示，要尽快完成三个月分流 10 万人的目标，通过分流人员、压缩工资成本实现企业现金流"止血"。另外，龙煤集团将变卖非煤产业、清收应收账款以补充企业现金流。

终结于 2012 年之前的"煤炭黄金十年"时期，龙煤集团出产的焦煤因煤质好、热值高，价格随市场行情一路走高，10 级焦煤从

● 李扬，张晓晶 . 中国国家资产负债表 2013——理论、方法与风险评估 [M]. 北京：中国社会科学出版社，2013.

2005 年的 600 元/吨，冲到 2008 年 2000 元/吨的最高点，龙煤集团每月入账十几亿元甚至更高。2008 年，龙煤集团矿工的月收入一度超过万元。

然而近年来煤价"跌跌不休"，目前已跌回 2005 年以前的水平，不足 600 元/吨，但人工成本却节节上涨。煤炭业内人士告诉财新记者，东北地区煤炭开采成本较高，龙煤集团的矿井大都是深井，人工成本更高。煤价每吨下跌超百元，对这些高开采成本的煤企冲击巨大。

2011 年尚净赚 8 亿元的龙煤集团，2012 年净亏 8 亿元，2013 年净亏损扩大到 23 亿元，2014 年亏损接近 60 亿元。按官方"2015 年前 8 个月同比减亏 11 个亿"的口径看，龙煤集团今年三季度亏损仍在 30 亿左右。

王智奎在内部直言，要以"减少无效消耗现金流和增加现金流为核心"全面启动第二轮改革，把富余人员全部、彻底、坚决地从不合理的岗位上减下来。同时，全面清理非经营性资产，不留后手。

但有煤炭业内人士认为，人员分流、保证现金流都不能从根本上改变龙煤集团的实际经营能力。受进口煤和蒙东褐煤的冲击，龙煤的煤炭连出省都困难，加上经济下行导致东北地区内需不振，龙煤集团目前的断臂之举，或只能维持企业生存。

龙煤集团于 2004 年重组当时亏损的鹤岗、鸡西、双鸭山和七台河矿务局绝大部分优质煤矿，试图打造产能上亿吨的上市煤炭集团。从 2005~2013 的八年，龙煤集团三度冲刺 IPO 失败，透支了企业大量资金和信心。2005 年七台河煤矿 171 人死亡的严重爆炸事故，以及 2009 年鹤岗分公司 108 人死亡的特大矿难，成为龙煤集团上市关键时期的死结。据龙煤集团内部人士估计，三次筹备上市失败让公司损失了数十亿元。

龙煤集团重组时间正好在煤炭黄金周期的启动期，但却在盲目扩张中错失了转型发展的机会，生产效率落在全国下游。❶

以上看似"壮士断腕"般的手段，其实早就应该完成。拖到现在的无奈"转型"又说明什么问题呢？企业缺乏不断追求"做强"的主动性，被市场逼迫的不得以，才举起"转型"大旗。

第二，缺乏投入，只想找捷径。

创新也好，升级也罢，总是需要投入的。我相信说到转型，反对的不一定有几个，可是如果说到投入，很多的企业就要打退堂鼓：失败了怎么办？损失怎么办？于是左思右想之后，多数企业还是做出如下决策：**看看别人怎么办，找个现成的途径最好**。"逆向工程"学习，"直接挖人"等招数都是很常见的。看看别人的是可以的，问题在于不一定适合自己，盲目地学习别人的方法同样也是死路一条。

以研发投入为例，一般来讲企业的研发分为两类，基础研究和应用研究是一类，试验发展是第二类。基础研究和应用研究主要是扩大科学技术知识，而试验发展则是开辟新的应用，即获得新材料、新产品、新工艺、新系统、新服务以及对已有上述各项做实质性的改进。

当前（2013数据）我国大中型工业企业研发经费投入强度仅为0.93%，而美国、日本、德国等发达国家则普遍在2%以上，其中日本达到了3.57%。

我国企业与创新型国家企业研发投入的一个重要区别在于企业研发支出中基础研究和应用研究（合称科学研究）比重严重偏低，企业研发活动几乎全部为试验发展。2011年，在我国6579亿元企业研发经费支出中，科学研究经费为198亿元，仅占3%。与"十

---

❶ 鲁晓曦. 黑龙江龙煤集团断臂求生，三个月分流10万员工 ［EB/OL］. （2015 - 09 - 23）［2015 - 11 - 22］http：//view. inews. qq. com/a/FIN2015092304701202.

一五"期末的 2005 年相比，虽然经费规模提高了 41%，但占比却下降了 5 个百分点。数据显示，世界主要国家企业研发支出中科学研究所占比重普遍在 20% 以上，如美国为 24%，日本为 25%，德国则高达 56%，俄罗斯和韩国也分别达到 17% 和 28%。我国企业科学研究经费占全国科学研究经费的 14%，而发达国家这一比重一般都在 35% 以上。❶

以上数据表明，我国企业的研发投入有两个特点：第一，投入总额不足；第二，偏重当下应用，对远期的投入很小，未来依然要靠学习别人的东西。同样，对于人员培养的投入也很低，很多企业所谓的人才培养仅仅局限在有限的几次员工培训上，而且多数是强制性的行业或组织内部的培训，很难达到培养的效果。

第三，能力不足，抓不住机遇。

企业创新转型需要学习积累，有时候确实要从仿制别人过期的"专利产品"开始。然而，事实上我国企业在仿制这条路上走得也不容易。

治疗男性性功能勃起障碍（ED）、俗称"伟哥"的万艾可，由美国辉瑞公司研发，在华专利于 2014 年 7 月 1 日到期。此前医药界普遍认为，到期后它会降价，十余家中国药企也向药监部门申请仿制万艾可。仿制是制药产业中被允许的普遍做法。获得专利的药品被称为"原研药"，当专利到期后，其他药企可使用药物的化学合成物专利，自行开发配方工艺并合法生产仿制药。医学界的共识是，仿制药在剂型、规格、给药途径、质量以及药效和适应症方面，都应与原研药等同。对于超过专利期的药品，迫于仿制药竞争压力，药厂多会主动降价，否则销量可能大幅下跌。万艾可在其他

---

❶ 玄兆辉，吕永波 . 中国企业研发投入现状与问题研究［J］. 中国科技论坛，2013（6）：7 - 8.

国家专利到期后，不乏降价先例。在泰国，万艾可降价约30%；澳大利亚每粒万艾可售价不到20元人民币。

　　然而，艾美仕市场研究公司的数据显示：2014年，万艾可在中国市场的销量不降反增，增幅达47%。许多国外药品专利失效后，在中国市场仍维持原价，销量也未受影响。究其根本原因，还是我国仿制药品长期积存问题导致：药效问题，工艺审核问题等。❶

简单地总结我国企业创新转型的三大问题：

- 思想上没准备，缺乏主动性；
- 缺乏资金与人才投入，大多是口头上说说；
- 创新转型能力不够，抓不住机遇。

0.4　重生

　　新一届政府自2012年起，就大力布局"大众创业，万众创新"的战略，不仅希望能够扭转创新能力不足的局面，还希望带动就业给传统行业转型提供缓冲。这无疑是对全社会创新能力的一次推动。

　　但从操作层面来看，企业如何进行创新却没有一个成熟的方法论，政府一直在鼓励的"互联网＋"或者"工业4.0"也仅是一种宏观上的指导，具体的执行还要靠企业自身。

　　企业在创办或者进入一个领域的时候，可以有两种方式：

- 模式一：完全复制他人模式；
- 模式二：有某种程度的创新。

　　我们换一个角度来看，如果这个领域已经是充分竞争的领域，那么站在市场的需求和消费者福利的角度，模式一对于提升市场需求或者消费者

---

❶　孙爱民，贺涛. 仿制药大洗牌 [J/OL]. （2015 - 09 - 28）［2015 - 11 - 22］http：//maga-zine. caijing. com. cn/20150928/3976676. shtml.

福利方面显然是没有价值的；而模式二则会提升消费者的福利，同时也有可能会增加原有产品的市场需求。因此，站在市场发展的角度，显然一个公开透明的市场是欢迎第二种模式的企业的，会给予更好的市场评价（利润）。

而对于采用模式一的企业来说，虽然进入充分竞争的市场并不提升整体需求，但是企业自身可以通过挤压对手获得某种程度的"利润分成"；然而，对于充分竞争的市场，这必然意味着全行业利润的下降，换句话说，进来一家就要淘汰另一家。如果引发被动的价格战，虽然短期内消费者会受益，但很快全行业陷入窘境，消费者也会由于服务、升级等问题最终受损。

因此，**对于选择投资领域的企业，尤其是创业企业来说，没有创新的投入不仅无益反而有害。**

　　一个身边的小例子，笔者生活的小区位于北京四环边，小区有5栋楼，大约800户。原来小区东边和西边各有一个发廊，是为居民理发，给女士做美容的小店。小店面积中等，价位与周边地区相比适中，算是中等档次的消费场所；由于小区较为封闭，外边很少有人进来消费，两个小发廊就只为小区居民服务，一直开得不错。大约3年后，有一家新的发廊入住小区；新发廊面积小，不能提供除理发外的其他服务，因此为了吸引小区的消费者，这家发廊打出了价格战，理发服务比其他两家便宜一些。

　　开始的时候看似并没有什么影响，去新发廊的也仅仅是图便宜的老人家。然而，接下来的事情出乎所有居民的预料，在短短几个月的时间中，先是最初两家发廊中的一家卷款而逃（未结清房租水电费，并且也未通知很多办了卡的居民，不少居民卡里余额有数百元，还有少数有上千元），接下来另一家也关张倒闭。于是整个小区就仅剩这一家新开的小发廊，但是，小发廊的生意并未因为竞争对手的消失而变好，也仅仅只是维持生计而已。而原有的小区消费群体大多转移到周围小区的商家当中，因为这个小发廊并不能满足大家的需要。

在一个充分竞争的行业中，如果新进入的企业不能提供创新的服务或者产品，不仅损害行业的利润，无助于增加消费者的福利，而且长期来看同样并不能实现扩大就业的效果。这一点不仅对国家、地方和行业的宏观管理者有重要的意义，对于微观的企业经营者来说，在进入一个新的领域时，也是要重点考虑的。

当然在一个非充分竞争的行业中，新进入的企业可以通过降低价格来增加消费者的福利，对于整个行业的发展也有一定的意义。但是站在企业角度，**毫无创新的生产是对资本、人力和智慧的浪费**。企业要生存就需要市场和利润，要想生存得更好就需更多的市场和更好的利润；要想实现这个目的，就需要不断创新，提供更有价值的产品和服务。

在为了写本书进行的现场采访中，笔者曾多次遇到这样一个说法：**小企业由于生存压力大，所以创新的事情要放在后面；创新是大企业才关注的事情**。这个说法不仅流传于企业管理者当中，甚至笔者接触的不少学者也持同样的态度。不过这与我们调查结果并不相符（后面有关于调查的详细描述），无论大企业还是小企业的管理者，都意识到创新对于企业发展的重要性，并且已经有相当比例的企业已经走在创新的路上。

大家对于创新的认识是不同的。也许在很多学者的眼中，只有很"高大上"的技术创新才能算是创新；其实对于企业家来说，大的创新有价值，小的创新也一样必不可少；甚至对于一些小微企业来说，简单的创新都能带来想象不到的结果。

一家白酒企业，它没有响亮的品牌，也不是什么名优商品，而且你还很少能在电视上看到他家的广告，但在短短七个月的时间里，销售额从200万到了1个亿，他们凭借的是什么手段呢？就是**创新的营销方法**。

江小白酒业成立于 2011 年，此时，中国的白酒行业早已成了一片红海。江小白的创始人陶石泉认为，一个白酒类的新品牌，要想在品牌林立、企业众多、竞争激烈的传统行业杀出重围，必须进行创新。仔细思考后，陶石泉将江小白定位为一个专门为 80 后、90 后打造的青春小酒品牌，以青春的名义创新，以青春的名义颠覆。

传统白酒企业品牌推广大多依赖于广播、电视、报纸杂志等媒体，广告费用比重很高。而江小白瞄准 80 后、90 后群体，主要采用社区论坛、微博等社会化营销方式，其新浪的官方微博已聚集了 10 万粉丝。陶石泉业余时间喜欢卡通漫画，他设计了一个卡通人物"江小白"，这个长着大众脸，鼻梁上架着无镜片黑框眼镜，系着英伦风格的黑白格子围巾，身穿休闲西装的帅气小男生，给人一种亲切、简单、时尚的感觉，一下子将品牌形象化了。同时，陶石泉和他的团队还设计了许多幽默风趣、鲜活时尚的江小白语录，如：

- 每个吃货，都有一个勤奋的胃和一张劳模的嘴。
- 关于明天的事，后天我们就知道了！
- 吃着火锅唱着歌，喝着小白划着拳，我是文艺小青年。
- 岁月如动车，光阴似高铁，再不开心，我们就老了，我是江小白，生活很简单！
- 有的时候，我们说错话，我们做错事，是因为受了江小白的诱惑。
- 容颜易老，青春会跑，一瓶江小白就倒，还叹红颜知己太少。

江小白酒业是白酒行业中第一个采用卡通人物做形象代言人、第一个采用互联网社会化营销的企业。2013 年 11 月，陶石泉在重庆微博营销大会上分享他的一些心得："我从来没有一天的互联网从业经验，也没有什么互联网思维，我只是做了几年的营销，我自认为在营销方面我懂那么一点点，但我确实不懂互联网。因为我们投入小，没办法用传统的方式去跟 100 个亿的企业竞争，所以我们要找一种新的途径来创立我们自己的品牌。当时我在想，靠天靠地不如靠自己，自己开始学习微博这种媒体，探讨一条通过微博创新新品牌的新路子。如果说当时只是一种隐约的感觉，今天我可以自豪地说，把微博当成主媒体创建新品牌这条路子我们已经走通了。江小白这个品牌就是为微博而打造的，无论是产品本身、传播物料，一切跟品牌相关的东西都打上了微博的印记。"

企业要生存和发展这是管理者和员工的共识，生存和发展离不开利润大家也都同意；但是在当今的市场中，想要长久地实现企业的生存发展和利润，就必须依靠创新，而不是其他的方法，创新是企业发展的原动力。

0.5　企业创新管理调查报告

为了了解企业管理者对于企业创新管理和创新本身的认识，我们做了一个调查问卷，访问了 120 位来自不同企业的管理者。调查问卷一共有 16 个问题，收集到的有效回复共计 97 份。由于希望能够反映更多不同类型企业的状况，因此调查本身并没有设定特别对象，采用的方式是随机调查；另外本次调查主要是为了说明问题的性质，而非定量的论证，因此在问题的设置上尽量宽松，没有采用严格的数量模型。

问题一：关于受访者的企业规模。（单选题）

1. 0 ~ 50 人
2. 51 ~ 150 人
3. 151 ~ 300 人
4. 301 ~ 1000 人

5. 1000 人以上

企业规模分布如图 0 – 2 所示。

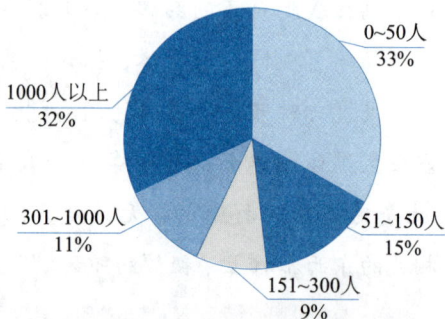

图 0 – 2 受访者的企业规模分布

本问卷对于各种规模的企业都有一定的参考价值。在后续的分析中，我们将 0 ~ 50 人的企业归类为小型企业，51 ~ 300 人的企业归类为中小企业，大于 300 人的企业则归类为大型企业。

问题二：关于企业管理者认为在企业创新过程中，哪些因素比较重要？（多选题）

1. 管理方式和文化

2. 创新研发投入

3. 优秀的人才素质

4. 激励措施

5. 市场的压力

6. 客户的需求

在本题有效的回复中，得分最高的是选项 1 和选项 3，受访者普遍认为管理方式和文化、人才素质是企业创新最重要的因素；而得分最低的是市场压力和客户需求，这与很多一线工作人员的判断不一致，如图 0 – 3 所示。

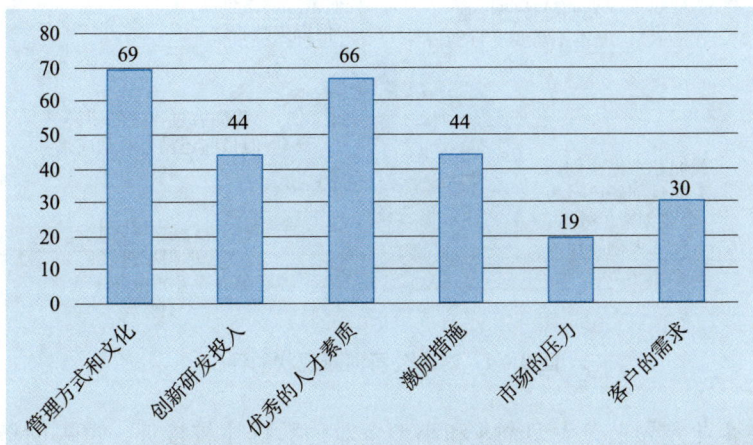

图 0 - 3　企业创新中的重要因素

这个问题在不同规模的企业间不存在显著差异，数据显示不同规模的企业对于创新所涉及的因素并没有认识上的不同。

问题三：对企业创新现状的调查，被访者主观判断自己所在企业创新的基本情况。（单选题）

1. 我们是传统行业，基本不需要进行创新
2. 我们曾经尝试创新，但以失败告终
3. 我们有过一些创新，但目前还没有看到成果
4. 我们进行过一些创新，初步取得了进展，但对企业贡献还不大
5. 我们非常重视创新，而且创新已经为企业创造了效益，会加大创新投入

大约42%的受访企业非常重视创新活动，并且创新项目已经为企业带来了效益，会持续加大创新的投入；31%的受访企业的创新项目有进展但还未见成效；其余27%的受访企业还没有看到创新的成果或者还未开始创新的项目，如图 0 - 4 所示。

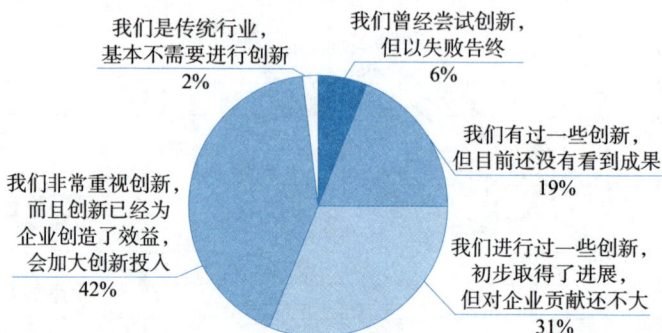

图0-4 对本公司创新现状的评价

在企业差异上，大型企业和小型企业的数据比较接近，重视创新的比例分别是55%和47%，而中小企业对创新活动的重视反而较低。创业初期的企业对于创新的重视程度较高，原因是企业非常希望新的产品和服务能够迅速占领市场；而大企业之所以对创新比较重视，原因是它们普遍需要转型与提高，希望能够保持优势地位。

问题四：您所在的企业，是否有专门负责创新的工作团队？（单选题）

1. 我们没有专门负责专门创新的团队

2. 我们所有人都参与创新工作

3. 我们设有专门的创新团队，比如基础研究院，××研究所或其他类似机构

这是一个有关企业创新管理的问题，大约39%的企业已经建立了专门负责创新的团队，而其余61%的企业并没有专门团队负责创新活动，或者将创新活动融到日常工作中，如图0-5所示。

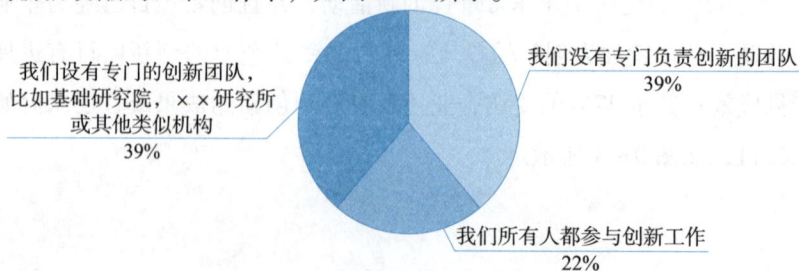

图0-5 企业是否有专门的创新团队

是否有专门的创新团队与企业规模呈现正相关关系，规模越大的企业，越倾向于建立专门的创新团队负责创新工作；而规模越小的企业，则更多地将创新融入日常工作中。

问题五： 您所在的企业，参与创新人员的比例有多少？（单选题）

1. 低于5%

2. 5%～10%

3. 10%～20%

4. 20%以上

本问题是问题四的补充，为了增强被访问者的回答效果而设置。本问题的回答在企业规模上没有明显差异，显示中小企业不设置专门的创新团队主要与规模和人员数量限制有关，与管理方式有关，而与重视程度无关。

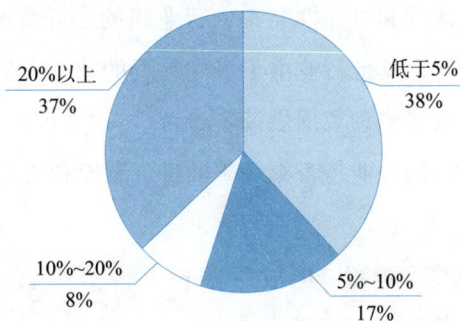

图0-6 企业中创新人员的比例

问题六： 您所在的企业属于哪个行业？（单选题）

1. 传统制造业

2. 新型制造业

3. 信息产业及相关

4. 服务业及相关

5. 基础产业（煤炭、化工、农林等）

由于采用的是随机问卷的方式，受限于笔者的行业圈子及采访的方便程度，受访对象集中在信息产业及相关行业，以及服务业及相关行业，两者占比达到了 79%；其余 20% 左右的受访对象来自制造业和基础产业。

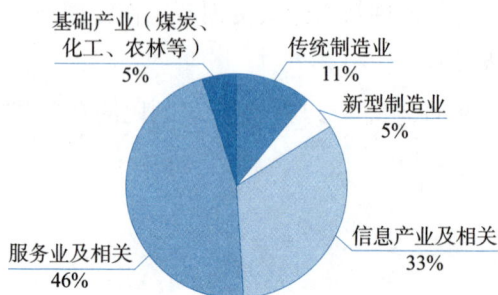

图 0-7　企业所属的行业

为了能够更加客观地反映更多行业的创新情况，我们在现场走访时特别注意了制造业的情况，采访了位于青岛的海信集团及其三个生产工厂。

鉴于数据的可比性和可靠性关系，行业间的差异情况主要对比了服务业和信息产业的数据，其他行业由于采样数据的数量未到 30%，暂不做对比，未来还将继续收集整理数据供读者参考。

问题七：您所在的企业是否有完善的管理制度和流程？（单选题）

1. 没有
2. 有一部分制度和流程，但很少遵守
3. 有一部分制度和流程，基本遵守
4. 基本完善的管理制度和流程，但管理者有相当的自主权
5. 基本完善的管理制度和流程，只有高层管理者才有自主权

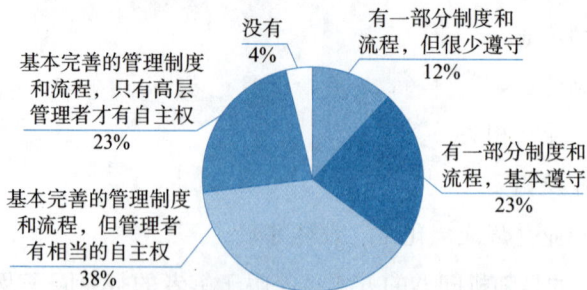

图 0-8　企业是否有完善的管理制度和流程

本问题主要是了解受访者所在企业的管理现状。没有管理制度和流程以及有却不执行的仅占16%，其余的企业都有某种形式上的管理制度和流程在执行。管理者拥有某种程度上的自主权的企业占到总数的61%，这说明管理者对于流程有干预的能力。

这项调查受企业规模的影响比较明显，企业规模越大，拥有管理制度和流程的比例也就越高，在超过300人的企业中，受访者都声称管理制度和流程是存在的。这说明在这些企业中，任何工作包括创新在内，都会受到管理制度和流程的限制。换句话说，如果希望推动任何创新工作，在这些企业里，都需要考虑管理制度和流程，以及管理者的自主权问题。

问题八：您所在的企业是否有完备的绩效考核制度？（单选题）

1. 没有
2. 有一部分，但很少遵守，还是领导说了算
3. 有一部分，基本按照绩效考核指标进行考核
4. 基本完善的绩效考核制度

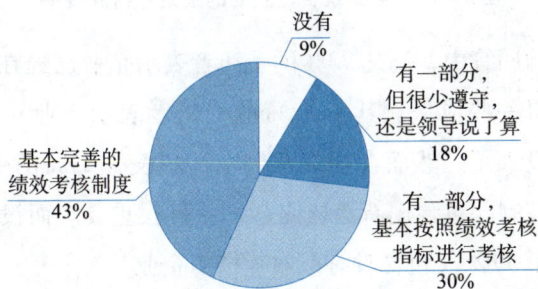

图0-9 企业是否有完善的绩效考核制度

问题八与问题七是相关联的，是一对相互影响的问题。没有或者有却不执行绩效考核的公司仅占27%。换句话说，大部分企业判断员工业绩的方式是依赖绩效考核制度的。因此与问题七一致的是，如果企业进行任何创新有关的工作，从事创新工作的员工的业绩也需要由绩效考核制度来判断。

问题九：如果您的企业有绩效考核制度，创新是否是其中的一项？（单选题）

    1. 我们没有绩效考核制度

    2. 我们有绩效考核制度，但其中没有创新的要求和内容

    3. 我们有绩效考核制度，其中也有对创新的考核内容，但通常不重要

    4. 我们有绩效考核制度，其中也有对创新的考核内容，而且很重要

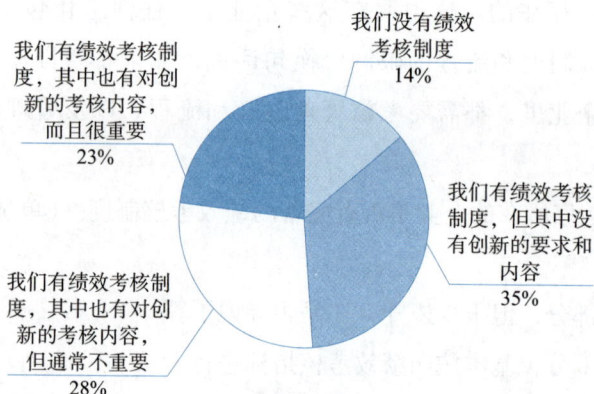

图 0 - 10　创新是否在企业的绩效考核制度中

    在问题三的回答中，高达73%的受访者表示企业已经在做创新有关的项目，并且取得一些成果。其中42%的受访者表示企业从创新中获得效益，并会加大投入了。然而在绩效考核中，却仅有23%的受访企业表示：我们的绩效考核制度包含创新考核内容，并且很重要。而没有创新考核的企业占比达到了49%（包含没有绩效考核的企业）。

    这反映出创新在实际工作中并没有受到执行层的重视，原因是他们的绩效与创新的关联并不大。如果在创新与提升当前业绩中作选择的话，他们最有可能选择的是后者。

问题十：关于运营战略与创新。（最多选 2 个）

1. 我们遵循客户至上原则，客户的需求就是我们的工作，我们的创新也都是围绕客户现有需求展开

2. 我们追求利益最大化，什么项目利润高我们选择什么，创新也是为了追求更好的利润

3. 我们按照既定的战略进行我们的工作，同时兼顾创新，在我们现有的工作中能进行改进最好

4. 我们的现有工作和创新工作是分开的，两者之间没有必然的联系，我们的创新是为了未来的产品或服务

这个问题是关于日常工作与创新的关联性，与问题二有一定的联系，主要反映企业的创新思路来源。从数据中可以看出，主要的创新来自于客户需求，或与日常工作有关的领域；少部分来自于企业的逐利行为，完全把创新与日常工作独立分开的只是非常少的一部分企业。如图 0-11 所示。

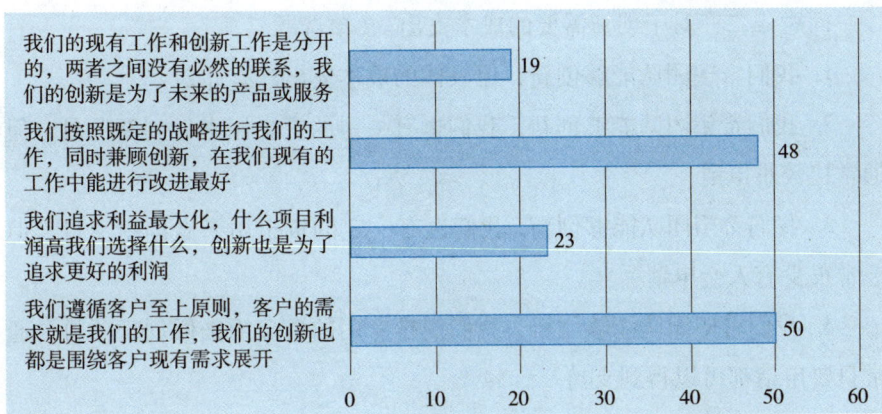

图 0-11　运营战略和创新

问题十一：关于创新的激励措施。（单选题）

1. 我们鼓励创新，但没有具体的激励措施

2. 我们鼓励创新，一般给予创新者一定的奖励

3. 我们鼓励创新，会给予重奖

62%的受访者表示，企业会对创新给予一定程度的奖励；同时也有38%的企业认为，奖励仅仅是一种表面制度，没有具体措施，如图 0 - 12 所示。

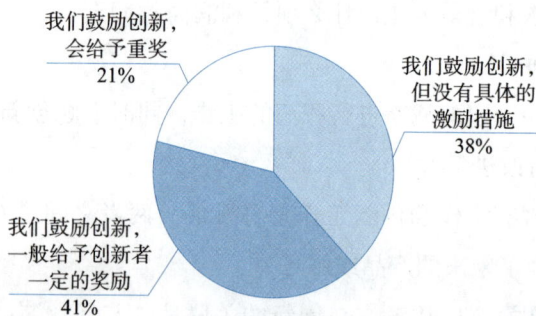

我们鼓励创新，
会给予重奖
21%

我们鼓励创新，
但没有具体的
激励措施
38%

我们鼓励创新，
一般给予创新者
一定的奖励
41%

图 0 - 12　创新激励措施

在受访者中，大型企业的受访者表示有明确奖励制度的比例为77%，高于中小企业。这反映出大型企业更能将创新落实到具体的工作中。

问题十二：对于创新需要的成本支出。（单选题）

1. 我们希望团队能够创新，但具体的成本支出没有计划

2. 我们希望团队能够创新，我们也有一定的资金用来做创新项目，但通常比较难申请

3. 我们希望团队能够创新，我们也有一定的资金用来做创新项目，但通常很少有人会申请

4. 我们希望团队能够创新，我们安排专用的资金用来做创新项目，通常只要申请都可以得到支持

本题希望了解企业是否能对创新工作单独进行预算管理，是否能够根据工作需要对创新进行必要的成本支持。没有任何成本支持的企业竟然占比到37%，也就是说，企业希望能够创新但不希望承担额外的成本。同时，有支出计划，但很少有人申请或者申请也很少通过的又占到35%；只有在28%的企业中，创新能够比较容易得到资金支持，如图 0 - 13 所示。

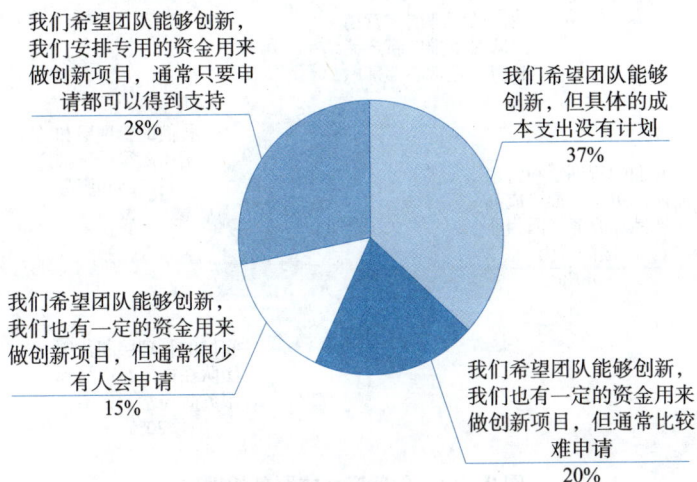

我们希望团队能够创新，我们安排专用的资金用来做创新项目，通常只要申请都可以得到支持 **28%**

我们希望团队能够创新，但具体的成本支出没有计划 **37%**

我们希望团队能够创新，我们也有一定的资金用来做创新项目，但通常很少有人会申请 **15%**

我们希望团队能够创新，我们也有一定的资金用来做创新项目，但通常比较难申请 **20%**

图 0 – 13　创新所需的成本支出

这个问题说明企业在认识与行动上还是有很大的差距，28%的比例甚至低于问题三的调查结果中，声称在创新中获利的企业比例。大型企业的比例略高于平均水平 5 个百分点，在 33%的大型企业中创新容易得到资金支持。

问题十三：对于创新产品或服务的推广：（单选题）

1. 我们的管理层和营销团队很乐于推广新产品和服务

2. 我们的管理层和营销团队在推广新产品和服务时经常意见不一

3. 我们的管理层和营销团队更乐于推广成熟产品和服务，因为业绩的压力

4. 我们的管理层和营销团队对于推广新产品和服务经常心存疑虑

本题调查企业创新产品的推广是否能够得到现有流程与团队的支持。对于创新产品的推广，仅有 38%的企业乐于进行市场推广，并且营销团队也可以给予支持；而心存疑虑或者迫于业绩压力并不希望推广创新产品的比例为 42%，如图 0 – 14 所示。

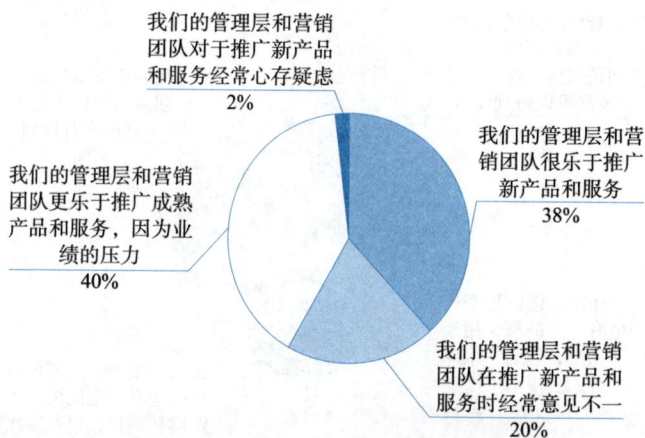

我们的管理层和营销团队对于推广新产品和服务经常心存疑虑
2%

我们的管理层和营销团队很乐于推广新产品和服务
38%

我们的管理层和营销团队更乐于推广成熟产品和服务，因为业绩的压力
40%

我们的管理层和营销团队在推广新产品和服务时经常意见不一
20%

图 0 – 14　创新产品或服务的推广

大型企业在本项调查中的数据（27%）意外地低于中小企业，小型企业乐于推广的比例最高（47%）。

在受访的企业中，信息产业管理者乐于推广创新产品或服务的比例为50%，该比例要高于服务行业的36%，显示信息技术相关领域的公司在创新产品推广中更主动一些。

问题十四：对于创新产品或服务的来源。（单选题）

1. 我们的创新通常来自于专门负责创新的部门或机构

2. 我们的创新主要来自于现有的研发部门或技术部门

3. 我们的创新主要来自于员工的个人兴趣

4. 我们的创新主要来自于客户的需求

5. 我们的创新主要来自于管理层和产品经理的规划

本题与问题十有关联，主要是想印证当前企业创新的来源。同样地显示了市场需求和既定的研发计划是创新工作的主要来源；而只有8%来自于企业员工个人的兴趣，说明还有非常大的潜力可挖掘，如图 0 – 15 所示。

来自员工个人兴趣的创新在企业规模上没有明显差异，但从行业来看，信息技术相关行业要高于服务业5%。

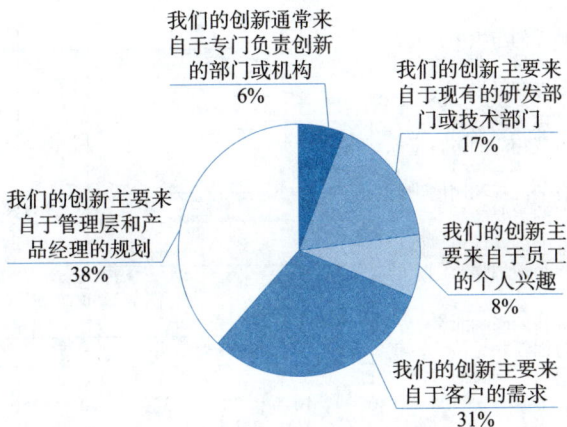

图 0 - 15　创新产品或服务的来源

问题十五：你是否认同下面关于公司对创新的管理的观点？（多选题）

1. 公司的战略对创新的影响非常大，如果公司战略对创新并无关注，我们很难在工作中进行创新的尝试

2. 公司对不确定性的创新项目提供相应的资源，因此必须加强对创新的管理

3. 公司必须对现有的流程和制度进行调整以适应创新的需要

4. 公司必须严格管理与创新有关的人员，并为他们设置相应的考核指标

5. 公司可以设置独立的组织单元或者团队来应对创新项目，并为这些团队提供相应的制度和流程

如图 0 - 16 所示，受访的管理者认为公司战略对于创新的重要性最高，其次是管理流程的影响；并且他们支持这样的做法，即把组织的一部分独立成为一个单元，负责创新业务；而对于严格管理，设置考核指标的认同感最低，这与问题八的大部分公司执行全面考核制度形成了一个问题的两面：那就是现有考核对于创新的影响是负面的，但又不得不遵照现有考核程序执行。

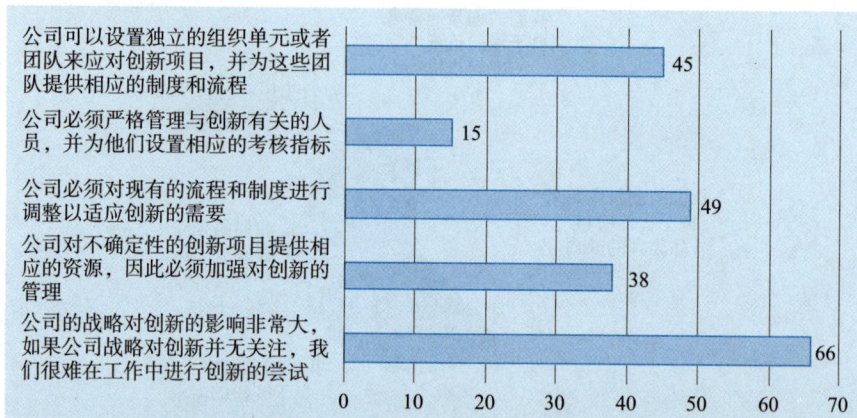

图 0-16 是否认同公司对创新的管理的观点

问题十六：您认为阻碍公司开展创新的主要因素是什么？（限选三项）

1. 对创新投入不足，害怕失败

2. 眼前的经营比较忙碌，没时间开展创新

3. 固定资产投资过大，经营压力大，无暇顾及创新

4. 赚钱还不太难，对创新没有紧迫性

5. 不知道如何创新，缺乏创新理念、方法与工具

6. 视野与思路不够开阔，对于发展趋势认知不足

7. 员工普遍缺乏创新能力和创新指导

8. 没有或缺乏与创新有关的激励措施

9. 现有的客户需求压力很大，忙于目前的工作，没有时间考虑创新问题

本问题是对关于创新的阻碍因素的调查，如图 0-17 所示，排在前三位的是：6（视野与思路不够开阔，对于发展趋势认知不足），2（眼前的经营比较忙碌，没时间开展创新），1 和 5 并列第三名。

受访的管理者普遍认为，管理者的视野受限，现有业绩压力大，创新投入不足以及缺乏创新理论、方法与工具的指导是创新受阻的主要障碍。综合前述的调查问题，我们可以得知，企业关于创新管理、流程和方法，创新本身的方法和工具，员工的创新积极性和创新能力是大家最关注的与

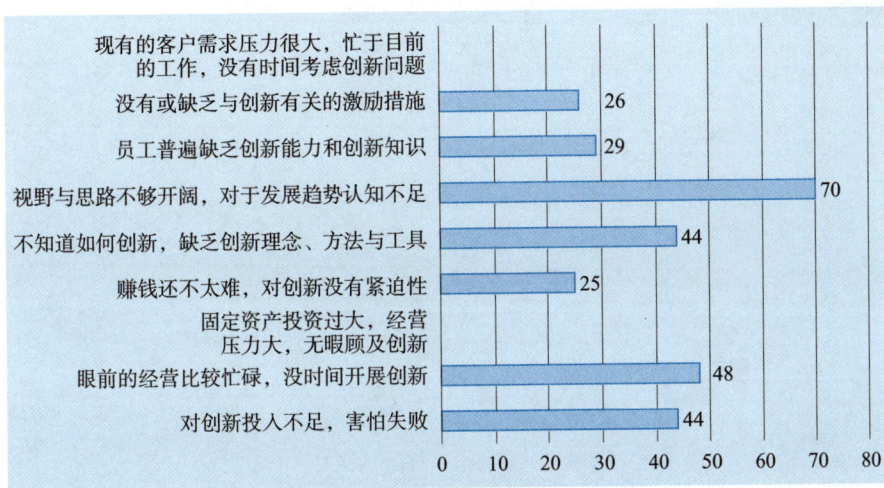

现有的客户需求压力很大，忙于目前的工作，没有时间考虑创新问题
没有或缺乏与创新有关的激励措施 26
员工普遍缺乏创新能力和创新知识 29
视野与思路不够开阔，对于发展趋势认知不足 70
不知道如何创新，缺乏创新理念、方法与工具 44
赚钱还不太难，对创新没有紧迫性 25
固定资产投资过大，经营压力大，无暇顾及创新
眼前的经营比较忙碌，没时间开展创新 48
对创新投入不足，害怕失败 44

0 10 20 30 40 50 60 70 80

图 0-17　阻碍公司开展创新的主要因素

企业创新有关的问题。

综上所述，本次企业创新管理的调查结果，表明创新本身的重要性已经被包括大中小型企业在内的管理者认同；并且有相当比例的企业已经在推动企业内部的创新工作，区别在于力度不同，出发点不同。本次调查结果同样显示了企业在创新方面需要的帮助，包括企业管理对于创新工作的促进问题、创新的工具与方法等方面。

本书基于这样的背景，希望能够从方法论和工具上对企业如何提升创新能力、如何运用简单工具进行创新实践提供一些帮助。本书描述了对企业创新能力的分析、列举了影响企业创新能力的因素以及提供了一些简单的工具；为了增加感性认识，我们还特别采访了典型的企业创新案例，这些案例不仅包括新创企业，还包括具有创新传统的成熟企业；不仅包括高科技行业，也包括传统制造业。我们希望能够带给读者最新的资料和方法，为企业实现"走自己的路，让别人喝彩"做些实际工作。

创新方法工具研究本身属于交叉学科，涉及的学科不仅包括管理学、系统科学，还包括心理学和社会科学等各层面，鉴于笔者水平所限，对于书中的不足之处，也恳请各位读者不吝赐教。

第 1 章
创新是伟大企业的使命和基石

距离已经消失，要么创新，要么死亡。

——托马斯·彼得斯

　　忠良师兄的父亲从小在农村长大，70 多岁的老爷子习惯了日出而作，日落而息的田园生活，无论师兄如何劝说，老人也不肯跟孩子生活在北京，宁愿住在终南山脚下。落寞孤寂的村庄里，没有现代化的生活设施，更别说网络信号了。终南山景色优美，山清水秀，不仅能留下村里的老人，还是数千位隐士的修行道场。自从美国人比尔·波特的作品《空谷幽兰》❶ 问世，人们对终南山隐士的生活有了一定的了解，数千位来自全国各地的修行者隐居山谷，过着和数百年前一样的生活。这一群人远离都市，与群山、清风为邻，生活在主流社会之外。

　　我们红尘中的凡人自是无法体会这种隐居生活，最多只能参加一个短期的静修体验班而已。我们需要现代社会的一切商品和服务，我们既是这个商品社会的生产者，也是这个商品社会的消费者。夏天我们离不开空调，冬天离不开取暖设备；出门需要交通工具，交流需要网络和手机；开心的时候我们需要娱乐设施，生病的时候我们需要医疗服务。我们的现代生活，就是由无数的产品和服务构成的。正是这些现代的商品和服务改变了我们的生活方式和生活习惯，你可以早上在北京吃早餐，中午在广州办

比尔·波特，史蒂芬·约翰逊，空谷幽兰［M］. 成都：四川文艺出版社，2014.

公务，晚上回北京的家中休息；你可以与从未谋面的异国网友聊天，当然也有可能聊到一起成为伴侣……

这些都是现代商品社会无可替代的特征，这些商品和服务都是怎么来的呢？大多数人肯定首先想到的是科学的发展、技术的进步；其实仅仅是科学技术的发展还无法形成产品，更不能形成我们日常消费的商品。我们消费和享受的商品与服务，都是来自于一代又一代的企业，这些企业生产了商品，提供了服务，改变了我们的生活。众多的企业经过自己的创新和加工，把科技转化成为我们日常可见的商品和服务，并从中获取利润，这就是现代经济社会的基本原理。

1.1　创新是行业竞争的驱动力

每一个产品和服务都自然形成行业，每一个行业都由很多企业组成。行业内的企业既有合作也有竞争，当然更多的是争夺市场份额和利润的竞争行为。**企业为了获得竞争优势可以采用以下几种主要的市场化手段：**

- **降低价格；**
- **提升质量；**
- **通过创新增加原有价值。**

1.1.1　降低价格

降低价格是最简单的方式，但是伤敌一千，自损八百，降低价格具有极其简单的可复制性，但是不具备可持续性。

以我国的彩电行业为例：1996 年，本土彩电企业的竞争进入白热化时刻，长虹宣布，所有品种彩电一律大幅度让利销售，降价幅度从 8% ~18% 不等。随后，猝不及防的其他中国厂家纷纷选择跟进。彩电业的价格大战，就在这样一种"产业报国"的氛围之中，拉开大幕。价格战刚刚开打一个月，长虹的市场占有率就上升到

19%，比降价前增加了 7.9%。到年底，长虹坐稳了当时的"彩电大王"的宝座。中国每卖出三台彩电，有一台出自长虹，有一台是外资品牌，还有一台才是其他国内品牌。倪润峰逐渐把国内同行们逼到了死角。

此后在 1996~1998 年间，中国的国产电视陷入了一场持久的价格战，1998 年长虹在价格战中败落，市场份额第一的地位被康佳取代。❶ 在 2014 年的彩电市场份额调查中，长虹仅仅排名第九❷。

降低价格依赖于降低成本，而成本降低的幅度总是有限的，并且随着产品生产周期的发展，成本降低的幅度在逐渐下降。原因是：第一，市场总规模是有限的，单一厂商的规模不可能无限扩大；第二，生产规模和单位成本也不是线性关系，成本减少的幅度会慢慢降低；第三，产品生存周期越来越短，价格在不可比的情况下并非总是竞争的利器。

图 1-1 为生产规模成本曲线，仅作示意，为了简化，没有做详细解释。

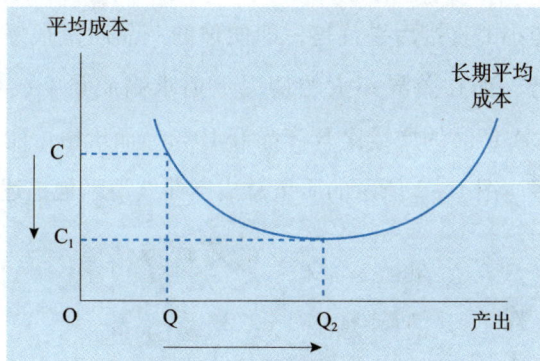

图 1-1　生产规模成本曲线

注：（C 表示成本，Q 表示数量）。

---

❶ 腾讯财经.1996：长虹价格战 ［EB/OL］.（2008 - 12 - 15）［2015 - 09 - 30］http：//finance. qq. com/a/20081215/001905. htm.

❷ 报告网.2014 电视机品牌排行榜 ［EB/OL］.（2014 - 06 - 12）［2015 - 09 - 30］http：// info. baogao. com/hynews/72586. html.

1.1.2　提升质量

提升产品质量是我国很多企业的第二个制胜法宝。还记得 1988 年的时候，笔者家里买了第一台彩电，花了大概 3700 多块钱，而当时父母的月工资才 100 元左右。那时候大家说的耐用消费品就是指冰箱、洗衣机和电视机，买一个都要花掉全家一两年的积蓄，因此人们最看重的是这些商品的质量。另一方面，不同品牌商品间的质量差异在当时的情况下确实很大，国内企业还在经历痛苦的学习过程，引进生产线、引进管理技术等，产品的质量尚有很大提升空间。

随着改革开放的继续，一大批国内制造企业兴起，逐步改变了质量落后的局面。这里面有这样一个大家不太注意的原因：大多数制造业的模块化、集成化技术的发展，使得制造本身变成了组装过程。如果一家企业愿意，可以不生产任何零件，完全通过组装来制造一个产品。产品的差异化减小，由于模块化的外购，质量差异也逐渐消失。从整体上说，不同厂家生产的同类产品在质量上的差异也在减小。

质量差异变小的直接后果就是，即便你的产品质量很好，也不能带来足够的竞争优势，而在差异不大的情况下追求高质量，成本却是非常高的，也就是说，A 产品的质量比 B 产品好 10%，而价格可能就要比 B 高出 20%，甚至更多。图 1-2 所示的质量总成本曲线清晰地描述了这一变化。

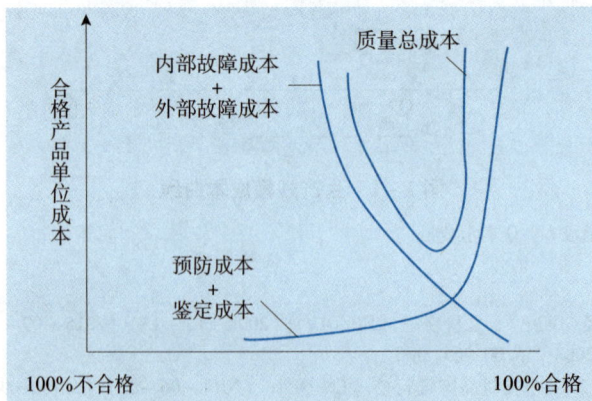

图 1-2　质量总成本曲线

以我国的汽车行业为例：中国汽车行业自改革开放以来，经历了从"技术换市场"到"自主品牌"的发展历程，整车产品的质量有了大幅度的提升，从早期的国产车代表着质量差，到现在的国产车和合资车并排竞争，充分说明国产汽车在质量方面与外资汽车的差距在迅速缩小。

2014 中国市场汽车质量排行榜出炉[1]

本次质量排行榜我们共统计了 26 691 个有效样本，其中合资品牌样本 15 586 个、自主品牌样本 9504 个、进口品牌样本 1601 个。

★ 指标体系

针对汽车产品的质量问题，我们罗列了 60 个二级指标让用户进行确认，包括车身及外部装饰、车辆内装、驾驶和操控等。在二级指标之下还会有进一步的具体故障点可供受访者填选，这些指标基本涵盖了绝大部分车辆所发生的故障。

★ 评估标准

为了评估某个具体车型的质量水平，采用了行业通用的 PPH（Problem per Hundred）[2] 的方式。这一数值表示每百辆车中出现故障的频率。如某款车型 PPH 为 231，则表示该车型平均每 100 台车会有 231 个故障抱怨。当个别品牌或车型的样本量未超过 30 个，即为未达到最小统计量，不参与横向比较。

以下是 2014 中国整车质量排行榜——品牌篇。

从图 1-3、图 1-4、图 1-5 和图 1-6 中我们可以看出，我国某些知名自主品牌汽车（如奇瑞、哈弗、吉利等）的质量明显提升，与合资品牌汽车的差距逐步缩小，甚至高于一些进口品牌汽车。质量差异缩小的主要原因在于：第一，大规模的产业分工使得

---

[1] 中国汽车消费网. 2014 中国市场汽车质量排行榜出炉［EB/OL］.（2015 – 04 – 08）［2015 – 10 – 02］http：//auto. 163. com/15/0408/11/AMM5L64700085250. html.

[2] PPH 计算方式：PPH＝对应车型（或品牌）总体抱怨数÷对应样本量×100。

零部件的质量、供应得到保证；第二，生产线的自动化和标准化日趋成熟，对生产者的综合素质要求在降低；第三，管理流程的标准化降低了对企业管理者的个人素质要求。

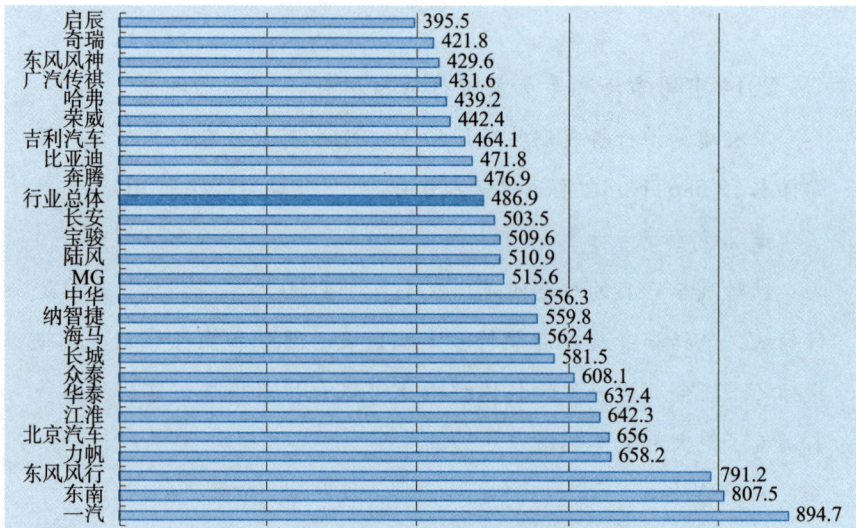

图1-3　自主品牌各企业总体质量表现排名

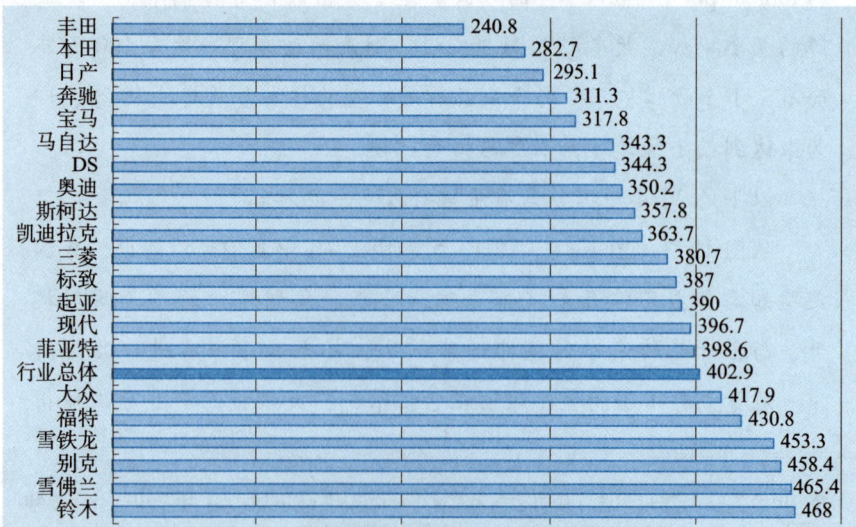

图1-4　合资品牌各企业总体质量表现排名

品牌	数值
雷克萨斯	174.6
马自达	194
沃尔沃	214.3
斯巴鲁	236.1
三菱	241.2
英菲尼迪	248.8
行业总体	304.5
起亚	306.9
宝马	312.6
现代	319.1
Jeep	319.5
奥迪	320.8
福特	347.1
奔驰	356.9
道奇	360.5
双龙	390.3
大众	398.3
凯迪拉克	406.9
路虎	433
雷诺	433.1

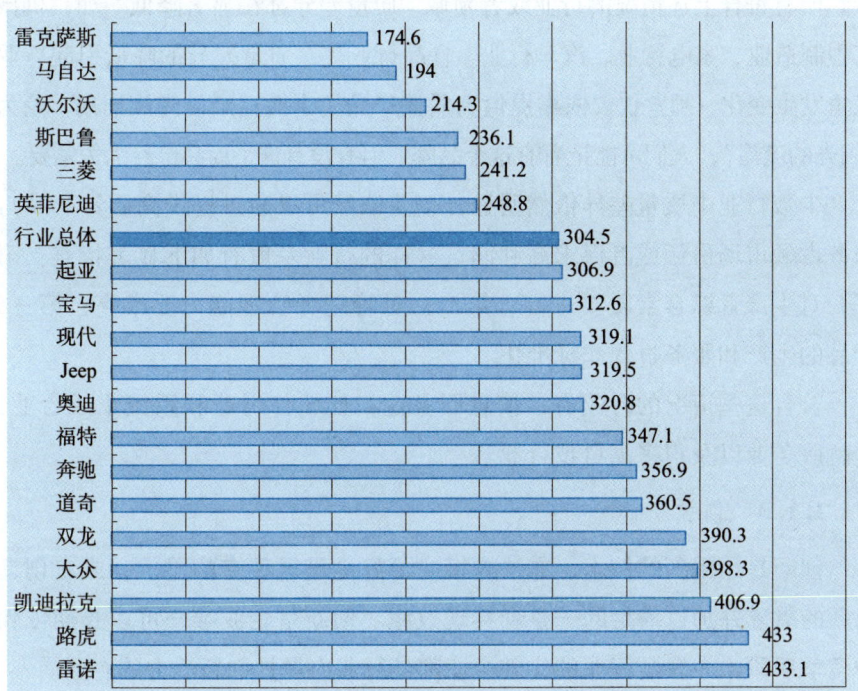

图 1-5　进口品牌各企业总体质量表现排名

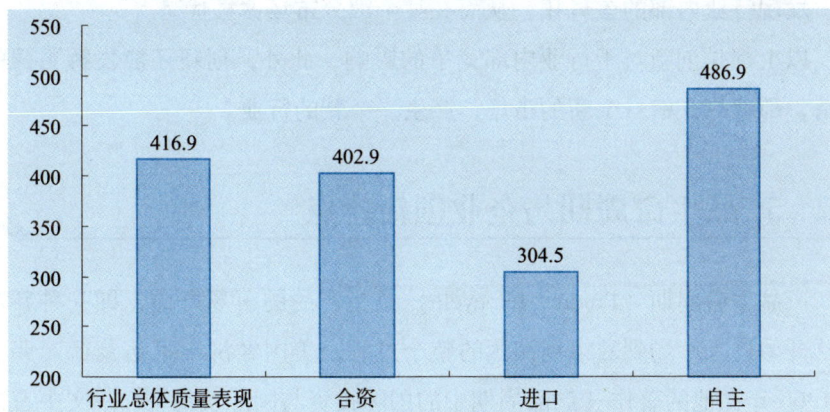

类别	数值
行业总体质量表现	416.9
合资	402.9
进口	304.5
自主	486.9

图 1-6　合资、自主、进口品牌车辆总体质量表现

所有符合上述情况的行业或者领域，质量差异都在显著降低。如，机械工程制造业、家电行业、汽车行业、食品行业等。质量差异的降低引起行业竞争发生变化，那些仅仅依靠提供高质量产品的企业逐渐被淘汰出局，沦为"闪光的流星"，人们可能记着有这个品牌，但有没有这个商品已经无关紧要。

少数行业中质量差异依然明显，企业依然可以通过提供高质量产品与服务占领市场份额或者谋求高利润。这样的行业一般有如下显著特点：第一，对生产者综合素质要求高；第二，对管理者管理能力要求高；第三，产品的生产和服务过程非标准化。

符合这些情况的行业有：信息服务业，如软件行业和系统集成行业；金融服务业以及很多高科技行业。

1.1.3 创新

创新是运用新的技术、方法或模式更好地满足现有的需求，或者创造出新的需求并加以满足的一整套实现过程。创新是企业唯一可以长期依赖的竞争手段，大多数行业的优胜企业都是行业内最具创新活力的企业。

创新能够解决的行业内问题包括：第一，革命性的降低生产成本，使得对手被瞬间击垮；第二，改善工艺或者流程，使得质量跳跃式攀升；第三，发现行业内部的差异化，从而在某个细分市场占据优势。

以上都是创新对于行业内部竞争的影响，此外，创新还能发挥更强的优势，那就是开辟一个新的市场，产生一个新的行业。

1.2 产品生命周期与企业创新特点

产品生命周期（Product Lifecycle）是指产品的市场寿命，即一种新产品从开始进入市场到被市场淘汰的整个过程。美国经济学家雷蒙德·弗农于 1966 年在他的著作《产品周期中的国际投资与国际贸易》❶ 一文中首次

---

❶ Raymond Vernon. International Investment and International Trade in the Product Cycle［J］. The Quarterly Journal of Economics，1996（5），Vol 80，No. 2：190 – 207.

提出了产品生命周期理论，弗农认为：产品和人一样，也要经历出生、成长、成熟、衰退这样的过程，即萌芽期、成长期、成熟期、衰退期四个阶段。

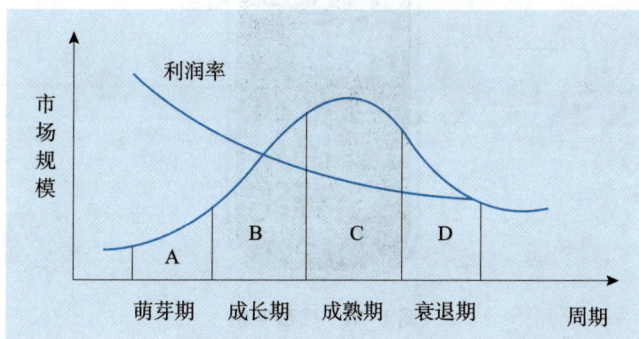

图 1-7　产品生命周期

A 区的创新：在一个产品的萌芽期，也就是图 1-7 中的 A 区域，行业的新开辟者们进入这个市场，引领市场的发展，同时享受高额的利润，市场规模也在不断地扩大中，这就是**市场对"第一个吃螃蟹的人"的奖励**。有的时候"奖金"是非常丰厚的，甚至是一笔持续很久的"养老金"。例如，智能手机的早期参与者黑莓、苹果、HTC 以及三星等，都在相当长的时间内保持了丰厚的利润，直到产品生命周期从 A 区过渡到 B 区，它们才产生了分化。

　　黑莓，一个领域的领跑者，其粉丝不乏奥巴马、默克尔这样的重量级人物。黑莓真正名声大噪要归功于它在"9·11"事件中的出色表现。作为当时唯一及时传递了灾难现场信息的通信工具，黑莓在美国掀起了一股购买狂潮。在时代背景的推波助澜以及贝尔斯利的强势领导下，黑莓成功打入了众多企业和政府内部，在高级白领和企业人士之间享誉盛名。

　　2007 年，黑莓用户达到 1000 万，成为加拿大最赚钱的公司。

那一年，黑莓迎来了自己的巅峰时刻，股价狂飙到惊人的每股236美元的历史最高位。●

图1–8　黑莓手机

然而，A区的创新也不是必胜的游戏。通常，对于A区的企业来说，开辟一个新的行业或者推出一种全新的商品或服务需要创新者的艰辛努力和持续的投入。企业对于进入这样一个未知的领域通常是心存疑虑的，甚至有可能只是试探性的；无论企业管理层的心理感受如何复杂，下决心投入一个新东西总是需要应对很多问题。这里面包括：

- 创新本身的费用；
- 机会成本；
- 市场与预期之间的差距；
- 在早期市场规模小的情况下，企业可否持续投入；
- 被复制的风险。

如果这些问题不能得到较好地解决，A区的先锋们也可能拿不到市场的"奖金"，从而默默无闻地成为历史中的记忆，或是人们茶余饭后的谈资。

● 网易手机. 变革的力量之黑莓篇：一个帝国的崩塌（全文）_ 网易手机［EB/OL］.(2013 – 08 – 30)［2015 – 10 – 06］http：//mobile. 163. com/13/0830/12/97HD6FSG0011179O_all. html.

我国企业在 A 区的先行者并不少见，很多的创新产品和服务都曾经占据一席之地，然而又如流星划过夜空，只留下记忆中的闪光轨迹。万燕 VCD 是值得回忆的典型案例，很多评论都试图解读万燕 VCD 的是非功过，我们这里仅从创新先驱这个层面做一个解读，以纪念这个曾经的 A 区先行者。

1992 年，在美国举办的国际广播电视技术展览会上，美国 C - CUBE 公司展出的一项不起眼的 MPEG（图像解压缩）技术引起了时为安徽现代集团总经理姜万勐的兴趣，他凭直觉立刻想到，用这一技术可以把图像和声音同时存储在一张小光盘上。此后，姜万勐先后出资 57 万美元，于 1993 年 9 月，将 MPEG 技术成功地应用到音像视听产品上，研制出一种物美价廉的视听产品——VCD。同年 12 月，他又与美籍华人孙燕生共同投资 1700 万美元成立了万燕公司，各取了姜万勐、孙燕生名字中的一个字作为公司名称。

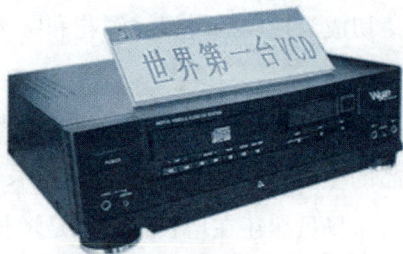

图 1-9 世界上第一台 VCD

在 1993 年安徽现代电视技术研究所的 VCD 可行性报告中，有这样一段描述："这是 20 世纪末消费类电子领域里，中国可能领先的唯一机会。"为此，姜万勐进行了一系列市场调查，得到了一系列数字：1993 年中国市场上组合音响的销售量是 142 万台，录像机的销售量是 170 余万台，LD 影碟机 100 万台，CD 激光唱机是 160 余万台。当时的 LD 光盘是 450 元一张，而 VCD 机的光盘价格却只有它的 10% 左右，因此可以预测，VCD 机每年的销售量将会达到 200 万台左右。

老百姓到了 1994 年年底才逐渐认识 VCD。在这一年，万燕生产了几万台 VCD 机。不仅如此，万燕还要开发碟片，在最初成立不到一年的时间里，"万燕"倾其所有，开创了一个市场，确立了一个响当当的品牌。

可以说，万燕在 A 区的创新起步阶段是成功的，但是，当中国 VCD 市场进入 A 区末端，即市场规模开始扩张时，万燕却由于技术被模仿、研发费用无法收回、资金链问题和产业链整合问题而被其他后进企业反超，留下了中国企业创新探索史的一个遗憾。据称，万燕推出的第一批 1000 台 VCD 机，几乎全都被国内外各家电公司买去做了样机，成为剖析的对象。

A 区的创新犹如寂寞高手的苦练阶段，这时候外部条件通常并不能提供直接的支持，银行和监管部门也不可能因为一个未知的产品和服务提供有效的帮助。因此，对于企业来说，A 区的创新需要的是决心、坚持和耐力。就好比游泳比赛的世界冠军，在登上领奖台之前，需要无数个日日夜夜地默默苦练，而当一切成为现实的时候，鲜花和掌声会给予他们无比的荣耀。

B 区的创新：当产品或者服务已经形成产业，或者已经在市场中占据一定规模，这时候产品的生命周期就进入 B 区（成长期）。B 区的特点是行业内竞争开始加剧，市场虽然还在增长中，但是增长的速度已经开始趋于平缓。与 A 区不同的是，**B 区的企业通常将创新活动与降低成本、提高质量**或者增加客户满意度这些持续性的活动联系起来。我们的大多数采访对象都声称：企业与创新有关的研发活动主要是集中在成熟产品和服务领域中，"我们不想让客户失望""我们只能把最好的资源用在最重要的客户需求上"等。他们反复强调一件事情——客户满意度，在 B 区的企业，**创新的推动力量主要来自于如何更好地满足客户的需求，如何吸引更多的潜在客户关注，**而不是创新者的自主创新行为。

对于某个领域的产品或者服务来说，基于以上原因，B 区企业的创新积极性都是很高的；"利润在显著增加，市场状况看起来不错，客户也热情，我们干嘛不大干一场?"这就是多数企业管理者这时候的主要想法。一年前如火如荼的 O2O 领域就是如此。**"不打通线上线下，你就没有未来"，互联网大佬们如是说。**在这种情况下，创新本身被局限在一个特定的空间中，只能朝着某个既定的方向前行，通常人们把这个方向叫作"产品战略""企业战略"等。

奇瑞汽车董事长尹同跃：开发一款车比生一个孩子还费劲❶

面对汹涌的自主品牌"越级"浪潮，是花大价钱海外收购，还是投巨资加强自主创新? 2010 年 7 月 3 日，国内唯一的"汽车节能环保国家工程实验室"在奇瑞公司正式挂牌并投入运行，这个耗资 14 亿人民币的亚洲规模最大、实验设备最先进、功能最齐全的汽车技术试验中心的建成并投入使用，让奇瑞在自主创新方面先行一步。

每年可开发 30 款全新车型

2008 年 3 月，国家发改委正式批准奇瑞组建"汽车节能环保国家工程实验室"，此后，奇瑞公司以建设国家级汽车工程试验室为目标，规划建设总投资为 14 亿多元的试验技术中心，目前已完成投资 8 亿多元，建成占地近 30 万平方米，包括汽车零部件、整车节能环保、整车道路、动力总成、被动安全（碰撞）、材料、计量在内的七大试验室和一条整车操稳、NVH 调校试车跑道在内的汽车试验技术中心，中心的试验能力涵盖整车和零部件可靠性、操稳、NVH、安全、环境适应性、动力性、经济性、电子电器、空调系统、冷却系统、排放和材料等 23 个专业模块的近 1800 个项目的试验开发和验证，拥有各类仪器设备 800 余台套，不仅包含整车各类国际领先的关键试验设备，而且拥有一大批具有国家专利的自制试验设备。

---

❶ 李村 . A3 研发费用高达 10 亿元 . ［N］. 新快报，2010－07－07（C06）.

目前，试验技术中心能够满足每年开发 30 款全新车型和生产 200 万辆整车的试验验证能力需求。二期建设，试验中心还将投资 6 亿多元建成电磁兼容（EMC）、环境风洞（CWT）二个先进的试验室。

据悉，奇瑞已决定再投巨资建设占地 10 平方公里、长 12 公里的高速环道、有各种可靠性组合路面以及越野等道路性能的综合试验场，建成后将是亚洲规模最大的现代化汽车综合试验场。奇瑞的目标是，5 年内将奇瑞汽车试验技术中心打造成一个拥有 1500 位高素质、高技能汽车技术试验人才的世界领先的综合性汽车工程试验室。

奇瑞 2010 年车型研发费用 24 亿元

在谈到自主品牌汽车的发展前景时，奇瑞汽车董事长尹同跃表示：开发一款车比生一个孩子还要费劲。因为怀胎只需十月，但开发一款车至少需要 40 个月的时间，而且需要大量研发费用，像奇瑞 A3 就需要 8 亿～10 亿元的开发费用，而 2010 年奇瑞用于车型研发的费用高达 24 亿元。

图 1-10　奇瑞 A3 汽车

B 区企业创新投入的规模主要受市场规模的影响，也就是说，盈利好的前几位企业的投入通常比后面的多。这也是为了保持足够的相对优势。

同样的道理，排在后面的企业想要赶超，也必须增大投入。很快市场就会对这样的产品和服务进行分类，形成所谓的高档品牌（质量好，价格高，功能多，行业领军者，创新投入多）、中档品牌（质量可以，价格适中，领军品牌的跟随企业，创新投入中等）、低档品牌（质量稍差，但可接受，价格低，创新投入少）。强者愈强，在行业竞争中是比较容易实现的，原因在于，领军企业可以有丰厚的利润收入，而且可以同时开展不同层次的创新工作，而跟随企业只能投入较少的资金，而且只局限于延续性的创新工作。

B 区竞争的企业想要提升品牌价值，通过宣传广告、软硬件配置都是不能持久的，只有依赖持续创新才能改变市场定位。换句话说，一个普通的汽车企业完全可以通过采购高档发动机、传动装置等零部件，组装一款非常棒的汽车，然而，任何企业都知道这种方式是不可持续的。

创新能否使得企业在 B 区实现"超车"，主要是由创新的成果与市场需求的契合程度决定的。对于非领军企业，由于缺乏"领军者自信"，单纯技术性创新是非常有限的，主要的创新工作都是直接与市场需求紧密相关，例如，如何推出细分产品满足特定市场，如何运用新技术降低成本、提高质量，如何增加某种更有吸引力的功能等。当这些创新能够符合市场预期，并取得相应成果的时候，非领军企业才能建立"领军者自信"，也才能有一定的资源投入到下一代产品的原创工作中。

在 B 区中，由于出现较为激烈的竞争，行业的专利纠纷开始出现，这也直接限制了非领军企业的延续性创新工作。获得专利许可或者购买专利成为一个比较严重的负担，甚至专利会成为某种限制性武器来阻止后进入者。非领军企业想改变这种状况，除了投入延续性的创新以外，还需要学习领军企业的创新思路，找到其中的途径，争取完成一定程度的原创性工作，以便在竞争中逐渐赶上。

联想曾经进入过智能手机市场，后又暂时退出，直到智能手机市场进入 B 区的时候，才发现进军国际市场处处受到专利的限制。2014 年 1 月 30 日，联想集团以 29 亿美元的价格从谷歌手中收购了摩托罗拉移动。

联想得到了什么？❶

（1）**专利**。3500 名优秀员工＋2000 项专利是这笔交易最重要的部分。作为移动通信领域的先驱，摩托罗拉手中握有大量专利资源，这对于任何一家公司或者企业来说，都是一笔非常宝贵的资产，包括谷歌，也包括联想在内。专利是厂商与厂商间直接较量的最佳武器，凭借专利，可以极大程度上限制其他公司产品的研发，从而保障自己在市场中的有利地位。联想在这一点上一直处于不利位置，而如今有了摩托罗拉移动的加持，联想在专利领域便间接积累了大量专利资源，这对于联想进军并立足国际舞台是有意义的。

（2）**品牌**。联想集团本次收购摩托罗拉移动，不仅获得了专利，同时拿下了摩托罗拉的品牌和商标。对于联想而言，收购摩托罗拉似乎并不能在短期内带来明显的效益，但重要的是联想直接获得了进军全球市场的门票。虽然摩托罗拉目前的市场份额持续呈现缩水状态，但其品牌价值和市场影响力仍然不可小觑。相比之下，联想虽同样占有一定的市场份额，但其主要销往地区仅包括中国、印尼等新兴市场。可以说，摩托罗拉在全球市场内的品牌影响力，要比联想成熟并且大得多，借助摩托罗拉成形的品牌效应，将会大幅加快联想进军国际市场的步伐。

（3）**合作关系**。联想之所以在海外市场迟迟没有太多出色的表现，除了品牌影响力不足外，渠道合作关系也是一方面的原因。联想 PC 业务虽然坐拥全球第一，其海内外公共关系和相关渠道也建设得有模有样，但在智能手机领域，联想并没有太多的建树。反观摩托罗拉，通过多年的全球布局，摩托罗拉在全球市场内拥有非常

---

❶ 天极网手机频道．联想收购摩托罗拉 29 亿美元究竟买到了什么［EB/OL］．（2014－01－30）［2015－10－21］http：//mobile.yesky.com/363/35919863.shtml.

强大的公共关系以及品牌形象，这些都有助于联想在海外市场的发展和扩张。

（4）研发。谷歌 CEO 拉里·佩奇曾在其官方博客写道，谷歌自收购摩托罗拉后，一直在协助整个 Android 生态系统的建立，以及摩托罗拉团队的重建。摩托罗拉拥有出色的产品设计和技术研发团队，这些人的加入将为联想注入新的活力。

收购是 B 区企业实现"超车"的最佳途径之一，当然能否实现目标还有一个艰难的整合过程，并购品牌和专利只是第一步。在此之前，联想在笔记本电脑行业已经通过收购 IBM 笔记本部门一举成为最大的笔记本生产厂商。

B 区的竞争犹如多方混战，有拿着刀的，也有拿着枪的，每个角色都试图维持自己的地盘并寻找机会侵占对方的领地。**B 区的创新也就天然地具有了多样性，不同的企业完全采用不同的创新方法，领军企业大规模投入全方位的创新工作以期待实现"持续的领头羊地位"；后进企业则把精力放到如何实现生存并寻求机会"超车"上。**

C 区的创新：当市场进入 C 区（成熟期）的时候，标志着市场份额已经瓜分完毕，总量已经开始逐步下滑。市场之所以出现下滑，首要原因是市场趋于饱和，其次是原有的或者新的领军企业开发出替代品（或更好的下一代产品），这种替代品处于 A 区的初始阶段，开始逐步吸引原有的需求向替代品过渡。而在这样的情况下，行业的总体利润开始明显下降，即便是领军企业，也感到利润下滑的寒冬已经不远。

此时，创新进入新的阶段，主要特点如下：

第一，领军企业的创新主要集中在如何实现突破上，延续性创新的速度开始下降。原因是，通过很多厂商的延续性创新工作，此时的产品或服务已经远远超过用户的实际需求，剩下的所谓延续性创新成果多数只是起到吸引眼球的作用。随便浏览一下身边的家用电器，你就会发现大多数的功能你都没用过。

第二，新进入的企业看到市场趋于饱和，于是不再加入混战。而原有的低端企业由于利润的下滑而出现亏损的情况，也逐渐选择放弃这个行业。利润的压力使得中端和高端都有下移的情况发生（经营的压力会使得企业高管们日益关注数字本身），延续性创新的重点开始从产品或服务本身向经营和生产本身转移。这时候你听到最多的声音是："怎么能够降低5%的成本？""还有什么方法能够找到更便宜的材料？""怎样策划一个营销活动赶紧把上个月的库存卖掉？"。

长钢节能降耗在身边　一招一式故事多[1]

长钢公司炼铁厂喷煤车间围绕降成本增效益的工作目标，依托小改小革与技术创新，强化动态管理，在职工中广泛开展"节能降耗金点子"和"降本增效我在行动"等活动，取得成效。

技术改造降成本

喷煤车间在技术创新中做文章，发动职工眼睛向内挖潜，大力挖掘设备潜力进行小改小革，促进生产安全、高效、稳定运行，有效降低了生产成本。

在制粉过程中，由于原煤中杂质、水分浮选影响，原煤下煤不畅，通常采用激振电机对原煤仓壁进行振动敲打。喷煤原煤仓东西两面安装两台激振电机，当其中一台电机损坏时，另一台电机无法将绊结的原煤及时振下，导致磨煤机轻载停机，直接影响磨煤机正常作业。喷煤车间领导组织技术人员多次研究决定，利用库房闲置电机，在原煤仓北面成功增设了一台三号备用振动电机。当一、二号振动电机出现问题时，及时启用三号振动电机进行工作，减少了

---

❶ 中国节能在线．长钢节能降耗在身边一招一式故事多［EB/OL］．（2015－03－20）［2015－11－01］http：//www.cecol.com.cn/qy/20150320/0315344020.html．

非计划停磨时间，提高了设备运转率。

磨机排渣系统是用来将磨煤过程中无法磨细的杂质及时排出磨机外。喷煤人员日常点检时发现磨机原排渣器不能及时清理磨机东侧托盘下死区部分废渣，造成磨机运转时电机运转阻力增大，磨机进风不均匀，从而影响磨机产量。针对隐患，喷煤车间集思广益，创新思路，利用周检在一、二号磨机的不同方向分别增设两个排渣检查孔，定期清理死区废渣，收到良好效果。

目标管理降成本

喷煤车间强化动态管理，实施目标管理降成本，进一步推动各项工作的执行力度，有效降低了吨煤制造成本。目标管理制度，要求每个区域班组长周五定制度明目标，找出本区域下周设备、安全、现场、工艺等方面需要整改的问题，明确降成本增效益目标，汇报本周问题解决情况，备品备件材料消耗情况，纵向与上周对比，周周对比找差距。同时进行原因分析，针对出现的问题及时采取措施，实施相应的激励机制。喷煤区域紧盯吨煤电耗与氮耗，目前，喷煤旧区吨煤电耗由 24 度降到 22 度，喷煤新区氮耗由 140 立方米/吨降到 125 立方米/吨，大大节约了成本费用。

废旧物质"抠"效益

喷煤车间从细微处入手，加大对废旧备件的整合利用力度，从废旧物质中"抠"出效益。

新区除尘喷煤大型机械设备多，为节约费用，又不影响生产，喷煤车间广泛收集意见，制订方案措施，对设备进行认真研究、分析病源点，对某些损坏不大，但又不能正常运行的设备进行局部拆装修复。先将原喷吹站废旧的气动阀门修理后，用作喷煤反吹系统的减压阀。又将库房闲置的热风切换阀重新修理后成功更换。同时将 8 号布袋除尘检修时更换下的旧 DN1000 电动插板阀进行清灰、切割焊装新膨胀器、打磨除锈、加油润滑等修复后，安装于 8 号除尘 1、4 号冷却器进气使用。还将 8 号布袋除尘 1、3、9 号箱体进气 DN700 电动眼镜阀膨胀器进行更换后重复使用，仅此三项节约费用 40 万元。

C 区是企业创新逐渐失去方向的阶段，一方面市场对于领军企业的期待还是停留在 A 区和 B 区，希望领军企业不断推出闪亮的创新成果；而企业在这个阶段企业却很少能够不断地满足市场的期待，这是因为客户和企业能够想到的创新都已经完成，大多数企业只能在一些不太重要的地方进行创新，例如，配置更好的产品，外形上的改变等。另一方面由于市场饱和，行业总的创新投入会逐渐降低，领军企业的创新重点逐渐向下一代的替代品或者新的领域拓展，也就是将创新重新放到突破性的方向上，以期待发现新的产品的 A 区。

C 区的创新是一场有秩序的运动会，运动员们（企业）有的选择赛跑（更快），有的选择跳远跳高（更高），有的选择投掷运动（更强）。市场会根据各自的成绩给予奖励，如果在每个不同的项目中都无法取得前三名，就没有奖牌了（企业将被市场淘汰，或者被迫转型）。

D 区的创新：当市场进 D 区（衰退期）的时候，标志着市场规模开始下滑，下一代产品或者替代品开始进入 A 区后端或者 B 区，此时无论是高端、中端还是低端产品或者服务都出现一定程度的需求不足，部分企业开始考虑退出行业竞争，或者转而寻求并购或者重组。**D 区的创新趋向于衰竭，**如果产品或服务（原材料、大宗商品或者服务业）不会短期消亡，创新工作会逐渐降低，并成为日常工作的一部分；无论领军企业还是跟随企业，都会把创新工作集中在延续性的工作上，如果替代品占据优势，则 D 区的创新立刻终止。

D 区形态中，行业内的企业已经根据自身的战略开始进行调整，重组和整合成为最优选择；对于利润率已经所剩无几甚至开始亏损的企业来说，此时最好的战略决策是尽早止损，任何犹豫和拖延都会使本来已经困难的企业雪上加霜，甚至无力转型而倒闭。

所谓转型，是指事物的结构形态、运转模型和人们观念的根本性转变过程。这其实已经包含了创新的思想在其中，只不过转型并不仅仅是技术性的创新工作，而是指包含了商业模式转变、产品技术升级和产业链重新定位等全面的创新过程。

因此，转型需要的能量（资金储备、人才储备和知识储备）远远超过了企业在既定的产品战略上所投入的延续性创新资源，也同样超过探索性（突破性）创新的投入。在行业发展进入 D 区的时候，通常意味着非领军企业不再有利可图，需要迅速进行战略调整；然而在实践中，放弃既有领域的沉没成本却是我国多数企业尤其是权威型领导企业最难做出的决策。例如钢铁行业的去产能就与地方债务、就业和地方 GDP 数据紧紧纠缠在一起，导致很多企业错过最佳转型期，前景令人担忧。

2015 年我国钢铁行业发展现状：现阶段性结构性过剩[❶]

当前，钢铁行业已经进入深度调整期，业内普遍不看好 2015 年形势。钢铁行业由盛转衰，钢铁产能由"财富"变成"包袱"。一些钢铁企业负责人认为，从短缺经济到过剩经济是经济发展的必然规律，任何国家都有经济发展的阶段性不平衡问题。钢铁产能过剩现象不单中国有，过去日本、美国等发达国家也有，有过剩才有竞争，有竞争就有调整和发展。么占坤说："产能过剩有利有弊，利处是能保证完全竞争，促进技术进步。"以下是 2015 年我国钢铁行业发展现状分析。

钢铁产能不顾警示执着扩张

全国工商联冶金企业商会名誉会长赵喜子介绍说，2000 年，国

---

❶ 中国报告大厅 . 2015 年我国钢铁行业发展现状：现阶段结构性过剩［R/OL］.（2015 – 09 – 02）［2015 – 11 – 10］http：//www. chinabgao. com/freereport/68391. html.

家规划粗钢产量1亿吨，实际消费量1.3亿吨；2005年，规划产量1.4亿吨，表观消费量3.53亿吨；2010年，规划产量3.4亿吨，表观消费量6.2亿吨。2014年，粗钢产量达8.23亿吨，增速大幅回落，但仍创历史新高。

伴随多次钢铁行业宏观调控，粗钢产量14年间增加了5倍多，产能达10亿吨，民营钢企产能、产量增速最快。赵喜子介绍说，2000年，民营钢企产能只有1700万吨。从2001年至2014年，平均每年增加6000万吨产能，其中三分之二以上是民营钢铁。2012年，100万吨以上民营钢企达240家，比2009年增加了100家，2009年以后的4年是钢铁产能增长最快的时期。

钢铁第一大省河北2000年钢材产量只有1306万吨，占全国产量的不到10%；2007年，粗钢产量超过1亿吨；2014年，粗钢产量1.85亿吨，占全国产量的22.4%。其中，民营钢企2001年粗钢产量仅为280万吨，2013年产量达1.25亿吨，13年间增长了43倍，是第二钢铁大省江苏钢产量的1.48倍，是世界第二大产钢国日本钢产量的1.13倍。民营钢企产能迅速扩张的重要原因是，在"淘汰落后"政策引导下，企业为求生存，普遍"拆小上大"。

行业出现阶段性、结构性过剩

因为前些年钢材市场需求旺盛、利润丰厚，民间资本纷纷涉足钢铁，导致钢铁产能迅速扩张。赵喜子称，2005年前后，吨钢利润达1000元，行业内有一种"百万吨现象"，即按吨钢投资3000～5000元建设一座钢厂，三到五年就能收回全部投资。

2008年金融危机，钢铁行业深受影响，2009年的"4万亿投资"让钢铁"回光返照"。据了解，从2009年到2010年，我国钢铁产能又增加1亿多吨。但从2010年开始，钢铁行业真正走入下行通道，钢材价格一路下跌。到2014年，钢价跌到20年前水平，一斤只卖1块钱"白菜价"。同时，吨钢利润也大幅下滑，有人形容

"最早一吨钢能赚一部手机，后来能赚二斤猪肉，到 2013 年上半年只能赚一瓶矿泉水"。

河北省冶金行业协会副会长宋继军认为，钢铁行业由盛转衰，主要原因是受国际金融危机冲击，国民经济增长从高速转为中高速，经济需求不足导致钢材需求萎缩，钢铁产能出现阶段性、结构性过剩。武安普阳钢铁公司总经理石跃强说，目前钢铁行业下游的房地产、造船、工程机械行业普遍需求不足，大型基建项目也少了。

部分业内人士认为，当前的钢铁产能属于阶段性、结构性相对过剩。由于前些年行业进入门槛低，产品同质化严重，多数亏损，少数有利润，判断相对过剩的依据是利润微薄。2014 年，河北钢铁行业销售利润率只有 1.87%，吨钢利润只有 113.24 元，赢利水平好于 2013 年，也好于全国重点钢铁企业，但与最兴盛时期比相去甚远。

世界范围内，钢铁作为传统的成熟产业，早已步入 D 区，而由于我国前几年经济的加速和房地产市场的繁荣带来的区域性机遇，使得钢铁行业呈现出 B 区的繁荣假象，很多企业进入这个市场（当然不排除很多企业进入钢铁行业只是为了短期盈利，并不考虑长期生存），当市场快速显露真容的时候，毫无创新能力的企业利润迅速降低，却很少有企业能够以当初进入时那样的速度，迅速做出调整的决策。"等待奇迹"成为很多企业的现实选择，依靠银行贷款和地方政府的支持维持着极为低效的生产，直到一切希望消失的那一刻。

延续性技术创新的优势在传统的钢材行业依然发挥作用，请看以下的一组数字❶：

---

❶ 中国冶金报 . 2014 年中国钢材进出口分析［N/OL］. (2015 – 03 – 04)［2015 – 11 – 28］http：//www. askci. com/news/chanye/2015/03/04/115113evts. shtml.

2014 年，中国大陆出口钢材 9378.38 万吨，同比增加 3144.63 万吨，增长 50.45%；钢坯 0.69 万吨，钢锭 45.34 吨，折合粗钢出口约 9978 万吨；净出口粗钢 8408 万吨，同比增长约 66%。2014 年，钢材出口均价为 755.21 美元/吨，同比减少 98.77 美元/吨，降幅为 11.57%；进口均价为 1241.29 美元/吨，同比减少 30.21 美元/吨，下降 1.76%。进出口价差进一步扩大。

进出口钢材的价差，反映了这样一个事实：我们出口的都是低端产品大路货钢材，而进口的都是优质钢材或特种钢材。也就是说，生产高技术钢材的企业在 D 区依然占据利润优势，延续性的创新投入对于 D 区的优势企业依然是竞争的保障。像钢铁这样的传统行业，在一定的历史时期内是不会消亡的，直到人类的科技发现新的替代材料之前，钢铁行业都会存在。从这个意义上讲，**虽然很多高科技行业如火如荼，利润丰厚；但周期短，对决策的正确性依赖高，需求变化快，因此企业生存状况并不一定优于传统行业。**

我们这里没有考虑产品周期的长短差异，一般来说，周期长的产业创新强度低，周期短的企业创新强度高。

根据世界知识产权组织（WIPO）发布的《2014 年世界知识产权指标》❶ 报告，2013 年全球共提交约 257 万件专利申请，较上一年增长 9%。专利申请数量最多的几个领域依次是计算机技术（占总量的 7.6%）、电气机械（占总量的 7.2%）、测量（占总量的 4.7%）、数字通信（占总量的 4.5%）和医疗技术（占总量的 4.3%）。

---

❶ World Intellectual Property Organization. World Intellectual Property Indicators 2014，WIPO Publication No. 941E/14 [R]. Geneva：WIPO, 2014.

最新发布的《2015 年世界知识产权指标》❶ 报告中显示，2014
年全球共提交约 270 万件专利申请，较上一年增长 4.5%。专利申
请数量最多的几个领域依次是计算机技术（占总量的 7.8%）、电气
机械（占总量的 7.4%）、测量（占总量的 4.8%）和数字通信（占
总量的 4.6%）。

从专利申请的数量我们可以看出，计算机技术、电气机械、通信等快
速发展的行业创新强度高，专利申请数量多。这些行业的技术与产品更新
换代非常迅速，大多数创新处于 A 区与 B 区。

处在创新强度高的行业的企业自然需要增强自身的创新能力，那是不
是处于低创新强度行业的企业就可以较少关注创新问题呢？答案是否
定的。

处于创新强度低的行业中的企业依然要关注创新工作，这是因为，
这些行业往往是重资产、高运营成本的行业，利润已经由于多年的竞争
趋于最低区域；一旦因为对手小的改进失去先机，企业往往会陷入长时
间的被动当中。这种现象在快速消费品行业最为明显，如洗衣粉。德国
汉高于 1907 年以硼酸盐和硅酸盐为主要原料，首次发明了洗衣粉。洗衣
粉是一种碱性的合成洗涤剂，主要成分是阴离子表面活性剂烷基苯磺酸
钠，少量非离子表面活性剂，再加一些助剂磷酸盐、硅酸盐、元明粉、
荧光剂、酶等，经混合、喷粉等工艺制成，现在大部分用 4A 沸石代替
磷酸盐。

洗衣粉的成份共有五大类：活性成分、助洗成分、缓冲成分、增效成
分、辅助成分。虽然洗衣粉这个产品形成的市场至今已经发展了一百多
年，然而现在的洗衣粉与一百年前的洗衣粉在本质上的差异并不大，无论
是形态还是原料，改动有限。但是，市场上生产洗衣粉的商家却不这么认

❶　World Intellectual Property Organization. World Intellectual Property Indicators 2015，WIPO Publi-
cation No. 941E［R］. Geneva：WIPO, 2015.

为，他们每天都面临着巨大的市场压力，他们会不断地推出所谓的新品：例如添加了某种特殊成分，或者去掉了某种成分；浓缩的或者没有浓缩的等，哪怕改变的仅仅是包装。

活力28，这个曾经在中国人人都知道的品牌现在已经很难找到了。活力28鼎盛时期的市场占有率曾高达80%，占据了全国2/3的市场份额，比当时宝洁在中国洗发水市场65%的份额还要高。1998年，在一次洗衣粉认知率的调查中，高居榜首的不是汰渍、奥妙等广告满天飞的外资品牌，也非熊猫、白猫这些老牌国有洗衣粉企业，达到100%认知率的是在市场上消失一两年的活力28，可见活力28的影响力之大。

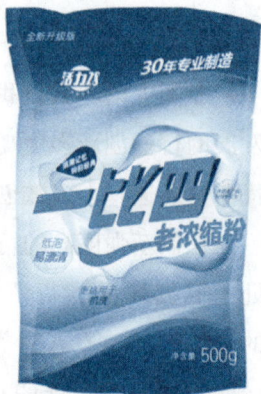

图1–11　活力28洗衣粉

然而，当经历了一段不成功的合资之后，再度推向市场的活力28却没有引起任何波澜，消费者早已被更新潮的广告、包装和明星代言人以及功能性产品引导到其他品牌。

1.3　传统产业创新悖论

有人认为传统产业主要是指"**劳动力密集型的、以制造加工为主的行业**"，但是我们认为传统产业是指创新强度低、存续时间久的行业，不仅**包括传统的制造业，也包括传统的服务行业。**

一说到传统产业，很多人都有一种看法：低端的、低效率的、利润差、未来会被淘汰。这种看法是非常错误的，我们要为传统产业正名：传统产业通常比所谓的高科技产业更有自己的特色。

1.3.1 传统产业存续时间长是因为需求的确定性和稳定性

以纺织业为例，自从第一次工业革命开始，纺织业就出现了现代意义上的工厂，我国的第一家现代纺织厂是成立于光绪四年（1878年）的上海机器织布局，到今天已经一百多年了，纺织业应该是名副其实的传统产业。然而，对纺织业来说，随着经济的起起落落，消费的需求虽然也会波动，但总是存在的，并且具有相当的稳定性。相比来说，我们现在的高科技产品利润和轰动效应很好，但未来的不确定性也很高。

长期稳定的需求给企业带来创新的好机会，那些拥有创新能力的传统企业会走得很远，直到成为行业中令人仰望的巨头；而那些疏于创新的企业却慢慢被市场淘汰，或是彻底沦为边缘企业。

传统行业的稳定性受经济周期的影响比较大，市场的衰退、萧条、复苏、繁荣的四个周期也会影响到传统企业的创新工作。复苏和繁荣期创新活动多，衰退期和萧条期创新活动少，这与依赖技术创新的高科技行业形成比较鲜明的对比，通常高科技行业的创新活动无论在哪个周期都是相对比较平均的。

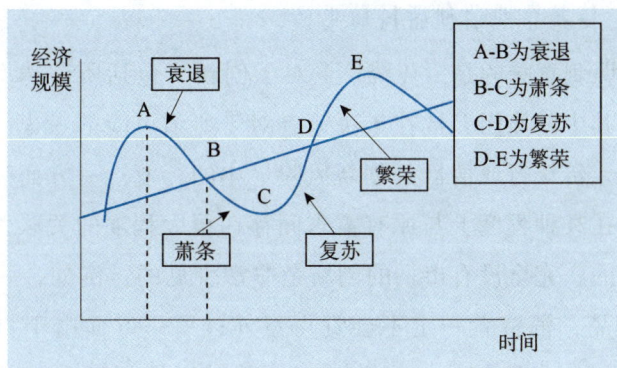

图1-12 经济周期

传统企业的创新工作，通常有这样几个特点：一是创新主要是为了增强企业在行业内的竞争力；二是主要表现为延续性的创新工作，突破性的创新较少；三是非领军企业的创新活动主要依赖于模仿。

1.3.2 传统行业技术成熟度高，创新涉及的范围比较固定

传统行业由于技术成熟，因此其改进工作的进展一般比较缓慢，除非出现突破性的技术革命。传统行业的创新都是在现有技术路径上的延续性创新，我国企业更愿意称之为技术升级或者产业升级。这里面的创新工作并不仅仅指技术的创新工作，而是包含了技术、商业模式和信息传播的各个层面。

当行业内的领军企业开始进行某种创新的时候，后续企业自然会模仿与跟进，有时候这种复制行为被含蓄地称为逆向工程、反编译等。由于行业技术成熟度高，领军企业很难对这种赤裸裸的模仿进行限制，企业转而求助于知识产权的保护。另外由于我国知识产权保护的相对落后，模仿和复制也一直延续进行，企业间的竞争变成了一场赛跑，甚至有时候模仿者会占优势。这种情况会打击创新的积极性，但是只要企业坚持创新，情况会随着时间慢慢改变。**完全的模仿或者复制并不能改变最终的市场定位，你在现实世界找不到这样的案例。**

1.3.3 传统企业的创新风险更低

最具有讽刺意味的是，传统行业对于创新（包括所谓转型升级）是最犹豫的，其中的原因多数在于决策者对于所谓风险的考虑。但是从行业历史来看，传统行业恰恰是创新风险最小的行业：一方面需求的确定性使得创新在某种程度上与原有需求间存在很大程度的关联关系，因此那些颠覆性的、完全没有市场的创新是非常少见的，例如，一家餐馆新推出某种菜品，消费者一定不会觉得意外；另一方面由于行业成熟度高，客户认知度也比较好，简单的创新就可以得到客户的认可，并迅速得到推广，有时候这种创新的简单程度与它的成功比起来会让你目瞪口呆。

1.4　企业创新案例

　　企业涉及的行业分类众多，从技术上讲行业间的差异巨大，创新实践自然千差万别；但从方法论上分析，各行业的创新基本大同小异。为了帮助读者更好地理解创新的方法论和工具，我们先请大家看几个不同行业的创新案例，作为一种创新体验。

1.4.1　传统餐饮服务业创新案例——辣家私厨

　　曾经有人与笔者调侃，"写创新不好写，因为国内的创新文化落后，只是借鉴国外的东西"。我说不一定的，有个行业我国是世界上最发达的行业，而且超越各国几十年不成问题——那就是餐饮行业。餐饮行业无疑是最传统的行业，也许是历史最悠久的行业。我们没有考古资料表明在原始社会是否存在餐饮行业，但是可以肯定的是，如果哪个行业最先诞生，那一定是餐饮行业。

　　北京人是喜欢美食的，其实全国都是这样的，看完《舌尖上的中国》又让我们对老祖宗孜孜不倦的饮食创新精神有了新的认识。每到夏天，路边的小餐馆就纷纷摆桌子占了人行道，搭个凉棚开始经营各色小吃，几个朋友要几瓶啤酒，点几个小菜，侃上半天一点问题都没有，如果能上一道主菜那就更是热闹非凡。在小餐馆所有的美食中，有一种最受关注，甚至成就一条街，那就是麻辣小龙虾，记住来北京不需要说这么多字，北京人都用简称——麻小。

　　其实"麻小"在全国都很受欢迎，天南地北的大中小城市都有提供，做法也略有差异，但是唯一不变的是食客们对小龙虾的热爱。如果你想经营"麻小"，有什么可以创新的吗？北京有很多以专门经营"麻小"为主菜的餐馆，辣家私厨就是其中一家，我们特地采访了辣家私厨的创始人王晓靓，她给我们详细介绍了在"麻小"创新方面的一些经验。

王晓靓和张萌喆是一对夫妻，以做汽车改装起家，后来创建了以经营"麻小"为主的连锁餐馆辣家私厨，在两年多的时间里发展了上百家连锁店。为了让读者能更准确把握整个创意的逻辑关系，特为大家截取了采访的部分原始材料。（Q：提问，A：回答，C：评论）

Q：那你们当时是怎么做着做着改装车，就突然改做麻辣小龙虾了呢？

A：我们到全国各地加盟店去看看（这里是指改装车的加盟店），你去当地看店，当地老板肯定会带你去当地好吃的、有名的地儿去吃。经过几年的看店，老公对我说，全国最火的肯定是龙虾，因为无论走到哪个城市，尤其是南方城市，当地人带他去吃的东西一定少不了龙虾。

C：这里说明的是创业者选择了一个"需求普遍"的行业，采用的方法是直接观察法。

Q：但是那些经营的龙虾，主要是街边摊的那种吧？

A：我觉得路边摊吧，男孩可能无所谓。但对于女生来讲，路边摊会比较热，环境不是很好，看到店里环境不好我就不会去吃。

有一次，跟朋友聚会，就说去哪吃啊去哪玩啊，后来我就觉得如果开一个餐馆就很好。我就跟我老公说，咱还是开一餐馆吧，以后咱们聚会也有个地儿。我们就一拍即合，要做一个"干净卫生的小龙虾"餐馆。

C：创业者产生进入这个行业的想法，并发现了创新的可能区域——卫生条件的改善，就餐环境的提升。

A：然后我就直接去了江苏盱眙、无锡、南京，整个在龙虾生产地走了一圈，回来我们就确定了这个项目。花了两个月时间启动，第一家店是在和平里。那儿是一个很破的地儿，但是我们选它第一点是因为那儿房租便宜。我们并没有做过餐饮，跨界做餐饮要租那种大街边100多万的房子，经营各方面包括金钱投入会非常吃力。再加上两年前已经进入互联网时代了，那个时候微博非常流行，我们就想运用互联网这块。我们觉得拥抱互联网思维，那没必要选择租金很贵的门店。我们就 26 个台嘛，最开始的时候估计也就 10 道菜以内，我们现在也就 30 道菜。

Q：就是聚焦在某些主要菜品上？

A：对，因为我们当时的定位就是要聚焦嘛，并不是要做成上百道菜的菜馆，因为那样对于刚做餐饮的人来说是很困难的。你没有经验，我们觉得单品聚焦可能更好。正式开业以后的半年多我们特别注重三点：第一点就是培训；第二点就是服务员，看服务员的服务力；第三点就是味道，这是前半年我们主抓的。

C：在创新产品推出的时候，要突出创新聚焦的地方，而不是让创新隐藏起来。

Q：其实我想着你们做龙虾，是因为你们有之前的客户群的积累。虽然你们的客户群是做改装车的，但是他们也要吃东西，而且那些人跟你们黏性好，当你们跨到另一个行业的时候，那个行业的产品他们又需要，所以他们自动就会往这边靠拢。

A：对，他们会来，但是来的不像咱们认为的那么汹涌，按说我们在北京做了九年改装，客户特别多，但是我们刚开店，也没有达到那种天天过来排队的火爆程度。而且我们也没宣传，因为我们当时害怕的是，我们刚做餐饮，跨界过来的，菜品、服务都还没定位，你招越多的人来，怕是越多的人不满意。

C：很多创新者最害怕的就是得罪老客户，怕他们不一定能够接受新的东西。其实也是创新者自身重新定位的问题，在跨界创新中最为明显。

Q：你们在短短的 2 年时间里，有了将近 100 家连锁店，推广你们的"干净卫生小龙虾"，有什么秘诀？

A：你知道这个，其实我们对于加盟的理念就跟合作是差不多的。

据我们俩分析，市场有一个特性，你不先干，抢占这个市场，人家就全国开了。当这个品牌树立起来以后，你就很难超越了。小龙虾目前没有全国连锁店，就算很好的＊＊，做了十几年了，只有北京那么火，全国也没有到300家店。

我们为什么要做加盟店，是因为在开了半年以后，就有很多人来问，但很大一部分人并不希望完全托管，比如说跟我合作，我过去给他管理给他弄，他就等着坐家里收钱，其实不是这样的。很多跟我们谈加盟的全是有梦想的，全是想创业的，大多是想加盟后由我们告诉他怎么做，然后跟我们学习。

C：迅速扩大生产规模，占领市场份额是传统行业创新的重要问题，怎样实现有很多途径，加盟连锁是餐饮行业比较流行的一种方式，对于加盟者和创始人都是互利的事情。

1.4.2　服务业的"互联网＋"实例——洗衣邦

伴随着国家大力推动，以"互联网＋"为主题的创新创业遍地开花，尤其是传统行业通过O2O与"互联网＋"的变革后，出现了很多的创新创业公司。订餐、订房、订机票等与日常生活关联的各个方面都纷纷拥抱互联网，就连洗衣行业也不例外。

我们熟悉的洗衣服务就是把家里洗衣机不方便洗的，送到洗衣店，然后洗衣店洗好之后，我们取回来。对于日常生活来说，这是一个简单得不能再简单的服务。实际上，按照洗衣邦创始人——王贵亮先生的说法，做洗衣服务还真是一门学问："什么样的衣服应该干洗，什么样的衣服应该水洗，温度和洗涤剂的选择，收单的服务人员对于衣服材质以及质量的判断都是需要搞清楚的"。

洗衣行业虽然不起眼，但是毛利润并不低，王贵亮先生举例说："比如说洗羽绒服，中长的羽绒服，市面上洗衣费50～70元不等，直接成本才6毛多钱，也就是不算人工和房租，就水电什么的这些消耗。最大的一块就是租金，房屋的租金可能占到零售额的 60% ~ 70%。"

根据有关数据测算，我国一年的洗衣消费市场大约有 1000 亿的规模，而目前通过互联网完成的订单还不到 1%，这是一块需要开发的蓝海市场。

通常情况下，互联网 + 洗衣有这样几种模式：

（1）依托自己的门店，增加网上收单和送货，其他的内部管理和流程并不发生改变。传统的洗衣连锁店通常以这种模式拓展网上业务。这种方式的好处是对原有线下模式影响不大，但本质上线上和线下业务是没有融合的两部分独立业务。成本、人员和物流都没有充分发挥互联网优势。

（2）与各个社区的洗衣店合作，由公司负责网上收单，各个社区店根据网上派单，收单和送货。这种方式的好处是，投入小，只需要建立网络平台即可运营。洗衣本身依赖原有线下的加盟店。问题是服务和洗衣质量都不好控制，加盟店本身也很难保持长期合作的稳定性。

（3）洗衣邦的做法是构建区域中心工厂，建立若干品牌直营店，它的互联网洗衣模式如图 1 - 13 所示。

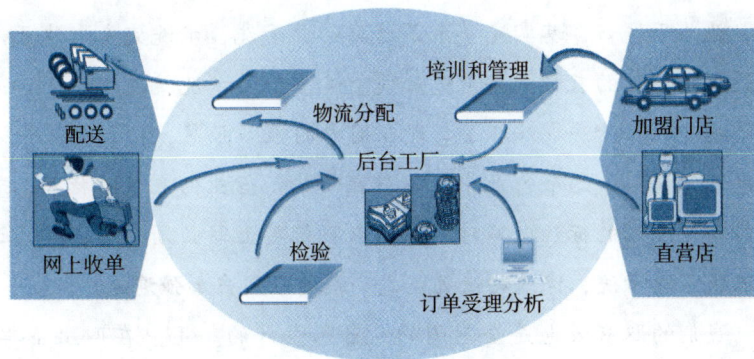

图 1 - 13 洗衣帮商业模式

用户可以在网上下单，洗衣邦派取件员取单，用户也可选择线下的直营店，或者加盟店，后台工厂统一洗涤、分拣，然后配送洗好的衣物。

谈到洗衣邦模式的特点，王贵亮先生这样介绍：

王：一是建立标准化的流程，即洗衣的流程，这个流程看似很简单，要把它标准化起来很复杂。我们开始培养了一些专业的技师，很多洗衣行业的老师傅并不容易接受标准化的流程，他们自己的经验固化了，十几年的工作方法也不容易改变。

因为我之前不是这个行业的，挖了这个行业比较资深的洗染护理的技术相当牛的人，我们用了一年的时间制定标准流程。一开始技术师傅是不赞同的，认为这样流程化是不对的，我说你一定要坚持，我们要打造的是什么呢？就是类似于肯德基、麦当劳的店，比如说衣服什么样的材质就用什么样的标准去洗，比如说多少水，多少件，放料放多少，水温控制，洗几遍清几遍以及整个熨烫包装等环节都是标准化的。有了这样一个体系后，再有新来的洗衣工人，经过充分培训后，15天就能完全操作上岗了，而且能保证洗衣质量。

另外就是自建一个比较小的工厂，未来我们肯定要建一个大的标准工厂，工厂对于用户完全是开放的。比如很多人被宣传资料误导，认为干洗好，其实完全不是这样的，干洗、水洗完全取决于衣物的材质，你的衣服需要干洗必须干洗，如果水洗就洗坏了，如果需要水洗的，干洗也洗坏了。现在国内的很多服装，按标签来洗衣服也不完全对。这个行业中，困难在哪儿？行业内衣服的标签，对各种材质比例的标注也不对。有的衣服标签上写必须干洗，其实这个衣服不能干洗，像这种情况，我们就要跟用户加强沟通。

我们的取衣袋也是全封闭的，自己设计的。用户在网上下单，我们取件员取单；整个过程中，各个环节交接都是完整的。到达工厂后剩下的就是拆包，取衣袋打开之后，需要一些检查，要检查这个衣服怎么洗，有没有瑕疵，等等。这都是标准化的体系，检查是由分拣员负责，这是个技术活。重点培养分拣人员，他要对这个衣物洗涤的标准，怎么去洗做出正确判断。

评价：从创新特点上讲，洗衣邦主要是运用后台工厂的标准化流程提升了洗衣的工作效率，同时运用互联网收单、送件，既方便了用户，提升了用户体验，又实现了企业的集约化经营；算是线上线下服务的一种典型案例。

第 2 章
中国企业的创新困境

命运掌握在自己手里，如果受制于人，那么错不在命运而在于我们自己！

——莎士比亚

现代企业的竞争之残酷是前所未有的，国家工商总局在综合分析了2000年以来全国新设企业、注吊销企业生存时间等数据后，于2013年7月30日发布了《全国内资企业生存时间分析报告》❶。报告中的数据显示：我国近六成企业生存时间不足5年，仅有16%的企业能够生存10年及以上；企业成立后的第3年到第7年为退出市场高发期，即企业生存时间的"瓶颈期"。

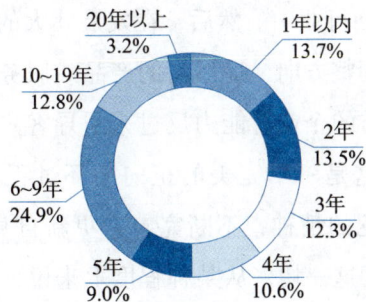

图2-1　2008~2012年中国退出企业寿命分布

❶　国家工商行政管理总局企业注册局、信息中心. 全国内资企业生存时间分析报告［R］.北京：国家工商行政管理总局，2013.

从这些数据中我们可以看出来，做企业真的不是一件容易的事情。企业从一"出生"就面临激烈的竞争，成长路上每一步都危机四伏，时时面临生存还是死亡的威胁。即便像微软这样的行业巨头，世界顶级企业，也面临巨大的生存压力。比尔·盖茨警告员工：**"微软离破产永远只有18个月。"** 华为的董事长任正非在《华为的冬天》一文中也曾表达过类似的观点：**"公司所有员工是否考虑过，如果有一天，公司销售额下滑、利润下滑甚至会破产，我们怎么办？……而且我相信，这一天一定会到来。面对这样的未来，我们怎样来处理，我们是不是思考过。"**

面对激烈的市场竞争，面对复杂多变的商业环境，企业如何才能生存下来呢？对这个问题，没有人能够给出一个标准答案。事实上，每一家企业都是独特的、与众不同的，企业的组织结构不同，管理风格不同，所处的社会及商业环境不同，提供的产品和服务不同，面对的客户群体不同……适用于一家企业的战略、方法不一定适用于另外一家。但是，纵观那些成立10年以上，在各个行业中处于领导者地位的企业，我们还是可以发现一些相同的地方，就是对客户需求的把握能力和需求变化的适应及调整能力。这些企业在初创时期，通常是抓住了客户的某一类需求，提供了有针对性的解决方案（套用一句现在时髦的话说，解决了客户的"痛点"），从而顺利切入到行业中。然后，在发展壮大的过程中，企业不断地根据客户的需求变化调整方向，提供新的产品或服务，扩张规模和业务范围。在这个时期，优秀的企业有能力反过来引导客户，形成新的需求，从而创造出新的市场，这是一个完美的正向循环过程。在企业进入成熟期后，更需要有居安思危的精神，不断完善并更新自身的产品、服务系列，提升竞争能力。所有的这一切，从某种程度上来说，其实都是企业创新能力的体现。

在初创阶段，一般企业都是从零开始，或开发了一种新产品，或挖掘出一个新市场，或提供一种新服务，这时候体现的是企业初创者的产品创新或服务创新能力。在成长阶段，企业要进行规模扩张，除了产品创新能力和服务创新能力外，还需要企业管理者具备技术创新、战略创新、流程创新的能力。到了企业的成熟期，企业的决策层要有制度创新的能力，能够在公司现有的框架体系中进行突破，允许各种创新业务的尝试，哪怕影响到了现有的业务。只有这样，公司才能不断地突破自我，实现基业长青。

2.1　当前中国企业的创新环境

当前，中国经济的发展已经从资源驱动型开始向效率驱动型（创新能力和管理能力的提升）进行转化。在改革开放的初期，中国缺乏资金、技术、经验、市场，只能通过廉价的资源（包括各种自然矿产资源、人力资源、土地资源等）来换取相应的资金和技术。经过 30 年的发展，中国已经建立了完整的现代化工业体系，"Made in China"的产品铺满了全球的各个角落。但同时，我们也面临环境恶化，土地过度开发，人口红利消失等问题。今天的中国，单靠资源已经无法支撑经济的快速增长了。反观西方发达国家，通过能源、材料、科技等方面的创新，正在掀起第四次工业革命的浪潮，在这次浪潮中，已经不再强调 Made in ×××这样的低端制造业，而是代之以 Design by ×××，Power by ×××这样的创意创新行业。以苹果手机为例，设计工作在美国硅谷的 Cupertino 完成，主要零部件在中国台湾或大陆生产，组装由富士康在中国大陆的工厂代工。但是，尽管大多数生产制造部分都在中国进行，主要的利润却都流向了美国。根据加州大学和雪城大学 3 位教授在 2010 年的分析报告❶，苹果每卖出一台 iPhone，就独占 58.5%的利润，而中国仅占 1.8%，参见图 2 - 2。

中国其实在很早就意识到了这个问题，2006 年，时任国家主席的胡锦涛同志就提出了建设创新型国家的愿景。2006 年 1 月 9 日，胡锦涛在全国科

---

❶ Kenneth L. Kraemer, Greg Linden, and Jason Dedrick. Capturing Value in Global Networks: Apple's iPad and iPhone [R]. 2011.

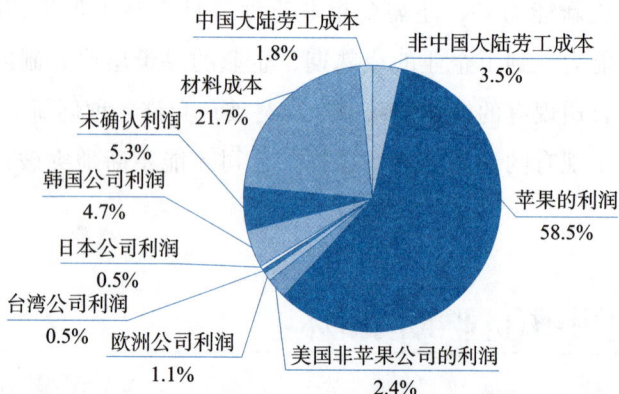

中国大陆劳工成本 1.8%
非中国大陆劳工成本 3.5%
材料成本 21.7%
未确认利润 5.3%
韩国公司利润 4.7%
日本公司利润 0.5%
台湾公司利润 0.5%
欧洲公司利润 1.1%
美国非苹果公司的利润 2.4%
苹果的利润 58.5%

图 2 - 2　iPhone 手机利润在各国家/地区间的分布图

学技术大会上做了《坚持走中国特色自主创新道路　为建设创新型国家而努力奋斗》的重要讲话，宣布中国未来 15 年科技发展的总体目标是："到 2020 年，使我国的自主创新能力显著增强，科技促进经济社会发展和保障国家安全的能力显著增强，基础科学和前沿技术研究综合实力显著增强，取得一批在世界具有重大影响的科学技术成果，进入创新型国家行列，为全面建设小康社会提供强有力的支撑。"在报告中尤其强调了自主创新能力："建设创新型国家，核心就是把增强自主创新能力作为发展科学技术的战略基点，走出中国特色自主创新道路，推动科学技术的跨越式发展；就是把增强自主创新能力作为调整产业结构、转变增长方式的中心环节，建设资源节约型、环境友好型社会，推动国民经济又快又好发展；就是把增强自主创新能力作为国家战略，贯穿到现代化建设各个方面，激发全民族创新精神，培养高水平创新人才，形成有利于自主创新的体制机制，大力推进理论创新、制度创新、科技创新，不断巩固和发展中国特色社会主义伟大事业。"

2014 年 6 月 9 日，国家主席习近平出席了中国科学院第十七次院士大会、中国工程院第十二次院士大会并发表重要讲话，习近平强调："我国科技发展的方向就是创新、创新、再创新。实施创新驱动发展战略，最根本的是要增强自主创新能力，最紧迫的是要破除体制机制障碍，最大限度解放和激发科技作为第一生产力所蕴藏的巨大潜能。要坚定不移走中国特色自主创新道路，坚持自主创新、重点跨越、支撑发展、引领未来的方针，加快创新型国家建设步伐。"

2014 年 9 月，李克强总理在夏季达沃斯论坛上提出："**要在 960 万平方公里土地上掀起大众创业、草根创业的新浪潮，形成万众创新、人人创新的新态势**。"

2015 年，李克强总理的政府工作报告中，"创新"一词出现了多达 38 次。在报告中，李克强总理再次强调了"**大众创业、万众创新**"对经济的驱动作用："我们要把握好总体要求，着眼于保持中高速增长和迈向中高端水平'双目标'，坚持稳政策稳预期和促改革调结构'双结合'，打造大众创业、万众创新和增加公共产品、公共服务'双引擎'，推动发展调速不减势、量增质更优，实现中国经济提质增效升级。"

除了在国家层面的各项方针政策外，各级地方政府也积极出台了相应的扶植配套政策。地方政府通过完善政策体系、推进简政放权等方式破解机制体制障碍，通过加大财政补贴、税费优惠、金融支持等方式，为"大众创业、万众创新"提供更有力的政策支持。根据国家发改委的统计数据，截至 2015 年 6 月份，各部门、各省（区、市）已陆续出台支持创业、创新、就业的政策措施共 1997 条。其中，十八大以来，以部门名义出台的有 119 条，北京、上海、深圳、广州、武汉、成都、西安 7 个创业创新相对活跃城市出台的有 129 条。

浙江省 2013 年就印发了《关于全面实施创新驱动发展战略，加快建设创新型省份的决定》，通过降低创业门槛、加大创新创业的扶持补贴力度、加快公共创业服务平台建设，营造"大众创业、万众创新"的政策环境和制度环境。浙江各地的科技企业孵化器、创新园区如雨后春笋般涌现，创客小镇、梦想小镇、私募基金小镇、互联网创业小镇、云计算产业小镇等创业创新社区中汇聚了各类人才和资源，成为新经济、新生态、新产业的催化剂。

福建省 2015 年印发了《福建省人民政府关于大力推进大众创业万众创新十条措施的通知》，广泛宣传创业创新扶持政策、降低创业创新门槛、构建多元化金融服务体系、加大财税政策扶持等，力求通过简政放权、减免规费等举措降低创业创新门槛，大力推进"大众创业、万众创新"，打造福建经济增长新引擎、增强发展新动力。

甘肃省科技厅联合省教育厅等部门制定发布了《关于扎实推进众创空间建设工作的意见》，决定实施大众创业、万众创新的"百千万工程"，到 2020 年，建设 10 个大众创新创业示范城市，构建各类众创空间 100 个，直接服务创客的创业导师、商务策划师和创业咨询师超过 1000 人，科技特派员、大学生创业者、高校及科研院所创新创业人员和其他各类创新创业人员超过 1 万人，带动超过 10 万人就业。

2015 年 7 月，国家发展改革委、科技部、人力资源社会保障部、中科院四部委联合发布了《关于促进东北老工业基地创新创业发展打造竞争新优势的实施意见》，明确指出，要完善促进创新创业发展的体制机制，建立健全产权保护机制，完善科技创新资金分配机制，加快社会信用体系建设，深化国有企业改革，提升创新效率，支持民营企业提高创新能力，营造鼓励创新创业的文化氛围，建立市场导向的技术创新体系，以企业为主体推进创新链整合。

武汉东湖新技术开发区是地方政府在创新政策落实和实施方面的一个典型代表。2009 年 12 月，国务院批复同意支持武汉东湖新技术开发区建设国家自主创新示范区，这是继北京中关村之后，国家批准建设的第二家国家自主创新示范区。东湖新技术开发区将创新作为发展的灵魂，着力建立健全有利于自主创新的体制机制，突出企业创新主体地位，促进产学研相结合，推动科技成果转化和产业化。在 2015 年 1 月 15 日通过的《东湖国家自主创新示范区条例》中，从管理体制、规划建设与产业发展、科技创新、金融服务、人才支撑、开放合作、法治环境等各个层面对创新予以支持。

图 2 – 3 武汉东湖新技术开发区

2015 年 7 月，科技部中国科学技术发展战略研究院发布了《国家创新指数报告 2014》❶，报告中详细分析了我国的创新现状并指出：在全球 40 个主要国家中，中国的国家创新指数排名位居第 19 位，与创新型国家的差距进一步缩小，在全球创新格局中处于中上游位置。报告中进一步揭示了中国创新的特点。❷

（1）**中国国家综合创新能力稳中有升。** 尽管近两年世界经济受到需求萎缩和局部地区突发事件的影响，许多国家经济在衰退，但全球创新格局并未发生明显变化，入围全球前十强的国家与 2013 年相同。前 5 位国家排名保持不变，依次为美国、日本、瑞士、韩国和以色列。丹麦、瑞典、荷兰、德国、芬兰分列第 6 ~ 10 位。金砖国家除中国外，排名仍然处于落后位置。俄罗斯、南非均比 2013 年下降 1 位，分列第 33 位和第 36 位；巴西和印度排名不变，分列第 38 位和第 39 位。中国处于竞争最为激烈的第 2 梯队，虽排名第 19 与 2013 年持平，但指数得分比 2013 年提高 3.2 分，与后面的加拿大、卢森堡和新西兰等国家间的优势从原来的高出 0.6 ~ 1.3 分增加到 2.9 ~ 3.3 分；与排在前面第 18 位的比利时的差距则大幅度缩小。

---

❶ 中国科学技术发展战略研究院. 国家创新指数报告 2014 [M]. 北京：科学技术文献出版社，2015.

❷ 宋卫国. 中国创新能力什么样——《国家创新指数报告 2014》解读 [N]. 光明日报，2015 – 07 – 24（10）.

（2）**中国创新能力呈现跨越式发展，大幅领先人均经济发展水平相近的国家**。从历史看，国家创新能力与国家经济发展阶段密切相关。只有那些高度重视科技创新的少数国家才能实现跨越式发展。研究显示，中国创新能力已大幅超越处于同一经济发展水平的国家。2013 年，中国人均 GDP 刚刚超过 6800 美元，在 40 个国家中仅高于印度和南非。但是，中国创新指数得分已接近许多人均 GDP 在 5 万美元左右的欧洲国家。这一特征与同样将科技创新作为国家战略的日本、韩国十分相似。

（3）**中国创新活动重心正由知识创造向技术创新延伸，企业创新成效明显改善**。与 2013 年相比，中国除知识创造指标排名下降 1 位外，其他 4 项指标排名均有所提升，企业创新绩效提升明显。创新资源指标位居世界第 29 位，比 2015 年提升 1 位，主要得益于我国 R&D 投入规模和强度的持续上升。知识创造指标排名第 19 位，比 2015 年下降 1 位，主要缘于单位研究人员专利产出效率的下降。企业创新指标排名第 13 位，提升 2 位，原因在于我国企业创新投入和国际竞争能力同步增加。创新绩效指标排名第 11 位，提升 3 位，主要归因于我国知识密集型产业的快速发展。创新环境指标排名第 13 位，提升 1 位，表现在我国知识产权保护和市场经济政策取得了明显成效。

（4）**中国创新产出正在从注重数量增长向注重质量和价值提升转变**。指标数据显示，在创新产出数量大幅增长后，反映我国创新质量的指标正在持续改善。2007 年我国科学论文数量即已达到世界第二位，但论文质量相对不高，科学论文引证数世界排名曾经多年大大落后于论文数。但 2013 年我国科学论文引证数世界排名已经从 2007 年的第 8 位上升到第 3 位。三方专利数量的世界排名则从第 11 位提高到第 6 位。我国创新发展已经到了从量变到质变的阶段。

综合判断，我国多年科技投入的累积效应开始显现，创新能力仍处在上升通道，国家综合创新能力在全球创新格局中已处于中上游位置，与创新型国家的差距仍有望进一步缩小。

2.2 中国企业的创新现状

随着政策层面及财政层面的支持，中国企业在研发与创新方面的投入也逐年增长，根据国家统计局的数据❶显示：

我国 2014 年全年研究与试验发展（R&D）经费支出 13 312 亿元，比 2013 年增长 12.4%，与国内生产总值之比为 2.09%（如图 2 - 4 所示）。

图 2 - 4 2010 ~ 2014 年中国研究与试验发展经费支出

---

❶ 中华人民共和国国家统计局. 中华人民共和国 2014 年国民经济和社会发展统计公报 [R/OL]. (2015 - 02 - 26) [2015 - 11 - 15] http://www.stats.gov.cn/tjsj/zxfb/201502/t20150226_ 685799.html.

改革开放 30 多年来，中国企业的发展已经取得了长足的进步，正处在从"中国制造"到"中国创造"的转型期，这将是一个长期的、痛苦的，由量变到质变的过程。我国在研发投入上的增长反映了企业在创新方面的强烈意愿，大多数企业都意识到了创新对于企业发展的根本性推动作用，从央企到民企，从几十万人的巨型企业到几个人的创业公司，很多企业都将创新提升到了战略层面来考虑。

中粮集团（COFCO）是我国最大的粮油食品企业，全球领先的农产品、食品领域多元化产品和服务供应商，集农产品贸易、物流、加工和粮油食品生产销售为一体，为接近全球 1/4 的人口提供粮油食品。中粮集团将创新作为企业精神之一，强调富有激情、创造力和进取心，并将创新注入技术、产品研发，企业管理、文化，渠道发展等领域，不断提升中粮的核心竞争力，为全产业链商业模式价值的实现提供驱动力。中粮集团的（前）董事长宁高宁强调：**只有坚持创新，才能不断提升中粮的核心竞争力，为全产业链商业模式价值的实现提供驱动力**。中粮集团致力于通过创新，打造低成本、高效率的转化方式，把田间的原料转化成千变万化的美食。中粮集团于 2011 年投资 32 亿元打造中粮营养健康研究院，建立国内首家以企业为主体的、针对中国人的营养需求和代谢机制进行系统性研究的研发中心，为消费者带来营养健康的、高品质的品牌食品和健康解决方案。

大唐电信科技产业集团是国务院国有资产监督管理委员会管理的一家专门从事电子信息系统装备开发、生产和销售的大型高科技中央企业，总资产规模近 500 亿元人民币。大唐电信集团将创新作为企业的核心价值观之一，强调创新是兴业之本，是大唐竞争力的核心。集团董事长真才基表示："**创新沟通未来**"。作为自主创新的领军企业，大唐电信集团坚持"创新、市场、诚信、责任"的核心价值观，通过持续增强自主创新能力，掌握全球移动通信标准和专利话语权，加强资源投入、整合产业链高端关键环节、加强产业协同，走出了一条"技术专利化、专利标准化、标准产业化、产业市场化"的科学发展道路！大唐电信集团不断完善科技创新体系建设，积极承担国家的各类重大科研项目，注重持续增强企业创新能力，保证主体产业的健康发展，已成为我国科技创新的重要载体。2002 年 10 月，大唐电信集团与华为、联想、中兴、中电、中国普天等知名通信企业共同发起成立 TD – SCDMA 产业联盟，有效加速了产业链上各环节企业产业化的进程，促进了 TD – SCDMA 产业的快速健康发展。

中联重科股份有限公司创立于 1992 年，主要从事工程机械、环境产业、农业机械等高新技术装备的研发制造。20 多年的创新发展，使中联重科逐步成长为一家全球化企业，主导产品覆盖 11 大类别、51 个产品系列，1200 多个品种，工程机械、环卫机械均位居国内第一，农业机械位居国内前三。中联重科的前身是原建设部长沙建设机械研究院，拥有 50 余年的技术积淀，是中国工程机械技术发源地。传承国家级科研院所的技术底蕴和行业使命，中联重科坚持"高端导入、重点突破、全面赶超"科技创新战略，通过高端技术创新体系不断攻克工程机械行业的世界性科研难题，推出许多世界级产品，持续推动行业技术进步，被科技部、工信部、财政部等国家部委认定为全国首批"国家创新型企业""国家技术创新示范企业"。中联重科在发展过程中，着眼于高端技术创新，通过对国际协同、国际整合和自主创新的深入实践，探索和总结出包括"国际协同、融合创新""买断吸收、整合创新""顶层设计、自主创新"三类持续创新方式的"中联创新模式"。中联创新模式从国际化的角度协同、整合全球技术资源，并最终高位嫁接实现完全的自主创新，为企业的技术进步提供了源源不断的动力，提升了中联重科产品的国际竞争力。公司研发投入占年营业收入 5% 左右，年均产生约 300 项新技术、新产品，对公司营业收入的年贡献率超过 50%。

浪潮集团是中国领先的云计算、大数据服务商，已经形成涵盖 IaaS、PaaS、SaaS 三个层面的整体解决方案服务能力，凭借浪潮高端服务器、海量存储、云操作系统、信息安全技术为客户打造领先的云计算基础架构平台，基于浪潮政务、企业、行业信息化软件、终端产品和解决方案，全面支撑智慧政府、企业云、垂直行业云建设。浪潮是中国最早的 IT 品牌之一。20 世纪 60 年代，浪潮的前身——山东电子设备厂开始生产计算机外围设备和低频大功率电子管。1970 年，中国第一颗人造卫星"东方红 1 号"就采用了浪潮生产的晶体管作为电子元件。由此，浪潮集团开始了 40 余年以技术创新为本的 IT 征程。浪潮一直秉承创新的理念，数次在中国信息产业发展的重要历史阶段，以极具前瞻性的技术突破引领中国 IT 产业的发展。浪潮集团的核心价值观是：客户、创新、团队、斗志、方法。作为中国大陆软硬件综合实力俱佳的大型 IT 企业集团，浪潮集团以创新的精神、务实的态度，致力推动中国各行业的信息化建设，使得 IT 应用以前所未有的速度改变人们的生活、实现着人们的梦想。浪潮集团相信，务实造就成功，创新成就未来。浪潮将一如既往地保持着创新的精神，不断以新的高品质的产品服务于用户，使 IT 应用推动社会的发展。浪潮正同用户携手，满怀探索世界的热情，不断实现着新的梦想。集团董事长兼 CEO 孙丕恕这样描绘浪潮集团：务实造就成功，创新成就未来。创新体现在 IT 基础技术研发到具体应用的方方面面。"一着先"并不能"吃遍天"，身处飞速发展的 IT 产业，没有创新的技术和理念，企业就会岌岌可危。浪潮集团三十年 IT 产业之路，同样是秉承创新的思想稳健前行的。

小米公司正式成立于 2010 年 4 月，是一家专注于高端智能手机、互联网电视以及智能家居生态链建设的创新型科技企业。"让每个人都可享受科技的乐趣"是小米公司的愿景。小米公司应用了互联网开发模式开发产品的模式，用极客精神做产品，用互联网模式干掉中间环节，致力于让全球每个人，都能享用来自中国的优质科技产品。小米公司自创办以来，保持了令世界惊讶的增长速度，小米公司在 2012 年全年售出手机 719 万台，2013 年售出手机 1870 万台，2014 年售出手机 6112 万台。小米公司在互联网电视机顶盒、互联网智能电视，以及家用智能路由器和智能家居产品等领域也颠覆了传统市场。截至 2014 年年底，小米公司旗下生态链企业已达

22 家，其中紫米科技的小米移动电源、华米科技的小米手环、智米科技的小米空气净化器、加一联创的小米活塞耳机等产品均在短时间内迅速成为影响整个中国电子消费市场的明星产品。小米生态链建设将秉承开放、不排他、非独家的合作策略，和业界合作伙伴一起推动智能生态链建设。小米崇尚创新、快速的互联网文化，在轻松的伙伴式工作氛围中让员工充分发挥创意。

春雨医生创立于 2011 年 7 月，是中国移动医疗的开创者。春雨医生致力于利用移动互联网的科技手段帮助人们掌握健康状况、延缓衰老、治疗病痛。并且，春雨医生正努力给整个医疗体制建立一个更自由的生态，这不仅会让个人获得健康，也可以让老百姓的"看病难、药价高、保险亏"等问题得到有效的解决。截至 2015 年 7 月，春雨医生已拥有 6500 万用户、20 万注册医生和 7000 万条健康数据，每天有 11 万个健康问题在春雨医生上得到解答，是世界上最大的移动医患交流平台。在我们的采访中，春雨医生的首席内容及品牌官万静波提到："不客气地讲，春雨医生拼的就是创新，我们是基于中国人的用户需求，结合互联网手段，在医疗领域产生的一个独特的创新"。

虽然中国企业对创新充满了热情，但是创新的现状却并不乐观。在我们对企业创新现状的调查统计中，将近 6 成的企业在创新方面根本没有实质性的进展，参见图 0 - 4。其中 40% 的企业开展过一些创新项目，但是要么没有任何成果产生，要么成果对企业没有用处；还有 6% 的企业的创新根本就是失败的，甚至 2% 的企业根本没有任何创新尝试。

中国企业善于模仿，不善于创新，几年前的千团大战就是一个很好的例子。

团购网站的鼻祖 Groupon 2008 年 11 月成立于美国芝加哥，其核心商业模式是为用户提供低折扣的产品或服务。Groupon 是有史以来成长最快的公司，其营业收入从零增长到 4 亿美元只花了 18 个月的时间。2010年年底，Groupon拒绝谷歌近60亿美元的天价并购邀请，选择独立发展。2011年11月4日，这个创办仅3年的公司在纳斯达克成功上市，市值高达176亿美元，当天股价开盘即报28美元，比20美元的发行价上涨了40%，交易首日收盘时，其市值已经超过了230亿美元。

Groupon的成功，催生了国内一大批模式复制者。2010年年初，中国最早的一批团购网站满座、美团上线，完全照搬了Groupon的模式。由于模式简单、复制容易，各路跟风者蜂拥而入。到2011年8月，我国团购网站的数量已经超过了5000家。拉手、糯米、窝窝团、24券、F团、高朋、大众点评、团宝等让人眼花缭乱。但是复制容易，成长却难，由于各家团购网站模式雷同，功能近似，提供的产品和服务同质化竞争严重，消费者面对众多但是却没有差异化的选择，只能用脚投票。而网站为了抢夺用户，不惜赔钱抢单，其结果就是团购网站陷入价格战和融资战，看谁的资金雄厚，能够经

图2-5 千团大战

得起一轮一轮的烧钱，看谁能活的时间最长。恶性竞争的结果是残酷的，2014 年上半年团购网站数量仅剩 176 家，相比高峰时期的 5000 家，存活下来的仅有 3.5%。在这 176 家中，美团、大众点评和百度糯米还占据了 84% 以上的市场份额，基本上形成了巨头垄断的格局。2015 年 10 月 8 号，美团和大众点评宣布合并，至此，千团大战以惨烈的结局收场。

从某种意义上讲，模仿拷贝也是一种创新，人有我无，参考一下，复制过来我也就有了，这没什么不好，但是简单的模仿只是最低层次的一种创新，门槛很低，谁都能做。一旦要求加入独特性，原创性的创新，大多数企业就都不知所措了，就如同千团大战中那 96.5% 的失败者，泯灭于雷同之中。另外，很多企业的创新属于被动式创新或盲目型创新，创新属于纯属无奈，没有目的性，看见别人有什么就一窝蜂式地跟风，所以失败率很高。

2.3　阻碍中国企业创新的因素

中国企业不缺乏创新的欲望和创新的热情，国家在政策和资金方面也都给予了大力的支持，但是，我国企业在创新上依然举步维艰，困难重重。理想很"丰满"，无奈现实很"骨感"，这其中的原因是什么呢？我们通过对中国上百家大中小企业的调研（详细内容请参见前言的企业创新管理调查报告），统计出了企业管理者们认为严重阻碍创新的几个因素，具体参见前言图 0-17。

超过 7 成的管理者认为，视野与思路不够开阔，对于发展趋势认知不足是创新的最大障碍；而且，近 3 成的管理者抱怨道，员工普遍缺乏创新能力和创新知识。这其实反映的是创新人才层面的问题。因为创新人才（包括技术人才和管理人才）的缺乏，造成企业认不清方向，错失机会。

另外，将近5成的管理者反映，眼前的经营比较忙碌，没时间开展创新。我们分析后认为，这中间隐藏了两个问题：第一，企业管理者的创新意识不够强烈；第二，管理者潜意识中惧怕创新带来的风险，不愿意承担失败的责任。其他一些重要的影响因素包括不知道如何创新，缺乏创新理论、方法和工具的指导，对创新的投入不足等。

我们对企业的创新现状进行了深入分析，并结合深入企业一线访谈得来的调研结果，总结了4个阻碍中国企业创新的主要因素，分别是：

- 缺乏创新人才，尤其是创新领军人才；
- 缺乏创新失败的风险承受能力；
- 缺乏完善的创新机制；
- 缺乏创新理论与创新工具的指导。

在这几个因素中，前3个是企业通过自身的努力可以改善的。但是，缺乏创新理论与创新工具的指导则超出了企业自身的能力范围。由于缺乏创新理论的指导，我国企业的创新现状就显得杂乱无章，即便是政府和企业都投入了大量资源，但整体的效果却乏善可陈。我们在深入研究了近一百年来的主流创新理论及参考了大量的国内外企业实践活动后，总结出了一套符合中国现阶段发展状况的创新理论及创新工具，相信这套混沌创新的框架体系能够帮助中国企业走出一条带有自身特色的创新之路（具体的理论及工具阐述请参见第三章和第四章）。

中国从传统上来说一直是一个以农业文明为主的国家，进入工业文明的时间较晚，在现代科学、技术、管理等方面没有形成自己的理论体系，一直在跟随西方发达国家的脚步前行。在创新方面更是如此，我国在创新理论方面至今没有大的建树，没有能够根据中国的现状发展和完善出一套切实可行的，符合中国国情的创新理论框架及实用工具。所以，在中国企业的创新实践过程中，我们更多的还是参照欧美等发达国家或地区的创新理论及经验教训，将其融入自身的生产经营活动中。但是，中国与欧美等发达国家或地区的文化背景和国情不同，这些理论、工具在实际运用中有很多"水土不服"的地方，推广起来甚是缓慢。本书阐述的混沌创新理论，包含一整套完整的指导企业进行创新的方法论及实用工具，源自国内企业的创新实践，具有很强的指导作用。

2.4　流行的创新理论体系介绍

为了帮助大家加深对创新的理解，下面首先给大家介绍几种国际上流行的创新理论体系及创新的工具。

2.4.1　熊彼得的技术创新理论[1]

现代的创新理论最早起源于奥地利经济学家约瑟夫·熊彼得，在其1911年发表的《经济发展理论》一书中，熊彼得首次提出了技术创新理论。熊彼得认为：所谓"创新"，就是建立一种新的生产函数，即实现生产要素和生产条件的一种从未有过的新结合，并将其引入生产体系。熊彼得认为创新包含 5 种情况：

（1）制造出一种新的产品：制造出市场上没有的，消费者从未见过的一种新产品，开发出产品的一种新特性也在此列；

（2）采用一种新的生产方法：采用在该产业部门中一种前所未有的生产方法，这种新的生产方法可能来自于新的科学发现或新的技术进步，也可能来自于一种新的产品处理方式；

（3）开辟一个新的市场：开辟一个国家或特定的产业部门以前不曾进入过的市场，不管这个市场是新的，还是以前存在的；

（4）获得一个新的供应商：获得原材料或半成品的新的供应来源，不管这个来源是已经存在的，还是第一次被创造出来的；

（5）实现一种新的组织形式：比如创造出一个垄断组织，或者打破原有垄断的新组织形式。

---

[1]　约瑟夫·熊彼得. 经济发展理论［M］. 北京：商务印书馆，2014.

我们将这 5 种创新分别称为：产品创新、技术创新、市场创新、资源配置创新和组织创新（也可称为制度创新）。

在熊彼得的技术创新理论中，经济的发展是由创新驱动的。熊彼得认为，经济上升可以区分为"增长"与"发展"两种情况，在没有创新的情况下，经济处于一种"循环流转"的均衡状态。如果经济的上升只是由人口的增长或资本的增长所导致的，并不能称作发展，因为这种增长只是数量上的变化，这种数量关系无论如何积累，也只是一种适应过程，它并不能创造出本质上的变化。经济发展是一种特殊的现象，它是流转渠道中的自发的和间断的变化，它打破了以前存在的均衡状态并走向一种新的均衡，它永远在改变和代替以前存在的均衡状态，而这种变化是由创新引起的。

熊彼得技术创新理论的另外一个特点是着重强调了企业家在创新中的作用。在熊彼得看来，"企业家"是创新的主体，创新活动之所以发生，是因为企业家的创新精神，企业家的核心职能不是经营或管理，而是"创新"。只有企业家实现创新，创造性地破坏经济循环的惯行轨道，推动经济结构从内部进行革命性的破坏，才有经济发展。

但是，在熊彼得的理论中，"创新"

图 2－6　奥地利经济学家熊彼得

不是一个技术概念，而是一个经济概念，熊彼得将创新严格区别于技术发明，强调创新指的是把现成的技术革新引入经济组织，从而形成新的经济能力。在这一观点上我们并不能苟同。

2.4.2　国家创新系统

自从 20 世纪初熊彼得提出技术创新理论之后，后来的经济学家不断对此理论进行完善和发展。1987 年，英国学者克里斯托弗·弗里曼提出了国家创新系统的概念。与熊彼得过分强调企业家在创新中的作用不同，弗里曼认为技术创新不仅仅是企业家与企业的孤立行为，而是由国家创新系统推动的。

20 世纪 70 年代，全球爆发了严重的石油危机，西方发达国家的经济开始出现衰落。但与此同时，日本、韩国、新加坡等亚洲国家的经济却快速发展，这引发了经济学家的关注。弗里曼在对日本的企业、政府、工人及其之间的关系进行深入研究后，于 1987 年出版了《技术政策和经济绩效：日本国家创新系统的经验》❶ 一书，首次提出了国家创新系统的概念。所谓国家创新系统，是一种在公、私领域里参与和影响创新资源配置及其利用效率的机构网络，在这个网络系统中，企业和其他组织等创新主体通过国家制度的安排及其相互作用，推动知识的创新、引进、扩散和应用，使得技术创新在国家层面上取得更好的效果。在国家创新系统中，弗里曼特别强调政府政策、企业研发、教育培训、产业结构四个要素对创新的影响。

美国经济学家理查德·纳尔逊进一步完善了国家创新系统的理论，在 1993 年发表的《国家（地区）创新体系：比较分析》❷ 一书中，纳尔逊指出，现代国家的创新系统在制度和结构上相当复杂，既包括各种制度因素，也包括各种技术因素，既包括大学和科研机构，也包括政府部门中负责投资和规划的机构。纳尔逊强调技术变革的必要性和制度结构的适应性，认为科学和技术的发展过程充满不确定性，因此国家创新系统中的制度安排应当具有弹性，发展战略应该具有适应性和灵活性。

弗里曼和纳尔逊的研究使人们认识到国家在优化创新资源配置上的重要作用，指导政府通过制定计划和颁布政策，来引导和激励企业、科研机构、大学和中介机构相互作用、相互影响，从而加快科技知识的生产、传

---

❶　克里斯托夫·弗里曼. 技术政策与经济绩效：日本国家创新系统的经验 [M]. 南京：东南大学出版社，2008.

❷　理查德·R·尼尔森. 国家（地区）创新体系：比较分析 [M]. 北京：知识产权出版社，2012.

播、扩散和应用。

2.4.3　区域创新系统

区域创新系统起源于熊彼得的技术创新理论，是国家创新系统的延伸。1992 年，英国卡的夫大学的库克教授发表了一篇文章《区域创新体系：新欧洲的竞争规则》❶，开启了区域创新理论体系的研究。库克认为区域创新系统主要是由在地理上相互分工与关联的生产企业、研究机构和高校等机构组成的区域性组织系统，而这种系统支持并产生创新。

区域创新系统是一种开放式的系统，是国家创新体系中的子系统，任何起作用的区域创新体系都有两个子系统：一是知识应用与开采子系统，主要由具有垂直供应链网络的公司组成；二是知识生产与扩散子系统，主要由公共组织组成。区域创新体系由主体要素、功能要素和环境要素三个部分构成，具有输出技术知识、物质产品和效益三种功能。

主体要素是创新活动的行为主体，主要包括企业、高等院校、科研机构、各类中介组织和地方政府五大主体。其中，企业是技术创新的主体，也是创新投入、产出以及收益的主体，是创新体系的核心。功能要素是行为主体之间的关联与运行机制，包括制度创新、技术创新、管理创新的机制和能力。第一层次是各主体的内部运行机制，主要是激励机制；第二层次是在主体之间构建联系紧密、运行高效的"管道"机制，关键是解决好信息、知识存量的高效流动、创新合作和技术外溢等问题，形成企业、科研机构与学校、政府以及中介机构之间的信息高效流动、资源合理分配、能够发挥各自优势的机制。环境要素指的是创新环境，包括体制、基础设施、社会文化心理和保障条件等。环境要素是企业创新活动的基本背景，是维系和促进创新的保障因素。环境要素一般可以分为硬环境和软环境两个方面，其中硬环境主要是指科技基础设施；软环境包括市场环境、社会

❶ Philip Cooke. Regional Innovation Systems: Competitive Regulations in the New Europe [J]. Geoforum, 1992, 23: 365 –382.

历史文化和制度环境。处理好要素与要素、要素与系统的结合关系，对于发挥区域创新系统的功能、提高区域创新体系的效率至关重要。

区域创新系统的创新发展模式一般来讲有三种：

（1）自主创新发展模式：区域通过自己的探索与努力，建设具有自身特色的创新系统，并使其具有相对领先的区域创新功能的系统发展模式；

（2）模仿创新发展模式：区域通过向已具有成功经验的创新区域学习，模仿其发展过程中的合理成分，结合自身特点发展具有能够进行赶超和竞争的创新系统的发展模式；

（3）合作创新发展模式：区域通过与其他区域合作，通过优势互补，在更大范围内共享和配置科学技术资源，壮大整体对外竞争力，实现自己创新发展的模式。

2.4.4 克里斯滕森的破坏性创新理论

《创新者的窘境》[1] 这本书相信大家十分熟悉，其作者克莱顿·克里斯滕森是创新管理领域的大师级人物。1997 年，在此书刚刚发表时，克里斯滕森还仅仅是哈佛大学的助理教授，他潜心研究了信息技术、机械制造、汽车、钢铁、百货等不同行业的创新模式，提出了一个十分尖锐的观点：**良好的管理是造成大公司走向衰败的原因。**

克里斯滕森发现，一些颠覆性的技术或产品通常都出自于小公司，大公司即便提前意识到了这些颠覆性技术或产品的重要性，也会因为种种原因错失良机。经过研究后，克里斯滕森将创新分为两类：

（1）维持性创新：这一类创新主要是指创造出品质更好的产品提供给消费者，比如功能更丰富、性能更好、质量更佳之类，相应的，价格一般也更高。维持性创新的目的是争夺现有市场的客户，抢占市场份额，为公司带来更多的利润。维持性创新一般由大公司把持，新进者很难在此类竞争中获得成功。

---

[1] 克莱顿·克里斯滕森. 创新者的窘境 [M]. 北京：中信出版社，2014.

（2）破坏性创新：破坏性创新利用技术的进步，生产更简单的产品。这些产品可能一开始从功能或性能上低于现有客户的要求，无法打入主流市场，但是，它们价格低廉、使用便利，能够吸引特殊目标群体。其后，随着技术的进步，这些产品慢慢完善自身，从低端到高端，一步一步蚕食掉整个市场。在这个过程中，原有的市场领导者就像温水中的青蛙，等发现情况不妙时，大势已去。

大公司或市场的领导者通常具备完善的运营管理体系，拥有主流客户的支持，自认为代表技术的发展方向，所以将精力放在了能够满足主流客户的需要并能带来高额利润的维持性创新上。另外，大公司具有完善的管理制度和绩效考评制度，当具有破坏性的新技术、新市场产生时，因为其产品价格低、目标用户群体少、带来的利润低等原因，公司的管理者往往会视而不见，不加重视，从而丧失了最佳介入时机，将机会让给了新进入的小公司。而对于小公司或市场的新进者而言，它们在维持性创新的方向上处于劣势地位，根本无法与大公司竞争，必须另辟蹊径，设法以破坏性创新来打开市场缺口，进而改变市场结构，才能撼动大公司的地位。市场地位的不同决定了两类公司采用的创新策略也不同，破坏性创新是小公司挑战大公司的利器。

在破坏性创新理论提出之前，国际上流行的创新分类是渐进式创新和根本性创新：

（1）渐进式创新：渐进式创新类似于维持性创新，主要是指提升产品的功能、性能、可靠性等方面，对产品进行小幅修改，产品没有本质上的变化。

（2）根本性创新：根本性创新是指创造一个全新的产品，一个全新的市场，它并不是对原有产品或原有技术的改善和延续，而是对原有产品和市场的革命。根本性创新常常能主导一个产业，从而彻底改变竞争的性质和基础。

在这里我们要澄清根本性创新与破坏性创新这两个概念，它们有很大的不同。根本性创新一般与科学上的重大发现相联系，创新的投入巨大，创新的过程很长，如电子计算机的出现、晶体管的应用、核电的发展等，根本性创新产品的市场策略一般是从高端到低端。但是破坏性创新不同，破坏性创新一般从技术进步入手，投入少，见效快，市场策略是从低端到高端。

除了理论层面，国际上还有很多学者在研究创新的工具，如阿奇舒勒提出的 TRIZ 理论，雅各布·高登伯格和阿姆农·列瓦夫提出的 SIT 等。

2.4.5 TRIZ❶ 工具

TRIZ 的含义是发明问题的解决理论，起源于俄文，直译为"发明家式的解决问题理论"，英文翻译为 Theory of Inventive Problem Solving，所以也有人缩写为 TIPS。

TRIZ 是由苏联的发明家根里奇·阿奇舒勒在 1946 年创立的，阿奇舒勒也被尊称为 TRIZ 之父。当时阿奇舒勒在前苏联的海军专利局工作，在处理专利的过程中，他总是思考这样一个问题：当人们进行发明创造、解决技术难题时，是否有可以遵循的科学方法和规则，从而能迅速地实现新的发明创造或解决技术难题呢？阿奇舒勒和他的团队在对 20 万份专利进行分析后，抽象出了用于解决发明问题的基本方法，他们认为这些方法可以普遍适用于新出现的发明问题，帮助人们获得这些发明问题的最有效的解。

TRIZ 的核心是发明原理，这些发明原理是由研究人员对不同领域的已有创新成果进行归纳、分析、总结后得到的具有普遍意义的经验，这些经验对指导各领域的创新都有重要参考价值，常用的发明原理有 40 个，以下列举其中的 3 个原理以供读者借鉴。

（1）创新原理 8——重量补偿原理。

重力是我们生存在地球上的保证，它使空气不会散逸到太空中，使房

---

❶ 根里奇·阿奇舒勒. 创新算法：TRIZ、系统创新和技术创造力 [M]. 武汉：华中科技大学出版社，2008.

屋能够矗立在地面上，使人能够在地球上活动。但是，重力并不总是有利的，有时我们需要克服重力的影响，如飞机要飞行在空中，宇宙飞船要脱离地球飞向太空。所以，我们在设计制造某些系统时要考虑如何抵消重力的影响，具体的措施有：

- 将物体与具有上升力的另一物体结合以抵消其重量；
- 通过物体与介质（最好是气动力和流体动力）的相互作用以抵消其重量。

例如，"调节转子风力机转数的制动式离心调节器安在转子垂直轴上。其特征是：为了在风力增大时把转子转速控制在小的转数范围内，调节器离心片做成叶片状，以保证气动制动"（苏联发明证书167784）。

（2）创新原理18——机械振动原理。

日常生活中，我们都希望事物处于稳定状态，但是，有时候物体在振动状态下可以产生很多新的特性，如声波、电磁场等。机械振动原理的具体实施措施有：

- 使物体振动；
- 如果已经在振动，则提高它的振动频率，直到超声波频率；
- 利用共振频率；
- 用压电振动器替代机械振动器；
- 利用超声波振动同电磁场配合。

例如，"无锯末断开木材的方法，其特征是，为减少工具进入木材的力，使用脉冲频率与被断开木材的固有振动频率相近的工具"（苏联发明证书307986）。

（3）创新原理27——廉价替代用品原理。

很多的时候，某些物品或部件价格昂贵，导致无法广泛使用，这时可以采用廉价的替代品，但是代价是要牺牲某些品质，如质量、舒适性、耐用性等。

例如，餐馆中的一次性餐具，可以随身携带的简易座椅等。

2.4.6　SIT

SIT 是系统创新思维 Systematic Innovation Thinking 的英文缩写，SIT 源于阿奇舒勒的 TRIZ 工具。20 世纪 70 年代，阿奇舒勒的一个学生菲尔科夫斯基移民到了以色列，在特拉维夫开放大学开设了 TRIZ 相关的课程。但是，TRIZ 的构成极其复杂，包括 8 种演化类型、39 个工程技术特性、40 个创新原理、76 个标准解、冲突矩阵、物场分析等，不容易被人们掌握和应用。后来，菲尔科夫斯基和他的两个博士生雅各布·高登伯格与罗尼·霍罗维兹进一步拓展并简化了 TRIZ 工具，形成了 SIT。与 TRIZ 一样，SIT 也认为创新是有规律可循的，通过对创新规律的研究他们总结出了 5 个工具，通过对这 5 个工具的应用可以促进创意的产生。

（1）工具一——减法。

去除现有物体的某一个组成部分，哪怕是看起来必不可少的部分，从而实现产品或服务的创新。如，早期的鼠标是三个键，去除其中的一个键变成现在流行的双键鼠标。再比如西南航空、春秋航空等廉价航空公司，去除了飞机上的餐饮、娱乐等非必要服务，同时降低了票价。

（2）工具二——乘法。

与减法相反，乘法是在现有物体上添加一个或多个已有的模块而实现创新。如儿童自行车，除了正常自行车的前后两个轮子之外，儿童自行车在后轮的两侧又额外添加了两个辅助轮，保证车子不会摔倒。同样以航空公司为例，新加坡航空、阿联酋航空等公司在 A380 上将两个头等舱座位合并在一起，提供豪华独立空间服务。

（3）工具三——除法。

除法工具与减法工具有些类似，但并不完全一样。除法工具的第一步是将物体的某个模块去除，这一步等同于减法，但是除法工具还有第二步，就是给去除的模块添加新的功能，从而形成新的产品或服务。如将三键鼠标的中间键去除，并将中间的键变成滚轮。

（4）工具四——任务统筹。

任务统筹是将多个任务整合在一起，指派到同一个物体上，或者是给某一个物体增加一个或多个功能，比如三合一洗发水，将洗发、去屑、护发的功能集中在一起，就是一个典型的任务统筹。

（5）工具五——属性依赖。

物体本身具有很多的属性，如形状、颜色、速度、声音等，有时候将几个不相干的属性关联在一起，可能会产生额外的效果。比如可以随着液体的温度变颜色的咖啡杯，或者随雨量大小而调整速度的雨刷器等。

2.5 欧美国家或地区的创新政策及创新实践介绍

在前文中我们曾经提到，科技部中国科学技术发展战略研究院发布的《国家创新指数报告 2014》中，中国排名第 19 位，前 10 位分别为美国、日本、瑞士、韩国、以色列、丹麦、瑞典、荷兰、德国和芬兰，下面我们来看几个在创新指数方面名列前茅的国家是怎么进行创新的。

2.5.1 美国

美国是世界上首屈一指的科技强国，在信息技术、航空航天、高端制造、医疗卫生、金融服务等行业都处于领先地位。截至 2015 年 10 月，全球获得诺贝尔 4 种科学奖项❶（物理学奖、化学奖、生理学或医学奖、经济学奖）的学者共 662 位，美国就独占了 321 位，远远高于其他国家。关于美国强大的原因有各种分析和总结，但不可否认的是，创新绝对是其中之一。

从成立之初一直到 20 世纪 30 年代，美国虽说在科学技术的发展方面做得也不错，但还谈不上世界领先，当时世界科技的中心在欧洲。美国的

---

❶ 维基百科. 各国诺贝尔奖得主人数［EB/OL］.（2015 – 10 – 12）［2016 – 01 – 22］https：//zh. wikipedia. org/wiki/各国诺贝尔奖得主人数.

崛起源自第二次世界大战，两个因素促成了美国科技与创新的长足发展：一是人才，第二次世界大战的主要战场在欧洲，远离战场的美国就成了各路科技人才的避难所。世界顶级的科学家，包括爱因斯坦、奥本海默、费曼等人都纷纷移民美国，因此美国开始取代欧洲成为世界的科技中心。包括后来的冷战期间及冷战结束后，无数的苏联及东欧科学家也都将美国作为移民的第一选择，这都大大增强了美国的科技实力。二是资金，"二战"以后，美国主导建立了布雷顿森林货币体系，从而成为了全球的金融霸主。美元成为国际交易结算货币，美国拥有了薅各国羊毛的权利，为科技投入提供了源源不断的资金来源。美国政府最初在科技方面的投入主要是出于军事目的考虑，如"曼哈顿计划"是为了制造原子弹，世界上第一台计算机"埃尼阿克"是为了计算炮弹轨迹而研制出来的，互联网的前身"阿帕网"是美国国防部高级计划研究署为了在战争时有一个备用的通信网络而研制的，"星球大战计划"是美苏进行太空军备竞赛的结果。这些军事科技研发投入极大地促进了民用技术的发展，使美国的科技遥遥领先。

图 2-7　世界上第一台计算机"埃尼阿克"

　　鼓励创新是美国政府的一贯政策主张，美国政府始终将创新作为刺激经济增长、提升国家竞争力的核心。1950 年，由美国联邦政府主导成立了科学基金会，大力支持科技研发活动，大量建设国家实验室。1958 年，艾森豪威尔总统签署了《美国国家航空暨太空法案》，创立了美国国家航空和太空管理局（即 NASA）。20 世纪 60、70 年代的肯尼迪和尼克松政府也提出了一系列促进科技创新的计划，如 1962 年的"工业技术计划"，1965年的"国家技术服务计划"，1971 年的"新技术机会计划"等。卡特政府上台之后，促进国会通过了《1979 年国家技术创新法》，从而使联邦政府资助、推动科技发展的行为合法化。20 世纪 80 年代，联邦政府不仅加大了科研资金的投入，而且从多方面促进科技创新成果的工业化与民用化。在里根政府执政期间，国会于 1981 年通过了《经济复兴法案》，大幅降低税率，同时通过减税鼓励企业增加在研发上的投入。《经济复兴法案》规定，企业研发支出超出 3 年平均水平的增量部分可享受 25% 的减税。1984年通过的《国家合作研究法》，允许两家以上的公司共同合作研发同一个竞争项目，鼓励企业在研发领域的互相合作，促进了战略研究合作伙伴关系的形成和发展。克林顿政府执政期间，大力推动军事技术向民用化转移，将美国的军事实力转化为科技的竞争力。从 1993～2000 年，克林顿先后颁布了"信息高速公路"计划、"国际空间站"计划、"人类基因组"计划、"国家纳米技术"计划，推动美国向以信息技术为代表的新一代产业进行升级。小布什政府执政期间发起和实施了"美国竞争力"计划，将教育与科技结合在一起，加强联邦政府在关键性基础研究上的投入。2002年，小布什政府发表《先进技术计划：为共同的目标而改革》，旨在充分调动高等院校的科技资源，保证科技进步和科技创新的持续发展。2007年，美国国会通过了《美国竞争法》，启动了美国确保人才培养和促进国家创新与竞争力的立法程序。奥巴马执政以来，于 2009 年和 2011 年两度发布了《美国创新战略》报告（2009 年的《美国创新战略：推动可持续增长和高质量就业》，2011 年的《美国创新战略：确保我们的经济增长与繁荣》），宣称要通过创新来推动可持续经济增长和高质量就业，确保美国的长期繁荣。

美国创新的最大特点就是以企业为主体，政府为指导，产学研相结合。纵观美国创新最活跃的几个地区，如加州的硅谷、北卡罗莱纳州的三角研究园、波士顿 128 号公路等，都处于大学聚集区，因为人才的集中而吸引了公司和投资，公司盈利后又回馈当地的学校，政府的政策扶植加速了这一过程，从而形成正向循环。

1）硅谷

说起美国的创新，人们首先想到的就是硅谷。硅谷位于美国西海岸旧金山市附近，被誉为世界上最具有创新力的地方。沿着旧金山湾南端的101 号公路，从门罗公园、帕罗阿托、山景城、桑尼维尔到圣克拉拉、圣何塞的这条狭长谷地，两侧遍布着几千家高科技公司，人们耳熟能详的谷歌、雅虎、苹果、思科、惠普、甲骨文、Facebook、Adobe、VMware 等公司的总部都在这里，硅谷是世界上高科技公司最集中的地方。

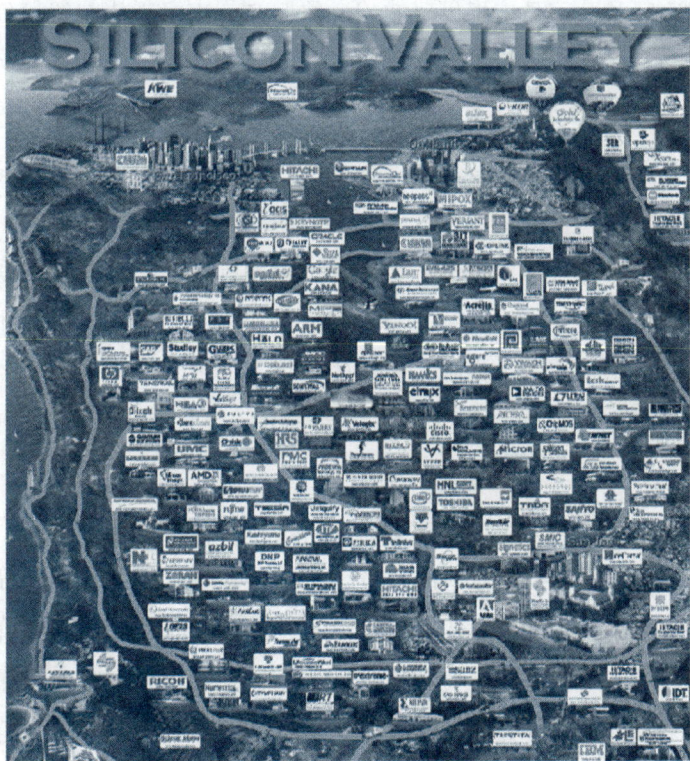

图 2-8　硅谷

硅谷之于美国，正如美国之于世界，而斯坦福大学之于硅谷，正如硅谷之于美国，没有斯坦福大学就不会有硅谷。硅谷起源于1951年斯福坦大学建立的斯坦福研究园。当时，斯坦福大学还只是美国的一所二流大学，因为地处西部，远离美国的政治中心华盛顿，没有办法从政府那里获得足够经费支持，学校面临严重的财政困难。在当时的教务长特曼教授的提议和主持下，斯坦福大学成立了斯坦福研究园，将学校1000英亩的土地出租给高科技公司。在园区内，斯坦福大学与企业紧密合作，研发各种高科技项目，使生产、教学与研究一体化，快速产生经济和社会效益。1951年，生产雷达部件的瓦瑞安公司第一个与斯坦福大学签订租赁合同并于1953年入园，随后，惠普、柯达、洛克希德马丁、通用电气等公司也陆续搬入。

1954年，特曼还倡导成立了大学与企业合作的"荣誉合作方案"，为园区内的高科技公司员工提供研究生进修服务。当时正值朝鲜战争刚刚结束，公司招聘了很多复员军人，这些人有强烈的意愿继续被战争中断的学业，在特曼提出的"荣誉合作方案"中，斯坦福大学为公司员工提供业余时间研究生的进修课程，费用由公司承担，其中早期入住园区并签订五年租赁合同的公司还享受学费减免的优惠。这个联合培养方案大受企业和员工的欢迎，很多公司与斯坦福大学建立了长期的员工培养合作关系。在这个良性循环的过程中，不仅企业受益，吸引和培养了大批技术人才及创新创业能手，斯坦福大学也得到了丰厚的回报，土地的租金和企业的资助给斯坦福大学带来了巨额的教学科研经费，从而一跃成为世界的顶尖级大学。特曼也被称为"硅谷之父"。

硅谷的文化鼓励创新、鼓励创业、鼓励叛逆。叛逆在硅谷并不是个贬义词，硅谷从一开始就鼓励挑战权威、冒险、叛逆、创业、创新等企业家精神。20世纪50年代末，贝尔实验室的科学家，因为发明晶体管而获得诺贝尔物理学奖的威廉·肖克利来到硅谷，创办了世界上第一家晶体管制造公司——肖克利半导体实验室。但是肖克利的脾气暴躁，不善管理，跟谁都合不来，导致他手下的8位员工出来成立了另外一家晶体管制造公司，这就是后来有名的仙童公司。这 8 个人在硅谷历史上被称为"八叛逆"，其中包括了 Intel 的创始者罗伯特·诺伊斯、戈登·摩尔，以及著名的风险投资公司 KPCB 的创始人克莱纳等人。仙童公司是美国半导体工业的摇篮，为硅谷培育了无数的技术和管理人才，从仙童公司出走的工程师和技术员，在硅谷创立了几百家公司，创造了硅谷的奇迹，创造出了硅谷独特的文化。后来，人们都以仙童公司的创立作为硅谷诞生的标志。

硅谷的成功还来自于企业在创新方面的投入。根据博斯公司和湾区委员会的一项研究结果，全球只有14%的企业在创新战略和商业战略之间做到了强有力的契合。而在硅谷，这一比例却高达近54%。更加令人震惊的是，全球有 1/5 的企业表示他们根本就没有创新战略，但是在硅谷，90%的企业表示自己拥有明晰的创新战略，并且得到公司高层领导的大力支持。

硅谷成功的另一个因素是完善的金融资本服务。硅谷是风险投资的中心，在门罗公园沙丘路的两侧，有大大小小几百家风险投资公司，在纳斯达克上市的科技公司至少有一半是由这条街上的风险投资公司投资的，他们不仅为高科技企业提供创始阶段的天使投资，还为成长阶段的公司提供融资支持、管理咨询、战略决策等多方面的服务，极大地提高了企业的运营效率和创新速度。

2）三角研究园

三角研究园（Research Triangle Park，缩写为 RTP）是美国最负盛名的高科技研究和开发中心之一，也是全美博士人数占人口比例最高的地区。它处在美国东海岸北卡罗莱纳州的罗利（Raleigh）、达勒姆（Durham）和教堂山（Chapel Hill）三座城市夹成的三角区域中，所以被称为三角研究园。在这个区域中，有杜克大学、北卡罗莱纳大学教堂山分校和北卡罗莱纳州立大学等知名大学，是一个理想的从事研发的地方。三角研究园聚集了大批高科技公司，联想集团、红帽、SAS Institute 等公司的总部都在这里，思科、微软、IBM、EMC、爱立信、杜邦、葛兰素史克、拜耳等公司都在这里建有重要的研发中心。

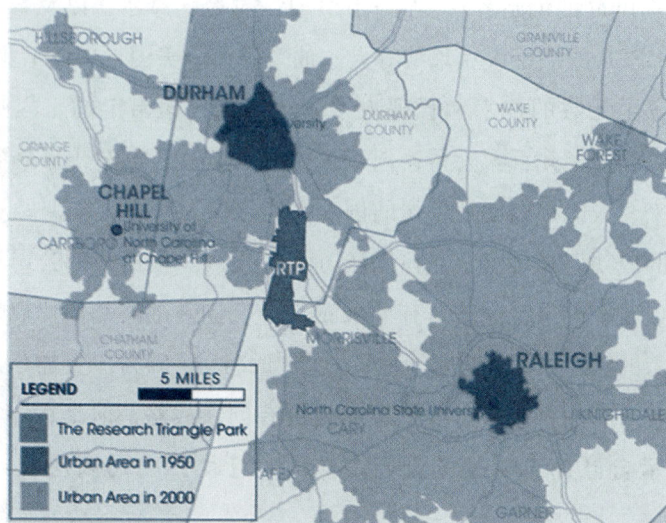

图 2 – 9 三角研究园

三角研究园是一个典型的由政府引导、企业主导和参与、大学及研究机构做支撑的高科技工业园区。20 世纪 50 年代之前，北卡罗莱纳州的经济严重依赖于农业、烟草业和纺织业，增长缓慢，是一个典型的农业州，经济在全美排名倒数第二，仅好于路易斯安那州。为了带动经济的发展，吸引高科技企业，促进产业转型，北卡罗莱纳州的学者、商业领袖、工业领袖及政府首脑共同策划了建立三角研究园的方案。1959 年，三角研究园正式成立。虽然政府在园区建立过程中起到了很大作用，但是与中国的高科技园区不同，三角研究园的所有权与经营管理权完全由私人的非营利机构"三角研究基金会"控制。基金会由政府、学校、企业等各方代表 11 人组成董事会，负责管理和指导三角研究园的建设和规划，但是无权干预园区内各单位的内部事务。基金会拥有园区内的所有土地与基础设施，负责园区的开发、招商及日常事务管理。基金会负责向园区内的企业征税，企业不需要向州政府纳税。

1960 年，三角研究园迎来了第一家入驻公司 Chemstrand，其后，IBM、

AT&T 等高科技公司，全国环境卫生科学研究所等研究机构纷纷入驻。如今，园区已有超过 200 家公司，涉及微电子、通讯、生物、化工、制药及环境等各个方面，容纳就业人数在 5 万人以上，园区内的企业每年向附近大学投入接近 3 亿美元的研究资金。

三角研究园建成之前，为了寻找更好的工作机会，北卡罗莱纳州的大部分大学毕业生都会离开这个州。而如今，三角研究园已经成为美国信息产业和制药产业的重要研发和生产基地，优秀人才从世界各地聚集到此，根据居民中拥有大学学位的人数百分比，这一地区在全美的教育程度排名中位居第三。

三角研究园的成功得益于多种因素。第一是管理模式，三角研究园由私人机构三角研究基金会全权管理，政府只在政策、土地、资金方面起到支持作用，甚至在税收方面，州政府都将其放权给基金会，这大大促进了企业及机构的积极性；第二是大学的支持，三角研究园附近有众多的大学和研究机构，他们为园区培养和提供了大批的科研人才及管理人才；第三是基础设施建设，三角研究园的地理位置优越，交通便利，园区有完善的商业及生活配套设施。酒店、银行、医院、学校等应有尽有，可以提供高质量的生活；第四是园区提供的各种企业发展服务，如企业招聘服务、科技成果孵化、风险投资平台等，这进一步提升了企业的活力和创新能力。

三角研究园是一个产学研一体化的典型案例，政府将大学与企业结合在一起，促进生产、教育与科研相结合，以科技园区的形式，推动产业的转型和经济的发展。

3）128 号公路

128 号公路是美国马萨诸塞州波士顿市附近的一条公路，距波士顿市区约 16 公里，呈半圆形环绕着波士顿。在 128 号公路两侧聚集了上千家高科技公司，涉及信息技术、航空航天、生物制药、微电子等各个行业。128 号公路是世界上知名的电子工业中心和生物技术中心，被称为"金色半圆形"和"美国的科技高速公路"。

"二战"之前，128 号公路附近就聚集了一些科技公司，主要是从麻省理工学院的一些实验室分化出来的技术公司，这些公司以大学为依托，将其研究成果进行商业转化。20 世纪 50 年代开始，美苏进行军备竞赛，美国联邦政府投入巨资进行军事技术开发，很大一部分资金落入麻省理工学院及 128 号公路附近的公司手中，催生了该地区的繁荣。到 20 世纪 70 年代，128 号公路地区已经成为了美国首屈一指的电子产品创新中心。

128 号公路地区的发展，与波士顿的高校有着密不可分的关系。波士顿有哈佛大学、麻省理工学院、波士顿大学、东北大学等世界知名学府，是全美人口受教育程度最高的城市，人才十分集中，是高科技公司理想的落户地。其中麻省理工学院对 128 公路地区的发展影响最大，麻省理工学院从建校以来就强调科研与实践相结合，其校训就是"理论与实践并重"。学院鼓励学生与教师积极参与商业活动，将实验室研究出来的技术进行商业转化，学院还和联邦政府共同建立风险投资公司，支持大学教授、研究人员，乃至在校学生创办高科技企业，从麻省理工学院先后走出了 DEC、Akamai 等公司。哈佛大学毕业生王安创立的王安电脑公司，在计算机的发展史上也占有一席之地。

图 2－10　麻省理工学院

　　另外，政府的支持对这一地区的发展也起到至关重要的作用。政府在税收、资金、服务、基础设施建设等各方面都为企业提供了便利。如马萨诸塞州政府规定，属于创新研究和新产品开发的企业，可以享受3%的税收减免。州政府还成立了"商务发展办公室"，无偿为企业提供各种信息服务，帮助企业快速解决问题。各级政府还提供不同种类的科研资助基金或风险投资基金，扶植新企业的创办和成型企业的扩张发展。

2.5.2 以色列

　　以色列是一个国土面积只有2.2万平方公里，人口只有800多万的弹丸小国。但就是这样一个小国，却诞生了10位诺贝尔奖获得者，拥有4000家高科技企业，每年有700多家创业公司成立。截至2013年，在纳斯达克上市的以色列公司超过80家，仅次于美国和加拿大，位居世界第三位。很多人将以色列与硅谷相提并论，誉之为世界的创新与创业中心。

　　科技是以色列的立国之本，从1948年立国之初，以色列人就面临着土地贫瘠、资源匮乏、严重缺水、外敌环伺的窘迫环境。为了生存，以色列人不得不大力发展军事科技与农业科技，不断进行创新与变革。以著名的滴灌技术为例，以色列国土面积的2/3处于沙漠中，一年降雨平均只有30天，水资源严重缺乏。为了让每一滴水都发挥最大的作用，以色列农民将钻有小孔的水管埋在植物根部，水从小孔直接滴到植物的根部，从而大大提高了水的利用效率。滴灌的原理很简单，然而，如何让水均衡地滴渗到每颗植株却非常复杂，以色列研制的过滤器、控制器、防堵塞药剂、充气系统、回收循环系统、智能监控系统等都是高科技的结晶。滴灌技术从根本上改变了传统农业的耕作方式，将农作物产量平均提高了5成。自从发明滴灌以来，以色列农业用水总量30年来一直稳定在13亿立方米，而农业产出却翻了5番，真正成为一个"流淌牛奶和蜂蜜之地"。

　　以色列政府在创新方面发挥了重要作用，政府将大部分资金投入科技研发。对于符合要求的高科技公司，政府将资助近1/2的研发经费；针对

图 2-11 典型的滴灌系统

创业公司，政府将提供6倍于其他投资机构的投资额度，此后，以三年为一个周期，政府将第一个周期销售利润的3%，第二个周期销售利润的4%，第三个周期及之后销售利润的5%返还给企业。以色列政府还大力推广风险投资，按照公私1:2或1:3比例吸引外国投资资金，设立风险投资基金以支持高科技初创企业的发展。

以色列的另一个创新优势是人们对待失败的态度很宽容。在以色列人看来，失败是一件稀松平常的事情，大不了从头再来。在以色列的大学里，每个人可以有两次考试机会，如果第一次没有考好，可以选择参加第二次考试，学校不以一次成败作为评价学生的一个标准。在创业领域也是如此，以色列政府推出了"技术孵化计划"，为符合条件的创业公司在两年内提供30万~50万美元的资金支持，即便是创业失败，政府也不会要求创业者还钱。在以色列，如果一个创业者没有失败过，甚至没人敢给他投资。在这种文化的影响下，以色列人的创新与创业热情高涨就不足为奇了。

2.5.3 芬兰

提起芬兰，大家的第一印象似乎都是诺基亚。的确，从20世纪90年代开始，诺基亚几乎与芬兰画上了等号。根据芬兰经济研究所的数据，在

1998～2007 年，芬兰全国 20% 的出口、23% 的企业税收、25% 的经济增长来自于诺基亚，诺基亚的研发支出占了芬兰全国研发支出的 1/3。但是情况在 2013 年发生了变化，2013 年 9 月，微软以 72 亿美元收购了诺基亚，随后开始了大规模裁员，上万名员工被迫离开，这对芬兰的经济产生了很大的影响。标准普尔在 2014 年将芬兰的长期主权信用评级从 AAA 降为 AA +，芬兰总理亚历山大·斯图布抱怨说："尽管听上去可能有些荒谬，但苹果公司的成功对芬兰两个最大的产业——科技和造纸业产生了消极影响，iPhone 摧毁了诺基亚，iPad 摧毁了造纸业。"但是芬兰并未因此倒下，芬兰的科技创新能力仍在，在全球不同机构发布的国家竞争力或创新力排名中，芬兰长期居于前列。著名的开源计算机操作系统 Linux 就诞生在芬兰，风靡全球的电子游戏"愤怒的小鸟"也是由芬兰企业 Rovio 开发的。另外，芬兰在转基因植物、生物制药、生物医学、食品添加剂、工业用酶、实验室工具酶及环保用生物降解制品等技术领域均处于世界领先地位。

从长远来讲，诺基亚的衰落对芬兰其实是件好事。诺基亚的员工具有良好的技术背景和职业素养，这些人离开诺基亚后，为芬兰的其他企业和行业带来了新鲜血液，健全了国家的产业结构，促进芬兰朝多元化的方向发展。芬兰国家创新研究发展基金的一位专业人士表示："诺基亚的收购，对芬兰的长期经济来说，是一个好事，过去所有的人都只想进诺基亚，现在这些人才走出来，一来帮助中小企业产业升级，二来变成创业者，繁荣芬兰的创业生态圈。芬兰的年轻人现在也觉得，与其待在一家大公司，不如靠自己的能力生存。"诺基亚在 2011 年启动了"职业衔接计划"，为离职员工提供职业培训、专利授权、财务支持、创业咨询等各类服务，根据"诺基亚职业衔接计划报告"，在 2011～2013 年，这项计划至少帮助了5000 名员工，500 多人成为创业者，促成了 400 个创业团队，提供了上千个工作机会。

芬兰的创新是一个典型的国家驱动的创新体系，政府在创新中起到核心主导作用。1983 年，芬兰成立了国家技术创新局（Technology Development Centre of Finland, Tekes）。Tekes 的主要工作是为工业研发项目以及大专院校和研究机构的研究项目提供资金，尤其是推动具有创新性和风险性的研发工作，资助的项目涉及各个技术领域。Tekes 是芬兰国内为研究和技术发展提供公共资金的专业机构，资金来源于国家预算，由芬兰贸易工业部分配，每年为 2000 多个项目提供资金，总额达 6 亿欧元，其中 60% 的投资资金流向了企业，40% 流向了科研机构。自从成立以来，Tekes 就掌控着芬兰的创新命脉，近 90% 芬兰企业的创新与 Tekes 有关联。

以政府为主导、Tekes 为核心机构的芬兰技术创新体系克服了科研、开发和应用的脱节，在政府政策和资金的精心呵护培育下，芬兰完善的国家创新体系给予初创企业、成长企业充分而灵活的支持，每年都会有大量的创新技术和产品走向市场，从而为芬兰经济注入源源不断的生命力。

第 3 章
混沌创新方法论

别去道路通往的地方，往没路的地方走并留下足迹。

——拉尔夫·爱默生

　　大约4000多年前的黄帝时代，仓颉在黄帝手下当官，管理圈里牲口的数目、屯里食物的多少。仓颉这人很聪明，做事又尽力尽心，很快便熟悉了所管的牲口和食物，心里都有了谱，从来不出差错。可是牲口、食物的储藏在逐渐增加、变化，光凭脑袋记不住了。仓颉整日整夜地想办法，先是在绳子上打结，用各种不同颜色的绳子，表示各种不同的牲口、食物，用绳子打的结代表数量。但时间一长，这个方法就不奏效了。增加数目时在绳子上打个结很方便，而减少数目时，在绳子上解个结就麻烦了。有一天他参加集体狩猎，走到一个三岔路口时，几个老人为往哪条路走争辩起来。一个老人坚持要往东，说有羚羊；一个老人要往北，说前面不远可以追到鹿群；一个老人偏要往西，说有两只老虎，不及时打死，就会错过了机会。仓颉一问，原来他们都是看着地上野兽的脚印才认定的。

图3－1　仓颉造字

仓颉心中猛然一喜：既然一个脚印代表一种野兽，我为什么不能用一种符号来表示我所管的东西呢？他高兴地拔腿奔回家，开始创造各种符号来表示事物。果然，把事情管理得头头是道。黄帝知道后，大加赞赏，命令仓颉到各个部落去传授这种方法。渐渐的，这些符号的用法就推广开了，然后形成了文字。以上就是仓颉造字的故事。

人类文明发展到上天入地的科技文明时代，形形色色的创造始终是文明发展的关键要素之一。甚至于人类的发展史都使用发明创造的工具来做区分：石器时代、青铜时代、铁器时代等。几千年过去了，随着新技术的不断涌现，以及新的商业模式的变革，创新已经深入到各行各业中。从传统农业的杂交技术、转基因技术（这个目前争议还比较大），到日趋复杂的制造业的自动化技术、智能控制技术，以及现代的信息服务业，创新已经成为社会发展的重要支撑力量。

3.1　企业管理是一个系统

市场经济的发展，已经极大地改变了人们的生活和社会行为方式，以前那种依赖某个人进行创新的情况逐渐被以企业为主的创新所取代。因此我们必须认识到创新的主体是各个大中小型企业，而企业在市场经济中的行为是非常复杂的，企业的行为受到自身管理流程、制度、行业发展状况以及宏观经济状况等多方面的影响。从本质上讲，企业的运行是一个复杂的系统。

现代企业管理学及其研究，从 18 世纪弗雷德里克·温斯洛·泰勒（Frederick Winslow Taylor）开始的古典管理学❶到 1990 年迈克尔·哈默（Michael Hammer）所提出的流程化管理之前的各个阶段，基本都是围绕着组织职能、管理及优化以及竞争优势展开的。企业通过详细定义每个职能

---

❶ 弗雷德里克·泰勒. 科学管理原理［M］. 北京：机械工业出版社，2013.

部门的责任与权力、定义职能部门之间的工作方法、制定各层次的企业的战略、监督战略的执行以及制定规章制度以便在各种不同职能下进行员工管理。(为了增强本书的可读性,避免长篇幅的理论介绍,这里只简单地描述,细节请参阅相关理论著作。)

多数的企业管理研究方法基本类似于分析分解方法,相当于把企业看成一部机器,分析每个零件该如何设计,零件之间怎么配合以及如何完成企业整体的经营目标。这种方法的优点是从微观上分析,每个细节都能考虑到,使得管理能深入到企业的各个角落。人力资源管理会强调它的各种管理手段和技术:薪酬管理,招聘管理,绩效考核等问题,营销管理会关注企业的营销策略,营销活动等问题,相应的职能完成相应的工作。问题是这些割裂的管理技术是否真的能够推动企业的发展,并不能被精确地量化清楚。企业的高层管理者通常只是在事后得到某种结果之后,再来审视企业管理的成败。

图 3-2 CEO 与人力总监的对话

事实上,由于企业管理作为整体是被割裂分解处理的,除了少数几个能够量化的职能以外(例如总裁,销售总监),我们并不知道每个职能管理所承担的具体任务和结果之间的关系。换句话说,**各种管理技术虽然可以自我解释,但缺乏直接证据来量化它们的价值。**

1990 年哈默提出流程化管理的概念，比职能化管理有了一个飞跃。流程化管理的特点是突出流程，强调以流程为导向的组织重组（Business Process Reengineering，BPR），以追求企业组织的简单化和高效化。自从哈默和詹姆斯·钱皮提出了企业流程再造❶的概念以来，得到了很多的应用和推崇，企业流程再造的主要特点如下。

- **以客户为中心**

全体员工以客户而不是上司为服务中心，每个人的工作质量由顾客做出评价，而不是由公司领导决定。

- **企业管理面向业务流程**

从传统的面向职能管理转变为面向流程管理，将业务的审核与决策点定位于业务流程执行的地方，缩短了信息沟通的渠道和时间，从而整体提高对顾客和市场的反应速度。

- **注重整体流程最优化的系统思想**

按照整体流程最优化的目标重新设计业务流程中的各项活动，强调流程中每一个环节的活动尽可能地实现增值最大化，尽可能减少无效的或非增值的活动。

你会发现隐含在所谓"流程化管理"后面的是一个基本的假设：企业是一个整体的系统，具有整体性的特点，不能被简单地割裂。对于企业的管理应该从系统化的思想中去寻找答案。当然两位学者给出的解决方案是：面向用户的流程化再造。

伴随着我国经济的飞速发展，企业的规模急剧膨胀，迫切需要管理能力的提升。于是流程化管理和企业组织再造成为各大企业管理的法宝，也确实为企业的发展提供了强大的支撑。遗憾的是，我们又一次把精力放到了结果——流程化再造上，而忽略了它背后的方法论——复杂系统的整体性思维。

---

❶ 迈克尔·哈默. 企业再造：企业革命的宣言书［M］. 上海：上海译文出版社，2007.

　　随着技术的发展和企业规模的扩大，企业的管理流程越来越复杂，一方面是因为需要应对的业务种类增加很多；另一方面，不同的客户要实现的需求也越来越差异化，这些都导致流程本身的复杂性提高。例如，很多的 IT 企业，在内部不仅要执行 CMMI 的流程与方法（Capability Maturity Model Integration，即软件能力成熟度模型集成），还要执行项目管理的流程与方法（Project Management Process），信息安全管理的流程与方法（如 ISO27000 系列），ITIL（Information Technology Infrastructure Library，ITIL，信息技术基础架构库）等诸多的业务流程与推荐标准，甚至不顾这些标准之间的差异与重叠的地方。很多国内企业为了招投标的需要，还背负着各种认证的潜在压力，不得不去追求这些看起来很美的标准化流程。于是，为了流程化而流程化，成了很多企业员工日常工作中最大的困惑。

图 3 - 3　企业的日常管理

　　讲一个真实的故事，笔者曾在一家企业遇到这样的情况：一个员工需要领导批准一份报账的文件，再到财务那里结算。这个简单的工作涉及这样一个流程，员工 A 需要登录企业的报账系统，提交申请；之后到经理 B 那里去批准，再到总监一级批准，最后回复给财务和员工 A。这个流程很简单吧！但当时遇到一个困难，就是在总监审批的时候，由于系统发生了故障，不能及时在 OA 上进行审批，虽然在电话里，总监完全同意这个文件，但是由于流程没有走完，财务不能进行结算。当天下午，总监已经赶回办公室，所有流程审批的当事人都在面对面一起的时候，这个结算工作依然不能进行，因为按照流程，必须要在系统上审批。

类似的事情经常在这些流程导向的企业中发生，对于决策者，每天要面对海量的流程审批工作和问题，不厌其烦；对于一线的执行层，等待流程处理成了每天最重要的工作。一位中层管理者向我们抱怨：流程很美，流程看起来很美，流程只是看起来很美。

需要强调的是，我们并不否认流程的重要性，我们恰恰是想说：流程很重要，只是重要的是流程背后的方法论和工具，而不是各种现成套路的照搬。

流程很重要，但是不能为了流程而耽误工作，你们提意见我们一起改

图 3 – 4　企业的流程管理

那么流程管理和组织重构背后的方法论是什么呢？我们认为，复杂系统理论更能解释企业的管理、流程化的行为。其实我们很容易理解，当我们身体不适的时候，我们会马上说：我的身体可能有些不舒服，这时你肯定不会马上想到这样的问题——我是不是感染了某种细菌，或者某个器官

出现问题。同样的，当你去医院治疗的时候，虽然医生是采用分析分解的方法对症治疗，但是对我们自己来说，整体感觉良好才是身体恢复的最直接的感受，而不是某个仪器的检测结果怎么样。

同样的，对于企业来说，**应对各种问题和挑战，并解决问题才是流程化管理的主要目的；**从这个意义上讲，没有普遍适用的流程和程序。遗憾的是在越来越多的规模企业中，严格遵守流程成为管理的要求之一，很多大企业还有严格的标准化操作步骤（我们得承认，在制造业中，标准化的步骤具有相当的魔力），造成的后果就是：效率的提升早期很快，而后基本停滞；员工的行为被各种流程束缚，创新的可能性越来越低；而高层反而因为企业的所谓规范化、制度化欣欣然，直到有一天发现企业的增长基本停滞的时候再来反思。

我们的建议是：作为企业家首先要了解企业是一个整体的、复杂的系统，虽然大家都希望有个好的结果，企业能不断地生存发展下去，不断地推出新的产品和服务来赢得市场。但是如果你不是动态地管理好这个系统，**它只会在你幸运的时候给你展示它的美丽，而在大多数的时候展示它的脾气。**

3.2 复杂系统理论简介

首先我们来了解一下复杂系统的基本情况，再来分析如何提升企业的创新能力。

为了帮助读者更好地了解我们的创新方法论，我们不得不简单地介绍一下复杂系统论和耗散结构的有关情况。（如果读者觉得这部分较为复杂，可以直接略过论述部分，只看结论部分，并不影响本书的阅读。）

系统论的创始人一般认为是美籍奥地利人、理论生物学家 L. V. 贝塔朗菲（L. Von. Bertalanffy）。他在 1937 年提出了一般系统论原理，奠定了这门科学的理论基础。1968 年贝塔朗菲发表了专著：《一般系统理论基础、发展和应用》（《General System Theory：Foundations，Development，Applica-tions》❶），该书被公认为是这门学科的代表作。贝塔朗菲认为系统的主要特性有：整体性、有机性、动态性、有序性。贝塔朗菲特别强调：任何系统都是一个有机的整体，它不是各个部分的机械组合或简单相加，系统的整体功能是各要素在孤立状态下所没有的性质。

20 世纪 60 年代，德国理论物理学家赫尔曼·哈肯创立协同学，"协同学可以看成是一门在普遍规律支配下的、有序的、自组织的、集体行为的科学。协同学的目标是在千差万别的各科学领域中确定系统自组织赖以进行的自然规律"。❷

同样在 20 世纪 60 年代，以伊利亚·普里戈金为首的布鲁塞尔学派经过多年的努力，终于建立起一种新的关于非平衡系统自组织的理论——耗散结构理论❸。耗散结构理论可概括为：一个远离平衡态的非线性的开放系统（不管是物理的、化学的、生物的乃至社会的、经济的系统），通过不断地与外界交换物质和能量，在系统内部某个参量的变化达到一定的阈值时，通过涨落，系统可能发生突变即非平衡相变，由原来的混沌无序状态转变为一种在时间上、空间上或功能上的有序状态。这种在远离平衡的非线性区形成的新的稳定的宏观有序结构，由于需要不断与外界交换物质或能量才能维持，因此称之为"耗散结构"（Dissipative Structure）。要理解耗散结构理论，关键是弄清楚如下几个概念：远离平衡态、非线性、开放系统、涨落、突变。

1972 年 12 月 29 日，美国麻省理工学院教授、混沌学开创人之一爱德华·N. 洛伦兹在美国科学发展学会第 139 次会议上发表了题为《蝴蝶效应》的论文，提出一个貌似荒谬的论断：在巴西一只蝴蝶翅膀的拍打能在

---

❶ L. V. 贝塔朗菲. 一般系统理论：基础、发展和应用［M］. 北京：清华大学出版社，1987.

❷ 赫尔曼·哈肯. 协同学：大自然构成的奥秘［M］. 上海：上海译文出版社，2013.

❸ 伊利亚·普里戈金. 确定性的终结：时间、混沌与新自然法则［M］上海：上海科技教育出版社，2009.

美国得克萨斯州产生一个龙卷风，并由此提出了天气的不可准确预报性，混沌学也由此发展起来。❶

中国物理学家郝柏林将混沌理论描述为："一种没有周期性的秩序……是新近认识到的一类无处不在的自然现象。"❷ 史蒂芬·科勒特将混沌定义为"确定性和非线性系统的不规则且不可预测的行为"。❸ 混沌学的最新研究成果颠覆了我们从亚里士多德以来的逻辑思维结构，从前我们认为，我们可以通过分析分解，把整体划分成细节，通过对细节的研究来把握整体的运动方向或者性质。**然而，混沌学告诉我们，你可以研究清楚每个零件，以及他们之间的关系，但是在你预测整体的时候依然会出现不可预知的情况。**

用一个大家都容易理解的例子说明，我们大家都学过牛顿的万有引力定律，也都知道地球围着太阳转，月亮围着地球转。如果按照标准的牛顿力学公式计算轨道，按照我们的想象，应该可以搞清楚天体运动的轨迹。确实，如果你只计算地球和月亮，或者地球和太阳，你会得到准确的结果；可是如果你想计算这三者之间的运动轨迹，你会发现无论你怎样精细地计算，都不能精确求解，即无法预测所有三体问题的数学情景。三体问题是在第一次数学家大会（1900 年）上，20 世纪伟大的数学家大卫·希尔伯特（David Hilbert）在他著名的演讲中提出的 23 个困难的数学问题之一，至今也只能在几种特例中进行计算。

换句话说，对于宏观运动的物体，也并非像我们想象的那样，牛顿力学可以解释一切，更何况量子物理学的发展，更是颠覆了人们传统认知的范畴。**人们永远不能搞清楚明天遇到什么，我们只是大致知道，明天大概**

---

❶ Edward Norton Lorenz. Predictability：Does the Flap of a Butterfly's Wings in Brazil Set Off a Tornado in Texas ［C］. Washington, DC：American Association For the Advancement of Science, 139th Meeting, 1972.

❷ 郝柏林. 从抛物线谈起—混沌动力学引论 ［M］. 北京：北京大学出版社, 2013.

❸ Stephen H. Kellert. In the Wake of Chaos：Unpredictable Order in Dynamical Systems ［M］. Chicago：University of Chicago Press, 1993.

是什么样子，至于真实的结果，只有上帝知道。

　　说到这里可能有些读者就会失望，既然我们不能精确预测未来的结果，那对于企业这个复杂系统的创新能力研究又有什么意义呢？又怎么指导企业的创新实践呢？我们也是带着这个问题来研究的，答案就是：这不仅有意义，而且有着神奇的魔力！当你放弃对确定性的执着之后，你会打开无数的窗口，每一扇窗户后面都有无数的花朵。**企业创新就是一件非确定性的事，你可以做很多计划，投入大量的资源和人力，但你永远也无法知道最终结果会怎样，能否得到有价值的创新结果，无论对于多聪明的企业家来说，都永远是一个谜。我们所能做的是提升确定性的概率而不是追求确定性。**

　　站在这个角度，企业的任何具体的长期计划，大多是无效的，长期计划只能制定趋势性的战略规划。

> 我们所要做的是把握系统的趋势，及时修正系统，在这个基础上的失败只是成功的一部分。

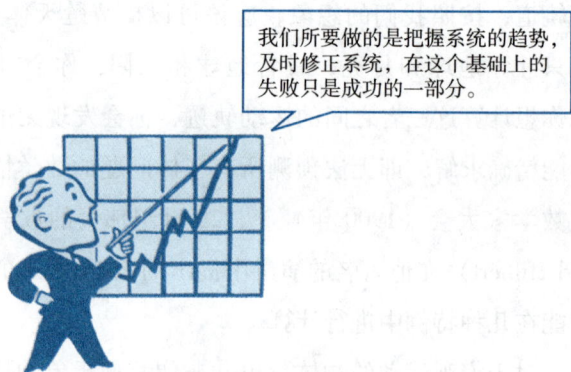

图 3-5　把握系统趋势

　　人们在系统科学的基础上逐渐兴起了对复杂系统理论及其相关应用的研究。简单地说，人们越来越意识到，解决自身的问题，仅从现象或者某个细节入手已经远远不够，也就是要改变我们通常所说的：头疼医头、脚痛医脚的一贯做法，而是从整体的、系统的观点去分析和研究，因为复杂系统的研究和应用涉及很多数学内容，这里就不展开叙述了，感兴趣的读者可以阅读相关的图书。一般地说，在复杂性理论中，存在六种关键理论

概念："对初始条件的敏感性""奇异吸引子""自相似性""自组织""混沌边缘"和"适存景观"。❶

3.3 企业是一个复杂系统

我们认为企业本身就是一个典型的复杂系统，具备这样的特性：

- 开放性——企业要和外部环境交换资源和信息；
- 非线性——企业的发展本身时快时慢，一段时间扩张，一段时间萎缩；
- 自相似性（源于混沌学的分形原理）——企业的文化和管理方式具有固化的特点；
- 远离平衡态——即企业时刻需要得到外部的物质与能量以维持自身的运行；
- 不确定性——很难准确预测结果。

为了更简单和形象地描述这些内容，我们请大家参考图 3–6 至图 3–11。在这些图中，为了使读者理解我们想要表达的主要含义，我们尽量简单地勾画了企业这个复杂系统的关键要素，非关键要素并没有罗列其中。

我们把企业这个复杂系统暂时简化一下，把它当作一个"黑盒子"系统，这个"黑盒子"需要跟外部交换物质与能量，也就是说，它需要的输入有：利润、原材料、新员工、新技术；它能够输出的有：产品或者服务，淘汰的人员。按照系统论的观点，企业是一个整体，它要维持自己的非平衡态（也就是耗散结构）就必须是输入大于输出，或者至少是动态平衡的。

---

❶ 迈克尔·C·杰克逊. 系统思考 [M]. 北京：中国人民大学出版社，2005.

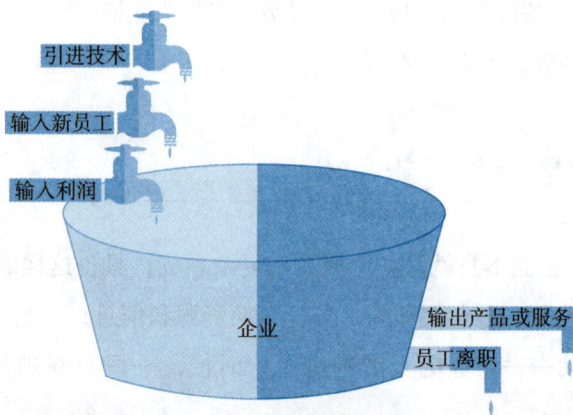

图3-6 企业的关键要素

但是通常企业会面临比较复杂的外部环境，例如，一段时间的经济低迷造成的产品需求下降、季节性销售的影响、由于竞争对手增加而造成的利润下降、人员的变动等等情况。企业为了应对盈利和支出的平衡会使用资金池加以对冲，例如，只要资金池有存量资金，一段时间的入不敷出并不会给企业造成太大影响。同样的原理，企业为了应对人员的变化，也会尽可能地为重要的岗位储备一些人才；为了应对市场需求的变化，企业还会通过投入研发工作建立技术或新产品储备加以应对，如同图3-7所示。

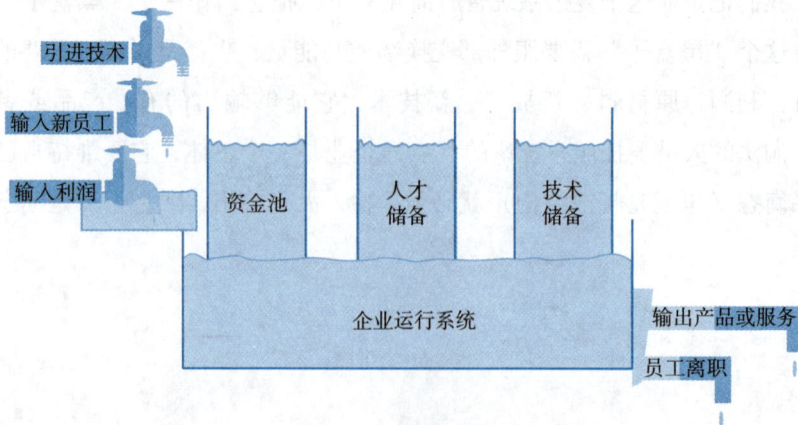

图3-7 企业运行系统

通常企业在这种系统所描述的状态中可以保持一定时间的稳态。企业是在市场中生存的，任何的产品和服务都有一定的周期性和可替代性。由于当今的技术发展呈现加速趋势，也就使得产品和服务的周期性在加速，被替代的时间越来越短。也就是说企业面临这样的境况：一方面现有的产品和服务需要提高竞争优势；另一方面还要防止被新的产品和服务替代。因此对于大多数企业来说，图 3－7 所描述的耗散结构系统不可能长期持续，这对于企业的发展是远远不够的。

一旦市场发生变化，资金池、人才储备和技术储备不能持续，企业很快会陷入窘境。克里斯滕森在他的著作《创新者的窘境》中就描述了硬盘行业在这种境遇中的发展历史：企业为了更好地满足现有用户的需求而不断在现有的技术轨道上改进，全部的技术投入和营销投入都被现有的模式所占用。而当市场出现新的技术时，企业没有足够的新技术储备或者企业没有多余的精力来跟进这种在初期利润较低的领域。

甚至有些企业已经预见到新技术的破坏性，但是依然缺乏有效的应对手段，因为所有的管理、流程和人员都已经习惯了原有的模式，企业就被困在无法维持系统运行的尴尬境地。

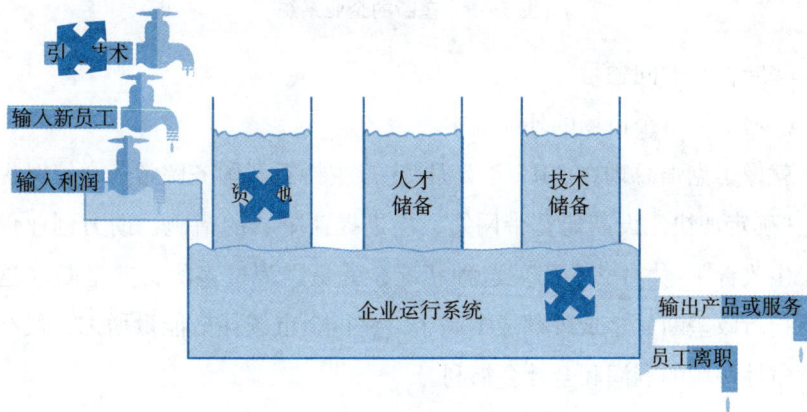

图 3－8　失效的企业运行系统

那么在现实世界中，企业为了避免上述情况的出现，怎样维持这个系统的运行呢？通常有以下这样几种方式。

（1）形成某种程度的垄断。也就是说用垄断利润来维持耗散结构所需要的能量；垄断的形式有很多，如自然垄断，行政垄断和资源垄断。垄断本质上就是要维持企业系统运行所需要的巨大能量。

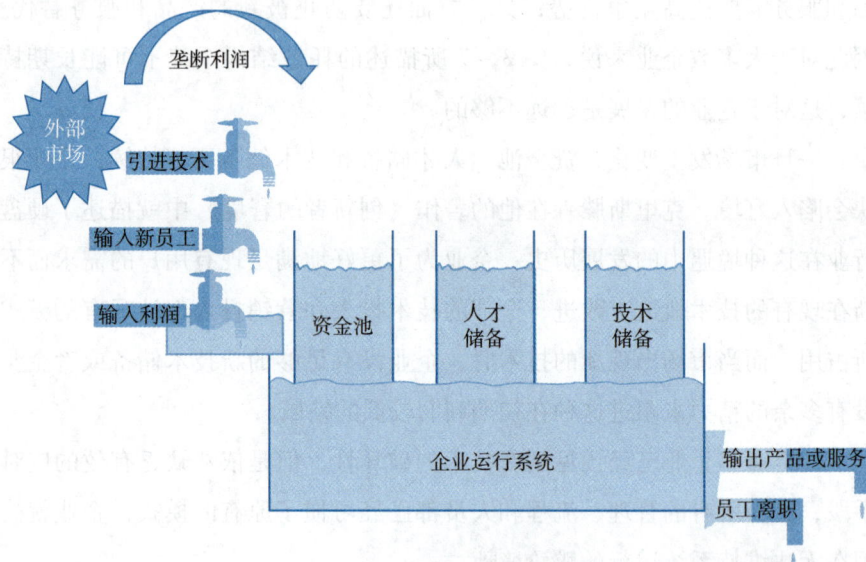

图3-9　垄断的企业系统

垄断存在的问题是：

①增加了整个市场的外部成本。

就像李克强总理在2015年5月13日主持召开国务院常务会议时提到的："确定加快建设高速宽带网络，促进提速降费的措施，助力创业创新和民生改善"。为什么会出现这种状况，就是因为过多的行业垄断（这里主要指行政垄断）造成外部成本高企，使得全市场耗散能量增加，最终挤压竞争性领域的利润和全社会福利。

②对于自然垄断和资源垄断，一旦技术条件发生改变，企业可能失去长期发展的基础。

例如，美国页岩气技术革命对于传统油气企业的影响是十分深远的。

"美国已接下俄罗斯的能源王冠，成为全球最大原油与天然气生产国。这表明美国页岩气生产，已造成全球能源版图的巨大位移。据新浪财经10日晚间消息，英国石油公司（BP）周三发布的《世界能源统计报告》显示，由于"页岩气革命"的影响，美国已超过俄罗斯，成为世界最大石油和天然气生产国。"❶

③长期垄断让企业陷入严重的路径依赖，企业内部的任何创新工作都受到模式本身的挤压。单一模式使得企业经营状况受宏观经济影响剧烈。

我国企业还有一种特例，就是非常多的落后产能企业。市场中有很多对于落后产能的分析理论和方法，我们这里采用简单的耗散结构加以说明。落后产能或者过剩产能企业，由于不能从市场上获得足够的利润维持企业的复杂系统，本来是应该自然关闭或者被收购和转型。但由于多种原因，例如地方政府的保护，或者出于更高层的战略考虑，企业仍然可以获得大量的外部输血，从而维持自身的能量消耗，但是这种情况造成了更多的负面反馈，也就是获得大量输血的企业挤垮本来可以生存的但不能获得外部输血的企业。而原本希望企业能够起死回生的外部输血，并没有改善企业的内部系统结构，从而导致更加严重的结构失衡。这并非本书讨论的主要议题，因此不做展开讨论。

（2）利用不断地兼并重组优化系统结构。即利用诸如多元化，并购和整合的方式，使得企业这个耗散结构需要的能量和物质在输入和输入上达到一种动态平衡，甚至达到更高一层的平衡态（注意：这里并不包括并购新的产品或者对外购买新技术）。如图 3-10 所示，就是一家同业并购企业所实现的目标。

---

❶ 观察者网. 全球能源版图位移：美国超俄成最大能源生产国［EB/OL］.（2015-06-11）［2015-12-21］http：//www. guancha. cn/Industry/2015_ 06_ 11_ 322965. shtml.

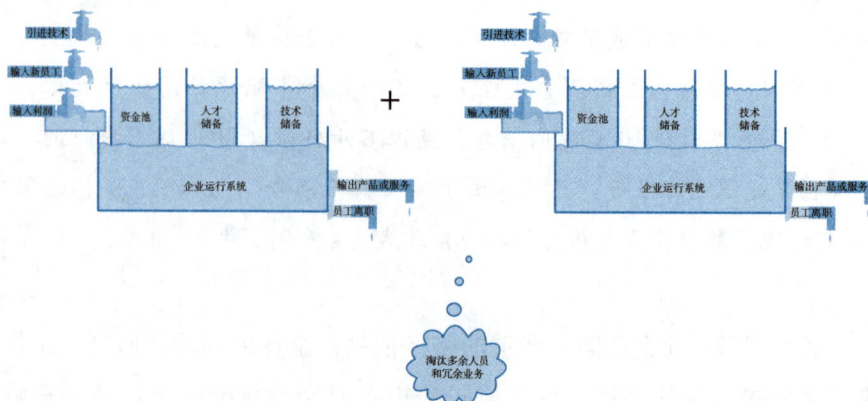

图 3-10 企业并购运行系统

通过并购，企业这个复杂系统可以实现如下目标：①减少竞争对手，扩大市场份额；②扩大生产规模，降低单位成本；③减少系统内部的损耗，例如，裁减员工等。还有一些企业并购是跨行业的，这样的并购可以实现优势的互补，并不一定需要裁减员工。并购或者重组的目的都是维持企业这个复杂系统的动态平衡，或者达到更高层次的平衡态。

2015 年 10 月 12 日，戴尔宣布将以每股 33.15 美元的价格，收购 EMC，交易总价 670 亿美元，从而成为全球科技市场最大规模的并购交易。❶

许多分析人士认为，两家公司尤其是 EMC 在企业级市场已经慢慢失去了原有的优势。这场交易对于正在困境中挣扎的戴尔来说，无异于一场豪赌。更有分析指出，这场交易的背后，反映的是传统 IT 巨头正走向穷途末路。

---

❶ 腾讯财经. 戴尔 670 亿美元收购 EMC，创科技界最大并购案 [EB/OL]. (2015-10-12) [2015-12-25] http://finance.qq.com/a/20151012/063115.htm.

　　但是兼并和重组并非总能如愿，兼并方和被兼并方的企业文化融合，经营策略融合都需要消耗一定的能量，也就是在初期，这样的复杂系统需要更多的能量来维持平衡态，稍有不慎，就有可能造成失败。

　　（3）利用不断地创新实现复杂系统的优化，扩大输入和输出的盈余，占有新的市场或者开辟新的市场。如图 3 - 11 所示，企业不断地通过技术创新实现价值的提升，达到更高层次的平衡态。这样的企业通常在行业中处于领头羊的位置，例如，手机行业中的苹果，电商行业中的阿里等。

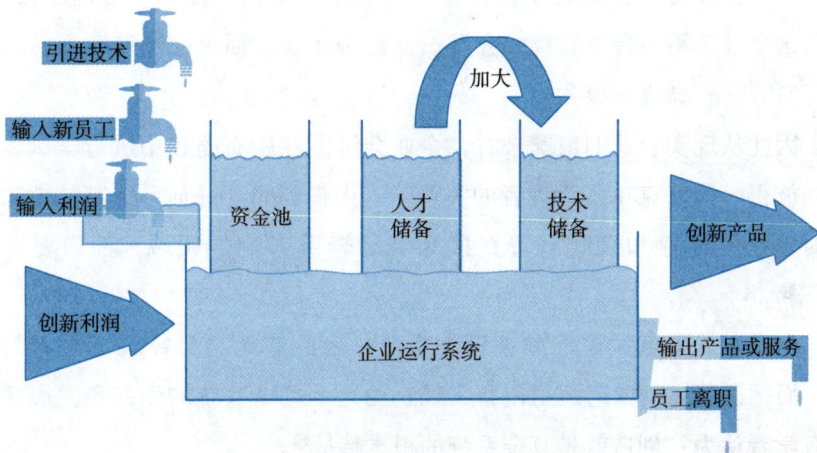

图 3 - 11　企业创新运行系统

　　这样的企业无疑是最受欢迎的创新型企业，例如，2014 年苹果以 40% 的运营利润率稳居手机行业榜首，而第二名的三星仅维持 17% 的运营利润率（资料来自互联网实验室）●。同样的，阿里在国内的电商大战中也一直处于绝对的霸主地位（在电商的细分市场中，京东和苏宁分列第 2 位和第 3 位）。

　　企业通过一段时间的创新获得的竞争优势无疑是非常令人欢喜的，但正是由于领头企业这个复杂系统是高水平的远离平衡态，要维持高水平的

───────────────

　　● 王峰. 抛弃 3G，国产智能手机预谋"弯道超车". ［EB/OL］.（2015 - 03 - 24）［2015 - 12 - 04］http：//m. 21jingji. com/article/20150324/herald/4d1cd7b6036321d55973fa5ef3d49e9a. html.

盈利就需要惊人的持续创新能力，否则很容易因为后续创新的不足，而回归低水平的运行结构，甚至不得不中止某些业务。

企业选择哪种路径维持自己的耗散结构，其实就是企业的战略决策。多数的企业试图在所有路径中进行尝试。然而，要维持企业的长久生存而尽量少地受到外界环境的影响，创新无疑是最主要、最有价值的途径。

大多数处于市场竞争环境的企业主要的经营战略都是围绕着"企业核心竞争力"和"企业战略"展开的。但是企业战略目标从来就是个多重的目标。**"绝大多数企业关于目标管理的讨论都谈到寻找一个正确的目标，但是这个做法不但会像寻找点金石一样徒劳无功，而且必然有害无益，误导方向"——彼得·德鲁克。**

因此从现实企业的情况来看，企业会试图在所有路径中进行尝试。也正如彼得·德鲁克在《管理者的实践》当中提到的"任何一个其绩效和结果对企业的生存和兴旺有着直接和举足轻重影响的领域，都需要有目标"。❶

由于本书重点讨论的是创新的话题，因此前两种路径就不再深入展开，而把话题放到如何运用创新实现企业这个复杂系统的生存和发展。甚至有学者认为：创造就是复杂系统的根本特征❷。

如果我们仔细研究企业内部创新的含义，你会发现创新分为几个不同的层次：

①全新的创造和发明。

这一类创新的特点是"无中生有"，创造出以前并不存在的东西，例如，电灯的发明、电话的发明、核能的应用等都属于这一类别。在大多数人心目中，全新的创造和发明是创新的主体，但是事实并非如此。这一类创新高度依赖少数科学家自身的突破性思维及科技的进步，通常没有可以简单借鉴的方法和工具，更多的是属于随机性事件。在所有的创新中，这

---

❶ 彼得·德鲁克. 管理者的实践［M］. 北京：机械工业出版社，2009.
❷ 刘勇. 感悟创造：复杂系统创造论［M］. 北京：科学出版社，2008.

一类创新的数量最少，但带来的影响及效益却最高。

②**突破性的创新工作。**

使用新的方法和手段更好地满足现有的需求，例如互联网＋，智能手机等。其特点是集成多学科的新技术和方法，突破现有的生产和服务模式，更好地满足客户需求。

③**延续性的创新工作。**

针对现有的实现方法提升效率或降低成本，例如，航空公司的常旅客计划，养殖行业的规模化养殖，制造业的群集现象。其特点是深挖现有的资源和方法的潜力，强化竞争优势。

这一类创新是大多数企业内部日常的研究和改进的主要工作内容，可以通过学习一些工具和方法来指导实践工作。

④**引进先进的技术、方法或流程。**

创新不仅仅是指创造新的东西，引进我们没有或未知的东西并加以消化同样是创新。这一类创新在中国的互联网公司中体现得最为明显，百度、阿里、小米、滴滴……你可以从他们身上找到 Google、Amazon、Apple、Uber 的影子。虽然 Copy2China 一直为人所诟病，但是 Copy 的过程同样也是一个自我学习并升华的过程。

3.4　企业创新管理现状

3.4.1　企业内部的管理博弈

实现企业的战略目标依赖于企业的各种管理技术和方法。正如很多企业在做的一样，为了应对日常的多种目标工作，在专业分工的驱使下，组织被职能管理分解成为很多独立的小碎片结构，不同的结构完成某种既定的职能工作。就像企业内部的很多小单元，这些小单元分工与合作完成企业的各种工作。合作通常是由企业制定的各种流程实现的，然而在制定流程和目标的过程中，充满了多方的博弈和不确定性。

对于创新来说，这种内部的多方博弈通常对创新是不利的。因为**企业内部创新通常具有这样的特性：时间的不确定性，市场和营收的不确定性以及责任的承担问题**。

在实现企业的战略目标时，管理者通常采用目标分解的方法，在分解过程中会强调一些重点指标，例如，营收业绩，客户满意度等，至于创新通常被视为附带的目标而被忽略掉。虽然大多数的管理者都知道创新是重要的，但问题是创新是未来的事情，**"明天我的业绩取决于当下的产品而不是未来的东西。"**

图 3 – 12　企业管理者肖像

因此很多企业名义上是在追求创新驱动发展，实则只关注于低层次的创新工作：例如，引进消化吸收，或者提升现有产品以更好地满足用户需求。而对于第 2 层次的突破性创新（克里斯滕森称之为"破坏式创新"）或是第 1 层次的创造性工作，企业现有管理方式和手段通常无能为力。

为什么企业很难产生突破性创新和创造性成果？克里斯滕森在他的《创新者的窘境》一书当中归因于：资源的竞争，客户和股东的压力，以及延续性技术的投入。我们这里用另外的方式加以解读，那就是混沌学中的分形概念和路径依赖。❶

分形几何学的基本思想是：客观事物具有自相似的层次结构，局部与

---

❶　詹姆斯·格雷格 . 混沌：开创新科学 ［M］. 北京：高等教育出版社，2014.

整体在形态、功能、信息、时间、空间等方面具有统计意义上的相似性，称为自相似性。（部分与整体以某种形式相似的形，称为分形——这个解释略显粗糙，但适合初学者理解。）

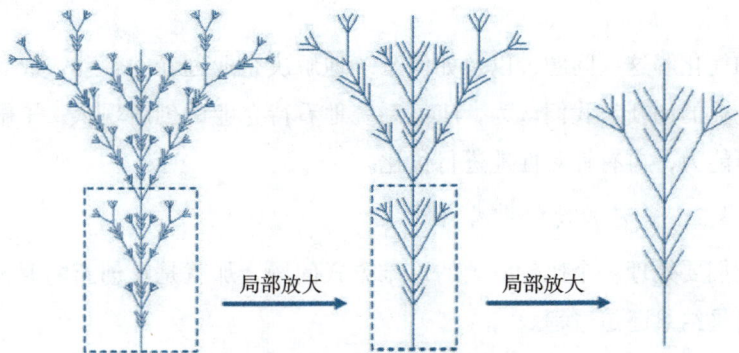

局部放大   局部放大

图 3 - 13 分形的自相似性

在既定的企业文化和管理方式范围内，企业的各级管理层会遵循相似的管理方式和思维方式，不仅是行为上的相似，甚至是结构上的复制。例如，我国的各级政府，设置基本相似的四套班子管理结构。各个大集团公司总部与各分公司的机构设置也呈现显著的自相似情况。在这样的氛围中，创新工作受到的影响也明显具有自相似性，创新往往依赖从上往下的推行。另外由于这样的组织往往设置统一的管理流程、统一的管理制度和绩效考核方法，各个分支机构以及各种不同员工的个性化特点被忽略掉了，创新更加依赖组织的高层战略和管理变革。然而，新技术和管理的创新往往要求管理的弹性和容错机制，这与集中决策的现状形成了一对矛盾。

路径依赖也是一个非常重要的方面，路径依赖是指企业一旦选择了某个流程或方法，由于规模经济（Economies of Scale）、学习路径依赖效应（Learning Effect）、协调效应（Coordination Effect）以及适应性预期（Adaptive Effect）、既得利益约束等因素的存在，会导致该流程或方法沿着既定的方向不断得以自我强化。

"一旦人们做了某种选择，就好比走上了一条不归之路，惯性的力量会使这一选择不断自我强化，并让你轻易走不出去。"

——道格拉斯·诺思（1993 年诺贝尔经济学奖得主）

如何化解这些问题，以及如何系统地解决企业创新的管理，或者如何管理企业的创新？我们认为，应该系统地看待企业的创新现状，了解企业的创新能力，再有针对性地进行优化。

3.4.2 关注系统的思考方式

我们要处理一个比较麻烦的思维方式问题，那就是在创新的时候，你关注的是结果还是过程。

我们每天讨论的话题通常都是针对结果的，比如哪一家厂商推出了一款新手机，功能有了哪些改进；经常去的那个餐厅推出了什么新品种的菜肴等，我们大多想得是结果。

试想如果把我们放置到一个陌生的空间，你想到的第一件事情一定是如何生存，如何获得需要的水和食物，以及如何让自己变得更安全。但当你冷静下来的时候，你会学着去解决这些问题——找到水需要几个步骤，有哪些方法？周围的这些植物有哪些可以食用，在食用的时候需要怎样判断它的毒性，以及具体的过程和方法？还有你可能会想到，如果有一个火堆不仅能够满足自己取暖的需要，而且可以保证一些食肉动物不会太靠近，于是你会想到找些干柴，赶紧弄出一个火堆……

也就是说，当你真的想要结果的时候，恰恰需要知道必要的过程——也就是方法和工具，才能最终达到想要的目标。遗憾的是，以下的这些问题却是很多企业在做创新的时候最关心的问题：

（1）你这个好"主意"的商业价值是什么？怎么盈利？

（2）你这个新产品它的市场在哪里？

（3）那个家伙发明了一项技术卖了多少钱？

（4）某某公司推出的这项新技术有哪些机会？

（5）现在外面都在搞互联网＋，我们是不是也试试？

　　笔者有着多年理工科的学习生涯，并且在产品的研发和企业的管理方面具有丰富的经验。经过多年之后，我们确信，关注结果还是过程，是创新能力大小的区别之一。当你把精力都花费在貌似很有价值的结果判断上，你会自然而然地忽略产生这些结果的方法和工具的价值。**你会想当然地照搬别人的现成经验或者道听途说的一些手段，等待你的只有两个结果：要么是复制他人已有的东西，要么是搞不出来你想要的东西。**

　　我们确信这样一个基本的事实：**方法工具与结果同样重要，甚至某种程度上说，掌握了方法和工具，结果才具有较高的可靠性。企业创新是一个整体的系统，最初制定的方向和目标与最终结果之间并非是完全一致的。** 这种不一致性要求企业管理者认识到目标和过程都是需要灵活调整的，都是企业创新系统的一部分。

3.5　企业创新能力模型

　　从企业的生产要素来说，基本包括资金、资源、技术积累、人员情况以及客户群体。这些要素通过组织的管理者以各种制度和流程整合起来，再经过特定的工具和技术加工生产出合格的产品和服务，最终满足企业的各种目标，维持企业发展的需要。作为创新这样的目标来说，同样是通过一套"系统"来完成的。区别是，不同的企业，创新能力不同。

　　按照洛伦茨吸引子的描述，混沌系统的运动虽然无序，但总是围绕着混沌吸引子展开。企业的创新也是一样的，虽然我不知道明天或者下个月会有什么新产品和服务，但我们的调查发现一个非常有意思的现象，企业的创新成果总是围绕着这样三个吸引子：

- 相关行业技术发展；
- 客户的新需求；
- 突破性的跨行业技术。

很少有企业会把创新放到与这三个吸引子无关的地方。（个人创新有另外的特点，这与自身的知识结构和认知能力有关。）

我们可以看到汽车行业开发新的动力装置、更好的汽车控制技术、更安全的装备等，这些都是原有行业本身技术的发展；汽车企业们还提供新的商业服务，例如汽车的金融服务、租赁服务，这些是与客户的新需求相关的；还有一些车企在发展这样的东西：自动驾驶技术、智能语音导航、车联网技术等，这些是跟突破性跨行业技术有关的。你肯定很少看到这样的创新在汽车企业出现，比如车企推出了新款的家具，治疗头痛的药品等。

企业创新围绕着这三个吸引子运动，我们定义企业的创新能力就是决定企业创新围绕吸引子运动的能量与速度。

经过调查与总结，我们用这样的公式来定义企业这个复杂系统在创新方面的能力：

企业创新能力＝影响创新的管理因素＋员工创新能力＋创新工具和技术

3.5.1　影响创新的管理因素

影响创新的管理因素包括：

- **企业战略对创新的态度；**
- **企业经营对创新的依赖程度；**
- **企业对于创新提供的条件和管理措施。**

1）企业战略对创新的态度

首先，在我们调查问卷的反馈中，80%以上的管理者同意，企业战略对于创新的态度对于创新来说至关重要。主要的原因在于企业战略反映最高层的意志，尤其是在我国这样一个传统文化比较强势的环境中，等级观念造成企业管理者天然地依赖一种"自上而下"的变革意志，即便这种意志本身并不一定起到决定性的意义。

企业制定创新战略或者把创新作为重要的战略目标是企业创新能力的第一要素，虽然很多来自实践领域的管理者或专家认为：很多企业都将创新列为重要目标，但并不是都获得了成功。是的，我们承认这一点，但是就像我们去射击打靶的时候，**如果你瞄准 10 环，你不一定能够打中；可是你从来没有瞄准 10 环，你肯定打不中。**

制定创新战略不是一蹴而就的，企业管理者要真正理解创新对于企业的意义。当今技术的演变速度超过人类以往发展的任何时刻，虽说还没有划时代的重大的科学突破，但技术的应用范围和学科的交叉已经极大丰富。以互联网和智能制造为代表的应用技术深刻地改变了原有的商业模式和流通渠道，固守原有的模式将面临极大的困境。因此，企业管理者要从思想深处进行一场革命，要深刻认识到当前企业面临的创新压力，这个压力不是做或者不做，而是怎么做。我相信大多数受过良好教育或者长期在商场打拼的企业家们不会没有创新意识，而是能不能意识到企业将要为创新支付的显性与隐性的成本支出。也就是说，要让整个企业的管理层和员工都知道这样一个目标，并且企业也将为实现这个目标支付相应的成本。

2）企业经营对创新的依赖程度

企业是一个多目标系统，这在前面的文章中有描述。对于创新来说，这个目标的重要性对于不同的企业是不一样的。对于口渴的人，一杯水可能是最重要的东西；而对于吃得很饱的食客，餐后水果只是锦上添花的点缀，虽然很不错，但没有也没关系。因此，当你听到几乎所有企业家都高呼创新的时候，你要明白他们大多数人都只是喜欢创新，但不一定真的把创新当成很重要的事情。

追求创新的企业只有两种情况：第一种，创新驱动型企业；第二种，被创新驱动的企业。

（1）创新驱动型企业。

此类企业从创始之初就是依靠创新生存的，大多数科技型，原创型企业都是如此。此类企业深知自身的特点，依靠技术优势和专利占领市场。因此，此类企业会不断地为创新研发加大投入。

医药企业在科技型企业中比较有代表性。如果一个药品有疗效，自然会引起市场追捧，如果一个药品没有疗效，谁推荐都没有意义。尤其是专利药品，给企业带来的利润足可以让一家无名的企业一夜暴富。因此，医药企业在研发投入上可以说是不计血本的。虽然和国外的医药企业相比，我国的医药企业投入偏少，但数额还是相当惊人的。2014 年，我国 A 股上市的医药企业前十名研发投入的公司如表 3 – 1❶。

表 3 – 1　我国 A 股上市的医药企业前十名研发投入的公司

排名	股票代码	股票简称	研发费用总额（元）
1	600196. SH	复星医药	684 610 400
2	600276. SH	恒瑞医药	651 984 340
3	600267. SH	海正药业	558 030 813
4	002422. SZ	科伦药业	388 730 000
5	600380. SH	健康元	386 695 700
6	600535. SH	天士力	366 655 866
7	600079. SH	人福医药	333 755 846
8	000513. SZ	丽珠集团	290 020 000
9	600332. SH	白云山	279 286 000
10	600664. SH	哈药股份	251 350 251

研发投入只是创新的一个方面，我们只是想表达这样的企业对创新的依赖是非常强的。对于这样的企业来说，创新并不需要推动。

（2）被创新驱动的企业。

被创新驱动的企业有一个明显的特点，就是存在某种形式的危机。也许是来自市场的压力，也许是来自财务和股东的压力。

无论是否是周期性行业（典型的周期性行业包括大宗原材料的相关行业，如钢铁、煤炭、工程机械、船舶等，周期性行业的特征就是产品价格呈周期性波动），从发展的角度来说，随着技术的进步，生产总是朝着劳

---

❶ 数据来源：中商产业研究院大数据库。

动生产率提高的方向前进。然而，外部环境多变，客户的需求受经济周期影响，潜在的替代品的威胁，行业内其他企业的技术改进等条件的变化，造成了企业本身业绩呈现复杂的变化。由前面的企业系统讨论得知，企业为了应对系统输入输出的变化，通常采用存量进行调节，存量的存在一方面起到"迟滞"的作用，也就是延缓外部的冲击，使得企业降低经营风险；但另一方面，存量也会起到决策"迟滞"效应，也即是说，决策者可能因为存量较大，减弱对于外部竞争的反应，**而当存量降低到足以致命的时候，才不得不起身应对——这是绝大多数被创新驱动的企业的真实写照。**

这里所说的存量主要是指：资本和技术储备。其中，资本的作用尤其明显，很多手握重金的企业并不急于跟上新的技术发展，甚至顽固地在自己既定的技术路径上持续投入，直到失去所有机会。诺基亚，就是这样一个典型的代表企业。

3）企业对于创新提供的条件

创新是需要资源的，企业能够为创新提供的条件和相应的管理措施是创新目标能否执行的物质保证。遗憾的是，大多数的企业都将创新并入到现有的工作流程中，以期待在完成日常的工作之余得到"上帝的奖励"。好吧，这样的期待我们每个人都有，只是多数情况下我们知道，在我们严格按照某种既定程序执行一个工作的时候，出差错的概率是很小的。如果你同意这样的观点，那创新也是同样的。在我们按照既定的方法和途径，满足特定客户需求的时候，高价值的创新出现的概率不比出错的概率高。

在这种情况下，你所能做的创新大多数都是延续性的，或者改进性的创新工作。例如增加了一点额外的服务留住了某个大客户；在生产过程中，减少了一个环节以便节省了一些成本。这样的工作有价值，但价值并不足以推动企业的长期发展。

一个真正想以创新作为企业发展重要目标的企业，应该为创新提供哪些条件呢？

我们认为主要有三种：

- 创新需要的资源；
- 改变企业管理流程；
- 形成鼓励创新的企业文化。

（1）创新需要的资源。

创新需要大量的投入以保证资源的充沛。类似这样的新闻大家经常看到：

> 中新网 2015 年 4 月 24 日电：昨日上午，ABB 中国研究院成立十周年庆典在北京举行，ABB 集团首席技术官 Claes Rytoft 在庆典中称，ABB 集团通过持续的研发投入确保技术领导地位，保持竞争力，目前集团已拥有 8500 名科学家和工程师，每年投入的研发费用达到 15 亿美元。❶

我国改革开放 30 年来，经济上取得了飞速的发展，同时在企业的技术进步上有了质的变化。美国经济史学家亚历山大·格申克龙（Alexander Gerchenkron，1904～1978）在总结德国、意大利等国经济追赶成功经验的基础上，于 1962 年创立了后发优势理论❷。经过很多学者的研究，认为后来者通过学习和模仿，能在短时间内取得快速进步。如日本从 1950～1972 年，仅花费了 36 亿美元，就引进了外国大约需要 2000 亿美元才能开发的 1700 多项先进技术，节约了大量资金。而事实上，我国的企业也确实采用了这样的学习模仿的方法，取得了相应的成果。

然而，也正是因为长期的学习和模仿，已经让很多企业形成了固有的路径依赖。企业不愿意投入资金和人员在技术研发上，而是将有限的资金

❶ 中国新闻网. ABB 中国研究院刘前进：研究院是创新的驱动者［EB/OL］. （2015－04－24）［2015－12－20］http：//www.chinanews.com/ny/2015/04－24/7232492.shtml.

❷ 亚历山大·格申克龙. 经济落后的历史透视［M］. 北京：商务印书馆，2009.

用于营销等能够快速产生收益的环节。一旦发现产品和服务跟不上市场，就去外部寻求模仿和参考的对象，引进技术、人才，甚至通过直接"挖墙角"的手段来拷贝对方的技术或产品，期望能够得到快速的回报。当然，这中间也有我国知识产权保护落后的原因。但是随着时间的推移，我国的经济和技术已经有了长足的发展，可供模仿和拷贝的对象越来越少，而且很多行业有鲜明的国家和地方特色（如电子商务、O2O 等细分行业），没有现成的技术或管理模式可供参考，这就要求企业必须通过自身的努力来进行创新。

创新的投入是企业创新的重要物质保证，这里面包括资金的、人员的和无形的（如品牌影响力，客户数据分析）投入。

（2）改变企业管理流程。

企业管理流程的作用就是保证实现企业的目标，也就是说满足客户的现有需求。流程化管理在前文也有描述。由于创新本身不同于正在进行的工作（不否认两者有联系，但目的不同），尤其是突破性的创新工作，通常是打破了原有的商业模式，或者技术路径，在创新的前期甚至不能满足现有用户的需求，不得不走低端路线，有的甚至不能走出实验室。而如果企业的管理流程不能改变，沿用原有的管理标准，绩效考核标准，就很容易形成负面的反馈作用，使得创新本身受挫，或者使得参与创新的员工积极性下降，无法完成既定的目标。

将现有的工作与创新性工作分离看起来是一个不错的办法。企业一方面鼓励在工作中发现创新的机会，另一方面如果这些机会确实值得投入，那就将这部分工作剥离，采用新的流程进行管理。例如很多公司采用的内部孵化制度，或者使用组织分离技术。

（3）形成鼓励创新的企业文化。

特伦斯·迪尔（Terrence E. Deal）、艾伦·肯尼迪（Allan A. Kennedy）在《企业文化》一书中认为：企业文化是企业上下一致共同遵循的价值体系，一种员工都清楚的行为准则，是企业在发展中形成的一种企业员工共

享的价值观念和行为准则。❶

　　创新也离不开企业文化的支撑，在我们这样一个 5000 年文明史的国度里，传统文化在企业里也拥有很强的影响力。"从上到下易，从下到上难"，很多一线员工司空见惯的问题可能上层管理者一无所知；甚至非正式组织对员工的行为起着看不见的控制作用。"宁肯错过、不能做错""上有政策、下有对策""枪打出头鸟"等等世俗生态影响着每一个员工和管理者。

　　企业想要拥有创新的活力，就必须明确地树立鼓励创新的企业文化，并告知所有员工；在企业内部建立扁平化的沟通机制和反馈机制；及时奖励创新和改进；定期组织员工学习新技术和新方法；鼓励试错。

3.5.2　影响员工创新能力的因素

影响员工创新能力的因素包括：

- 员工个人的知识储备；
- 员工个人的认知能力与特质；
- 群体的影响。

　　在我们的调研中，高达 79% 的管理者认为，优秀的员工素质是企业创新的要素之一。然而令人遗憾的是，在回答关于创新来源的问题时，85%的管理者并没有将员工的个人兴趣列入创新的主要来源。也就是说，管理者认为员工的创新能力很重要，但事实上，员工的个人主动创新却并不占有主要位置。或者说主要的现状是：由企业规划创新，员工来执行。

　　提高员工的创新能力不仅对于执行现有的创新计划有帮助，也能够激发员工个人的创新想法，进而带动企业创新从"自上而下"过渡到"上下共鸣"。

　　1）员工个人的知识储备

　　毫无疑问，在这个知识大爆发的年代，如果你不具备基本的知识，那

---

❶　特伦斯·迪尔，艾伦·肯尼迪. 企业文化 [M]. 中国人民大学出版社，2008.

么创新的领域就只能局限在屈指可数的生活领域。知识储备有两种情况，一种是对一门学科的深入研究，如美国血液检测公司 Theranos 的老板伊丽莎白·霍尔姆斯（Elizabeth Holmes），一直工作在实验室里，凭借着自己优秀的实验技术，提高了人们血液检测的效率。另一种是涉猎足够多的学科，通过学科的交叉应用，发现创新的机会和灵感。

> 浙江大学新闻报道：经过近一年时间的共同研究，浙江大学一支由信电系、高分子系、医学院、计算机学院学科教授组成的合作团队完成了一项新型技术，将电子系统与组织再生系统融合，发明出一种具有感知生成、实时监控和调节皮肤修复过程能力，且能较好地融入生物体的人造电子皮肤系统。❶

由于企业千差万别，行业发展复杂多变，不能确定哪一种知识结构更能促进员工的创新能力。但是基于应用的角度，我们认为基础学科的知识储备更能起到帮助作用。这些学科包括：逻辑学、数学、自然科学、社会学和管理学等。

我们强调企业在招募员工的时候，要关注知识储备，并不仅限于本专业的内容，而是希望员工具有更多的视野和视角来观察工作本身。

2）员工个人的认知能力与特质

拥有足够多的知识储备并不足以发展成为创新的能力，否则存储器早就替代了人类。创新和发明需要一个发现问题、知识加工、逻辑分析和整理的过程。这都离不开人的认知能力。

人们谈论创新，有一个非常不好回答的问题就是，为什么他能想到？人类的心智如何加工知识，是不是存在超级员工，个体是否在认知上有

---

❶ 焦协中. 浙大交叉学科团队发明新型人造电子皮肤［EB/OL］.（2015 – 06 – 30）［2015 – 12 – 13］http：//www. news. zju. edu. cn/news. php？id = 41926.

差异？

20 世纪中叶以来，认知科学（认知科学以人或动物的知觉、注意、记忆、动作、语言、思维、决策、意识、动机、情感过程和结构为主要研究对象）的发展为人类解释以上问题带来了曙光。20 世纪 80 年代后期的 PET 技术和 20 世纪 90 年代出现的 fMRI 技术，使人们直接可以观察到大脑的活动，进而揭示了以前看不到的人脑认识加工过程。有意思的是，神经科学家和心理学家都作出这样的结论："大脑作为一个整体一定大于其部分之和，大脑一定能产生心智"❶，这与复杂系统的特征是完全一致的。

我们无意详细地解释这些研究的内容和理论，我们只需要知道在选择承担创新工作的员工时，需要经过相当的筛选，找到那些认知能力较强的员工。这可以通过专门的认知测试进行。我们将在后期的丛书中介绍相关的情况。

人们一直在争论有关天才和普通人的区别，看起来那些伟大的发明家、科学家真的和对门买菜的老张区别很大。然而怎样去描述这些特质呢？心理学家会强调诸如以下的内容❷：

- 独立：高度富于创新的人能够顶住遵从常规思维方式的社会压力；
- 兴趣：对于某个问题具有强烈的兴趣；
- 质疑：愿意重建问题，能够对问题提出质疑；
- 复杂：喜欢复杂问题；
- 刺激：需要刺激性的交流。

3）群体的影响

对于发挥员工的创造能力来说，企业内部群体的影响是最重要的因素之一。融洽的群体氛围能够改善员工的认知能力，提高知识储备进而发挥出创造力；相反的情况则可能造成员工积极性的下降，或者把大量的精力

---

❶ 迈克尔·葛詹尼加. 认知神经科学：关于心智的生物学［M］. 北京：中国轻工业出版社，2011.

❷ 菲利普·津巴多. 普通心理学［M］. 北京：中国人民大学出版社，2008.

浪费到群体损耗中。

亚里士多德说，"人是社会的动物"。企业就是个小社会，员工的行为和思维方式都受到企业这个小社会的影响，同时也受到大社会的影响。我们会花费 100 元看一场娱乐大片，花费 1000 元看一场演唱会，花十几年的时间学习各种知识，认识各种事物；可真正花费一生来认识的就是自我。"我是谁"不仅是一部电影，更是一个问题。这个问题放在不同的环境中会有不同的答案。对于企业来说，"我"就是一名员工，我的行为取决于我在企业中扮演的"角色"。如果"我"今天是一个管理者，那么我关心的事情和做具体执行的员工当然不同。"我"在正常状态下会履行作为企业管理者的全部职责。

企业这个群体对生活在其中的个体有着相当的影响，这些影响包括：

- **社会助长作用**

一百多年前，特里普里特（N. Triplett）发表了一篇目的在于考察他人在场和竞争对个人行为影响的实验报告。实验是这样进行的：他让被试者在三种情境下，骑车完成 25 英里的路程。第一种情境是单独骑；第二种情境是让一个人跑步伴同；第三种情境是与其他骑车人竞赛。结果表明，在单独骑时，平均时速为 24 英里；有人跑步伴同时，平均时速为 31 英里；在竞赛的情况下，平均时速为 32.5 英里。[1]

也就是说，在群体场合时，更容易发挥出比单独个体更好的成绩。研究表明，如果群体在一个开放的办公区内，个人出于评价顾忌的考虑更愿意积极地参与群体活动。对于创新群体来说，把任务分解到个人，并在开

---

[1] N. Triplet. The Dynamogenic Factor Factors in pacemaking and competition [J]. American Journal of Psychology，1898，9：507 – 533.

放的办公区，经常讨论这些任务话题就可以达到这样的效果。

需要注意的是：社会助长作用经常发生在人们为个体目标努力时，他人可对个人的努力程度做出单独评价的情况。**如果你不能很好地分解任务，那么助长作用就不明显**。

- **社会懈怠作用**

在任何一个办公环境中，你总会听到有人抱怨工作量的不均等。个人在团队中付出的努力程度与单独工作的努力程度一样吗？一百多年前，法国工程师林格曼发现，在团体拔河中，集体付出的努力仅有所有人单独努力之总和的一半。这与平常我们所说的"团结就是力量"恰恰相反，后人就把这种现象称为：社会懈怠。很多学者经过研究，发现个体的绩效发挥与群体规模呈反比。

也就是说，**如果个人的责任被群体分散了，那么就容易导致个体成员搭群体便车的现象**。

在团体中，还存在这样两种效应：去个性化和群体极化。

- **去个性化**

去个性化是指个体在群体当中受群体情境的影响，可能会使人失去自我知觉能力，导致个体丧失自我和自我约束。例如人们在迪厅中随着主唱疯狂喊叫、起哄、围观等。

- **群体极化**

群体极化是指群体经过讨论和协商，会加强各自的观点，无论这个观点本身是冒险的还是谨慎的。从这个意义上讲，**好的创新和创意经过讨论会得到加强，差劲的方案也会变得更差劲**。

在群体当中，影响员工发挥个人创新能力最强的因素莫过于群体思维。

社会心理学家贾尼斯（Irving Janis）想知道这些是否能够帮助解释 20 世纪的美国总统及其顾问怎样做出好的或坏的群体决策。为此，他分析了几次大的失败决策的过程：

● 珍珠港。1941 年 12 月的珍珠港被袭事件使美国也加入到了第二次世界大战中，事件发生之前的几个星期，夏威夷的军事指挥员收到了一条可靠的消息：日本计划袭击美国在太平洋上的某个地方。之后军事情报失去了与日本航空母舰的无线电联系，那时航空母舰正径直朝夏威夷前进。空中侦察队本来应该能侦察出航空母舰的位置或者至少发出几分钟的警报。但是自以为是的司令们完全无动于衷。结果是：直到日军开始对这个毫无防备的基地发动袭击，警报才被拉响。袭击后美军损失了 18 艘舰艇、170 架飞机，以及2400 条生命。

● 入侵猪湾。1961 年，美国总统肯尼迪及其顾问们试图用1400 名由 CIA 训练过的古巴流放者来袭击古巴，以此推翻卡斯特罗政权。但是几乎所有的袭击者都被杀或抓获，美国颜面尽失，而且古巴与前苏联更为团结了。在得知结果以后，肯尼迪大呼：我们怎么做出了如此愚蠢的事呢？

● 越南战争。在 1964～1967 年之间，由美国总统约翰逊及其政治顾问组成的"周二午餐团"决定扩大对越南的战争，因为他们预测美国的空中轰炸、空降以及搜索捣毁任务会迫使北越南接受和谈，而南越南人民出于感激也会支持和谈。尽管政府的情报专家以及所有美国的盟国都对他们提出警告，但他们还是继续将战争扩大化。这场空难使 58 000 多美国人和 100 万越南人丧生，国人变得极端化，总统被迫下台，庞大的财政赤字加速了 20 世纪 70 年代的通货膨胀。

贾尼斯认为酿成这些大错的原因是由于在群体决策中人们为了维护群体和颜面而压制异议，他把这种现象称为群体思维（Groupthink）。❶

---

❶ 戴维·迈尔斯.社会心理学［M］.北京：人民邮电出版社，2014.

群体思维的影响，在支配型领导的团队中最为明显，员工通常认为自己职位低下，弱小而不敢站出来表达自己的观点，或者为了得到他人的承认，避免出现不同的意见。这些都是影响创新的重要因素。预防群体性思维有以下几个要点：

（1）鼓励批评性的意见，甚至对发现的问题予以奖励；

（2）团队领导不要抢先发表意见，从职位最低的员工开始发表意见；

（3）努力减少群体成员的数量或者分组讨论；

（4）创造轻松的交流环境，减少个体感受的压力；

（5）弱化团队管理者的作用，鼓励自由的交流。

3.5.3 创新的工具和技术

所谓创新的工具和技术，就是用一套切实可行的方法和工具去指导创新活动，而不是只停留在理论层面。我们通过对国内外创新理论的研究，并结合中国企业的创新实践，总结出了创新的 10 大工具，具体内容请参见第四章。通过这些工具的使用，可以大大增加创意产生的数量，提升创新成功的概率。

3.6 构建主动性的企业创新体系

企业创新方法多种多样，很难统一描述一个唯一的方法，但综合各种文献和调研材料，我们认为企业的创新可以分为主动式创新与被动式创新两种方式。主动式创新是指企业主动追求创新成果、规划创新工作以及采取必要的激励措施；被动式创新是指企业被迫创新以改变本身的竞争条件或者改善盈利状况。

3.6.1 被动式创新的窘境

显然，我国企业尤其是传统企业的创新和转型大多数都属于被动式的，被动式创新有如下的特点。

1）被动式创新说易行难

创新具有不确定性，并且需要一定的时间才能出成果，而对被迫转型，寻找出路的企业来说，已经被逼到悬崖边缘，是否有足够的耐心通过创新来解决企业问题？答案显然是否定的。就像人体受到威胁时自然会忽略某些信号，而增强对危险信号的处理一样，企业也是如此。在艰难的时候，管理者们已经被财务问题、维持运营、保持客户关系等日常工作弄得焦头烂额，实在无力对缺乏确定性的创新工作给予太多的关注。而大多数的员工此时也处于相对紧张的时候，业绩指标犹如泰山压顶，绩效考核排名意味着失业与否，这些都迫使员工将主要的精力放到现有的工作上，而无暇去考虑创新的东西。

不过有意思的是，大多数管理者被问到对于创新的态度时，却是非常积极的，并且会制定各种详细的计划以期待出现想象中的变化。然而，执行的时候却会受到上面各种因素的影响而最终放弃。因此，倒逼创新是最后的选择，而不应该作为最优的选择。

对于产业链的中下游企业来说，被动式创新的成功就更难，一则受上游企业利润的侵袭，二则一旦遇到外部风险，自我保护能力比较差，容易成为最早的牺牲品；因此，对于大多数代工厂，材料供应商等产业链下游企业来说，被动式创新甚至不可能发生。

2）被动式创新有心无力

创新需要投入，需要大量的投入，而转型期企业最大的困难来自于财务状况；如果财务状况能够支撑创新的需要，则创新的成功率会提升。如果财务状况并不支持创新的工作，则创新的成功就遥遥无期。

创新，尤其是高端的创新工作，有时候需要的是长期的以及大量的资金和人力的投入。不仅需要管理者的创新意识和能力，更需要创新的坚持和勇气。我国企业长期依赖高负债、高杠杆的粗放经营模式，企业内部的现金和财务储备长期低于合理水平。当企业面对外部经济环境的变化时，缺乏必要的财务准备，不仅无力创新工作，而且随时可能面临资金链断裂的严重局面。就在笔者写就本章的过程中，新闻报道：深圳市福昌电子公司宣布倒闭，初步公布欠外债 4 个多亿，法人代表陈金色对其供应商表示，福昌电子在客户中有 1.5 亿应收账款尚未收回，就在不久前福昌电子公司还是蒸蒸日上的手机产业链的供应商之一。

企业创新需要持续投入，需要管理者的坚持和勇气。在中国制造 2025 的规划中，工业领域的机器人是一个重要的方向，沈阳机床集团董事长关锡友在接受新华网记者访问时，感慨颇深的说："早知道 i5（工业机器人产品）今天会成功，当初该把所有的钱都扑上去！"而回忆起创新的艰辛，他也说出心里话："如果让我重来，我不知还会不会去搞创新。"

> 沈阳机床集团 i5 的研发，首先承受的是来自企业内部的巨大压力。
>
> "每年砸进去 1 亿多元，但我到上海研发基地，看到的只是一群年轻人和几十台电脑，谁也不知道什么时候能够成功。"回首来时路，关锡友仍心有余悸。
>
> 每到年底，公司决策层都会十分纠结，到底还给不给钱？甚至有一次董事长把钱批给研发基地了，企业有关部门又要了回来。
>
> "到了 2012 年，成熟技术还没搞出来，研发资金快要花光了，与德国合作的项目也没啥进展，市场销售又下滑……那是最难的日子，有一天我在德国宾馆楼顶上站了一夜，跳楼的心都有了。"关锡友说，"重大创新常伴随巨大风险和不确定因素，一旦失败，国家的钱就打了水漂，作为国企负责人，我就是跳楼也难交代。"❶

对于上面的企业来说还可以支撑企业内部的创新工作，而对于被迫转

---

❶ 赵承，石庆伟. 中国制造：创新究竟还缺啥？——沈阳机床集团蹲点调研之二［EB/OL］.（2015 – 06 – 09）［2015 – 12 – 25］http：//news. xinhuanet. com/fortune/2015 – 06/09/c_1115557712. htm.

型的大多数企业来说，这样强度的投入和给管理层的压力是无法想象的，也是不可持续的。当然，并不是说所有的创新工作都需要如此高强度的投入，事实上即便是投入不高的创新工作，对于财务上捉襟见肘的企业也是一种无法承受的负担。

3）被动式创新回报低

被动式创新是企业被迫采取的一种行为，什么情况下企业会被逼迫进行创新转型工作，无非就是：企业现有的业务下滑，利润增长受限或者出现了威胁企业生存的竞争对手或者竞争产品。在这些情况下，企业的创新工作会聚焦于企业现有的问题，希望快速地从市场上获得技术或者模仿对手的做法，来解决现有的问题。如果这样的所谓创新能够实现，也不会带来新的利润增长，而是只能获得"跟随者"的平均利润；而如果失败则企业面临无路可退的窘境。

2014年年底的一则报道：

《杂文报》的停刊启事

启事上称，"感谢广大作者、读者朋友三十年多来对《杂文报》的关注、关心与关爱！为适应新形势、新任务的要求，集中精力、集中力量使杂文采编再上新水平，河北日报报业集团决定，《杂文报》自2015年1月1日起停刊，整合有限报刊资源，聚集精干优势力量，下大力办好《杂文月刊》。"文后落款为"《杂文报》报社"。《杂文报》是中国目前唯一的杂文专业报纸，以"革故鼎新，激浊扬清"为办报的宗旨，先后获得过河北省十佳报纸、全国文化艺术类十佳报纸和"我们最喜爱的中国文化艺术报纸评比"一等奖等荣誉。❶

---

❶ 新浪传媒.《杂文报》2015年起停刊［EB/OL］.（2014－12－08）［2015－12－22］http：//news. sina. com. cn/m/2014－12－08/095331258808. shtml.

这样的传统媒体关停的报道，随着互联网的深入发展而屡见不鲜。近几年来，无论是国际还是国内，传统媒体被迫关门、转型已经是广为人知的事实。根据数据显示："2012年广东几个城市电视台能做到6、7个亿的广告，现在变成2、3个亿了"。然而，传统媒体是否能够成功适应新媒体时代呢？答案是非常艰难。从管理方式、盈利模式到各种技术资源的整合，今天的传统媒体还在痛苦的适应过程中。在这样的状态下，不要说创新的回报，甚至能够收回创新投入就已经是很好的成绩了。

一个多次"追逐创新热点转型"的现实样板——实达集团。❶

实达集团于1996年8月上市，当时主营业务为计算机及其软件、电脑外设等电子信息技术产品。实达电脑曾经位列十大品牌电脑之列。近年来，实达集团多次宣布转型，将不同的新业务注入上市公司。

自2004年来，实达集团连续亏损，股票于2007年5月18日被上交所暂停上市。2008年，实达信息进行股改，股东昂展置业和中兴鸿基通过资产赠予和资产置换相结合的方式，将其所持有的长春融创51%股权注入上市公司，上市公司主营业务增加房地产业务。实达集团于2008年恢复上市。（注：第一次"转型"——将房地产注入公司主业。）

2011年12月，实达集团出售了下属子公司北京实达科技100%股权后，主营业务变更为房地产，另有部分打印机制造业务。2012年，实达集团又增加了有色金属业务。（注：第二次追逐热点是外部高涨的有色金属价格。）

实达集团随后的公告显示，其终止上述收购，是因为发行了新的收购标的。并于2015年5月19日公告称，公司正在筹划重大资

---

❶ 朱星. 屡炒热点未果，实达集团再追"互联网"＋［N］. 新京报，2015－08－24（B08）.

产重组。直至 8 月 15 日推出收购深圳兴飞的交易方案（深圳兴飞专注于移动通信领域）。

相对于矿山资源项目，移动通信领域显然更受市场热捧。实达集团称，"移动通信智能终端作为移动互联网信息传输的接口和功能集成的平台，在当前移动互联网发展如火如荼的背景下，将迎来巨大的发展机遇。"实达集团将收购深圳兴飞看作是"响应'互联网 +'国家战略，依托移动通讯智能终端主业逐步向相关产业延伸，实现协同发展"。（注：第三次追逐热点高新技术）

在停牌前一个交易日，实达集团股票涨停。回顾过去三年的业绩，一直紧随市场热点，寻求转型的实达集团，并未取得成功。公司年报显示，自 2012~2014 年，实达集团连续三年净利润为负，分别为亏损 6994 万元、1564 万元和 7129 万元。对于公司亏损的原因，实达集团归结于房地产市场的持续低迷。

未来的实达集团转型创新能否成功，不得而知，但可以预见的是，在不停地热点追逐中，你总能发现，实达集团不是这个领域的先驱者，只是在追逐热点，像一只奔向亮光的飞蛾。希望未来走好！

3.6.2 主动式创新的优势

"聚焦未来比关注过去更能带来能量"——一位心理学家曾经这样说。有希望的人更有奋斗活力，而一直关注失败的人则更悲观。

主动式创新要求企业把创新工作放到当前计划中，并认真地执行，有计划地提出新的产品与服务，并通过一系列的过程保证企业对创新管理的适用性，创新人才选拔的合理性以及创新成果的有效性。相比于被动式创新，主动式创新能够使企业更积极地面对市场环境的变化，甚至引导市场环境的变化，强化企业的竞争优势。

1）主动式创新连续性强，成功率高

企业的主动式创新是依照企业制定的战略计划，从目标、资金到人力资源都给予充分的保证，在这样的情况下，主动式创新的成功率大大提升；不仅不会遇到资金和管理层的掣肘，还将得到大力的支持。企业将主动创新而来的成果一步步地产品化，推向市场，并在相当程度上保证了企业的竞争力。

如今，数码相机是电子消费产品的典型代表之一，虽然近年由于智能手机中的相机功能越来越强大，单独的消费级数码相机已经走了下坡路；但是在专业领域甚至高端的消费领域，手机无论从成像的质量，快门的速度和镜头的功能来看都无法与专业的数码单反相机媲美，也许有一天相机会被智能手机取代，但目前看数码单反相机依旧是个繁荣的细分市场。

我国生产相机的历史很早，20 世纪 60 年代就有上海相机（后改名海鸥相机）进入消费市场，并已经开始仿制单反相机（胶片机）。原上海照相机总厂总工程师孙晶璋回忆道：

> "1964 年、1965 年设计，1966 年成功。紧跟着文化大革命，进度就拖后很多。设计完成之后需要模具，一个照相机不简单的，需要几百副模具，单反要到 20 世纪 70 年代才开始真正地批量生产。那时候我们叫 DF 型，单反。" 改革开放以来，研发新一代相机的时候遇到困难，孙晶璋说："照相机是应用技术，要靠基础技术支撑。如果没有基础技术支撑的话，就发展不起来。电子技术不行，材料技术不行，机床技术不行，什么都不行，那么没办法，我们只能全靠引进，全都是日本过来。这样的话你能够引进一个，你能够引进两个，但你不可能引进三个、四个，你不可能什么都引进过来。"❶

近年来国内厂商也开始涉足数码单反相机市场，但遇到很多技术瓶

---

❶ 周红. 江青给我们的研发任务难度很高—专访原上海照相机厂总工程师孙晶璋 ［EB/OL］.
（2009－08－19）［2015－12－22］http：//money. 163. com/09/0819/14/5H3B361F00253JP2. html.

颈。关于国产数码相机的技术现状，业内人士分析如下：数码相机的核心组件是感光元件、镜头、图像处理器和处理算法，而国产相机在这三方面是几乎完全空白的。

　　感光元件：以索尼、佳能为代表的日系厂商占据了全球超过 6 成的市场份额，在消费类数码相机领域处于寡头垄断地位。考虑到徕卡、三星也没有摆脱对日系厂商的依赖，使用日产感光元件也是情理之中。

　　镜头：无论是在胶片相机时代还是在数码相机时代，中国都不缺少生产光学镜片的厂商，并且以甘肃光学为代表的企业，其产品是远销世界的。然而，到目前为止，中国都没有自主设计的自动对焦可更换镜头，这也是胶片时代国产相机逐渐淡出主流市场的主要原因。

　　图像处理器和处理算法：图像处理器、处理算法的开发是与感光元件紧密相连的，在感光元件受制于人的情况下，相关配套技术也会受到很大制约。从实际产品看，国产相机所具备的功能大多是在套用日系厂商的已有模块。❶

　　简单来说，日系厂商连续不断的技术创新工作，不仅仅在胶片相机领域占据了最大市场份额，在数码相机领域（数码相机原创于美国柯达公司，可惜柯达公司并没有对此进行持续性投入和重视）日系厂商也占据优势。

　　以佳能公司为例：根据美国商业专利数据库（IFI CLAIMS Patent Services）发表的数据显示，至 2014 年 1 月 14 日（当地时间）为止，佳能公司获美国专利商标局（USPTO）批准的专利数共计 3825 件，目前在全球排名第三。佳能公司在技术创新上的不断投入使之一直在相机领域占据优

---

　　❶ 滕飞. 中日相机工业差距有多大［EB/OL］. (2012 – 11 – 08)［2015 – 12 – 22］http：//digi. 163. com/special/chinese_ camera/.

势地位，很多的技术都是未来一两年才会应用到产品上的。

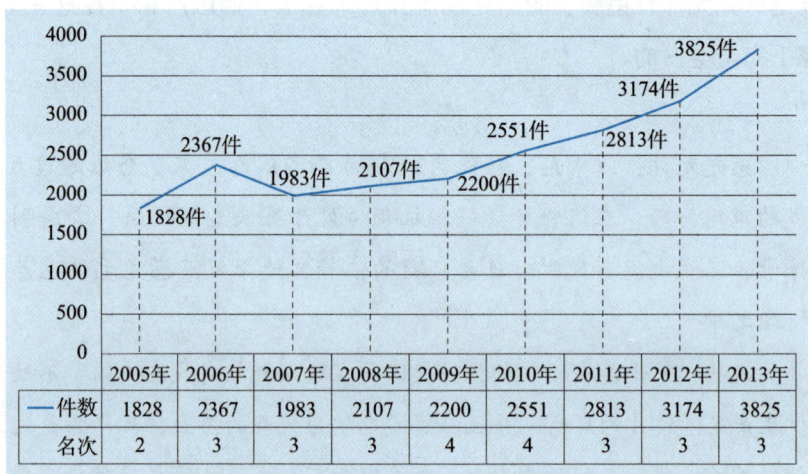

	2005年	2006年	2007年	2008年	2009年	2010年	2011年	2012年	2013年
件数	1828	2367	1983	2107	2200	2551	2813	3174	3825
名次	2	3	3	3	4	4	3	3	3

图 3 - 14　佳能公司 2005～2013 年在美国获得专利数量及排名

　　主动式的创新是指依据计划、有步骤、系统地提出企业的创新路径，并坚决地执行下去。 由于我国企业普遍缺乏长期的技术投入，仅仅关注眼前的修修改改的技术工作，偶尔在某个领域能够取得突破，也会由于缺少配套系统的改进而受制于人；大量制造业企业长期依靠技术引进才能保持行业的竞争需要，一旦国际市场竞争格局发生改变，3～5 年没有技术引进，马上就会丧失市场竞争能力。

　　埃森哲全球副总裁、大中华区主席李纲："中关村和硅谷的创新还远不在同一水平上。中国目前 R&D 投入大概占 GDP 3%，超过欧盟国家。但中国 R&D 投入大多集中在开发而非研究上，意味着投入多集中在产品优化和制造，而不在基础科学领域。所以中国依旧不是创新大国，在 R&D 上的投入还没有带来在产品制造以外的大突破。"❶

――――――――――
　　❶ 刘皓琳. 拂去泡沫看"互联网＋"的当下和未来［EB/OL］.（2015－10－19）［2015－12－24］http：//m. ftchinese. com/story/001064420.

这种缺乏创新计划的企业非常像"秃鹫"。秃鹫是动物界的"机会主义者"，总是跟在掠食动物后面，寻找残渣和腐烂尸体。"秃鹫"式的企业总是跟在创新企业后面等着市场残存的机会；事实上，这样的方式并不节省成本，企业为了模仿不仅付出很多时间和机会成本，还需要购置大量的设备来追赶创新企业。问题在于，当投入了大量的时间和成本之后，却并没有收获专利等知识产权和相关经验，当市场发生转变的时候，又必须重新开始这样一个过程。

2）主动式创新有利于持续占领先机

汉王科技的电子书曾经是中国电子消费产品的骄傲，上市之后就深受欢迎；笔者曾经带着老人家专门去中关村的商店购买，在众多打折促销的电子消费品中，不讲价的汉王电子书曾经是个另类。然而，由于产品线的单一和竞争产品的影响，2011 年中文电纸书的引领者汉王科技发布业绩快报，2011 年公司亏损 4.34 亿元，每股亏损 2.03 元。而 2010 年同期，公司盈利 8790.16 万元。2011 年，公司营业总收入 5.33 亿元，同比下降 56.9%。

汉王科技表示，报告期业绩出现亏损，主要原因是电子书产品价格大幅下调导致收入和毛利出现较大幅度下降，研发项目调整导致研发费用大幅增加，以及计提大额存货跌价准备。

有业内人士认为，主要原因是 2010 年市场的火爆增长迅速引来众多竞争者，而电纸书的进入门槛不高，大量走低成本路线的后来者把电纸书阅读器的终端市场价格迅速拉低。电纸书受到以 iPad 为代表的平板电脑的强烈冲击，为了保持市场份额，汉王主动将高端电纸书产品降价。

这个市场不缺乏明星企业，很多企业因为一两款产品热卖而一炮走红，成为资本和消费者追捧的对象。然而，能保持持续吸引市场和资本的企业却不多。究其根本原因，乃是创新的可持续性是否够强的问题。如果一个企业的创新有足够的持续性，能够引领市场，那么这个企业所处的竞争条件就越好。主动式的创新正是获得这种创新持续性的重要保证。

由于创新本身属于非确定性事件，企业创新不可能设置唯一的目标。通常需要选定多个创新的目标和方向，再进行必要的投入，之后还需要一定的时间周期才能创新出几款成熟的产品和服务，这些都不可能在被动的状态下完成。

当一个企业能够不断地推出创新产品的时候，也就意味着占领了市场的先机，引领市场向着有利于自己的方向发展。对于依靠创新起家的企业来说，最担心的莫过于不能推出新的想法和产品，让市场以为自己丧失了创新的能力。

1915 年富于冒险精神的克拉伦斯·伯宰（Clarence Birdseye）由于经营皮毛生意，经常在冻土地带拉布拉多进行贸易，并在那里一年生活几个月的时间。拉布拉多气候阴冷，这就是说，冬天食用的东西要么是腌制的，要么是冷冻的。没保存好就会被冰冻。一旦解冻，就会变得一团糊状，索然无味。只有鱼尝起来还比较新鲜。这位博物学家和当地一些因纽特人一起在冰上钓鱼。他们在冻湖里挖了几个洞，抛下鱼线钓鲑鱼。此时的温度远低于零度，湖里的鱼一上岸，几秒钟就会冻实。

于是克拉伦斯·伯宰开始了一项研究，并最终让他的名字出现在了世界各地超市的冻豌豆、冻鱼条的包装上。他开始实验，最后对解冻食物迥异的口味做出了合理解释，其秘密在于冷冻的速度。

缓慢冷冻让冰的氢键有机会形成较大的冰晶，然而，发生在数秒内的冻结——我们现在称之为"速冻"——产生的冰晶要小很多，对食物本身的伤害更小。1924 年伯宰发明了一种速冻工艺。他发现只要用这种方法来冷冻，任何东西——水果，肉，蔬菜等解冻后都会特别新鲜。这个发明带给了伯宰上千万的利润。

说到身边的小产品, 你能想象它会做到多大, 能做多久吗? 比如男士剃须刀, 原理很简单, 就是一把能刮胡子的刀, 只要够锋利, 别伤到皮肤就行。你觉得这个事情又有多少可持续创新的地方呢? 作为男士手动剃须刀的知名品牌吉列可以帮你回答这个问题, 从 1900 年的第一款产品开始, 吉列就致力于持续的创新工作, 不仅仅在产品方面, 还包括营销和广告创意等方面。

- 1900 年, King C. Gillette (金·坎普·吉列) 带来了创造性的一次性刀片理念, 这种刀片极薄且极为坚固, 以至于麻省理工学院的科学家当时认为那是不可能锻造出来的。

- 1971 年, 吉列的产品 "Trac II" 发布, 这是世界上第一款双刀片剃须刀。

- 1977 年, 吉列引入了 Atra/Contour 系统, 这是第一款具有旋转刀头的双刀片剃须刀架, 它能够使刀片更好地适应面部轮廓, 剃须时更加贴合。

- 1985 年, 吉列的 Atra Plus/Contour Plus, 第一款带有润滑条的剃须刀上市。

- 1990 年, 吉列推出了 "Sensor" 产品, 第一款两层刀片单独安装在高灵敏弹簧上的剃须刀, 它能够针对每个人的面部轮廓自动调整。

- 1998 年, 吉列再一次创新, 推出了锋速3®, 这是首次应用三层刀片技术, 能够使剃须效果更光滑和更贴合。

- 2004 年, 吉列引入了锋速 3 动力刀片, 这是全世界第一款使用电池技术的手动剃须系统, 提供了有助于改善剃须刀滑动的微脉冲, 因此剃须更加舒适。

- 2006 年, 吉列锋隐剃须刀面世, 分为手动版和动力版。锋隐以五层刀片为特点, 所有性能都强于锋速 3, 因此带来了贴合和舒适的剃须体验。

● 2014 年，吉列的 FlexBall™ 系列是剃须革命中的下一次演变，这是一种内置旋转剃刀，能够更大程度地紧贴着男人的面部轮廓。

老实说，我并不特别熟悉这些产品的细微差别有多少，只是你可以看出吉列作为一家专业的厂商，在创新引领市场和消费方面所做的努力。并且，这种持续的创新给吉列带来了持久和丰厚的回报。在人们普遍使用电动剃须刀的今天，吉列的手动剃须刀依然能够排名前三实属不易。并且，至今无人可以撼动吉列在手动剃须刀领域老大的位置。要知道这是一家百年的公司，你就知道这成绩有多么不容易。

3.6.3 主动式创新的方法——构建企业创新系统

在前面的叙述中大家已经了解到创新的四个不同层次：**发明创造、突破式创新、延续性创新和模仿式创新**。非常有意思的现象是，企业在进行主动式创新的时候，对于管理本身来说，管理的目标和控制能力却是逐渐加强的。换句话说，发明创造和突破式创新看起来很好，并且能为企业带来前所未有的利润，然而却不是企业设定目标和管理所能严格控制的。

管理与目标

发明创造
突破式创新
延续性创新
模仿与复制

利润与创新

图 3 – 15   创新的四个层次

那么企业如何进行主动式创新，又怎么达到期望的目的呢？综合前述的内容和管理科学的研究成果，特别是借鉴了复杂系统论、硬系统和软系统等有关学术成果，笔者认为，企业想要实现主动式创新，必须构建创新系统，这一系统包括如下的内容：

（1）了解企业所处的创新位置；

（2）设定方向和目标，并进行情景化；

（3）构建开放式的环境和条件，提升企业创新能力；

（4）依照任务组建若干小型团队；

（5）持续优化创新系统。

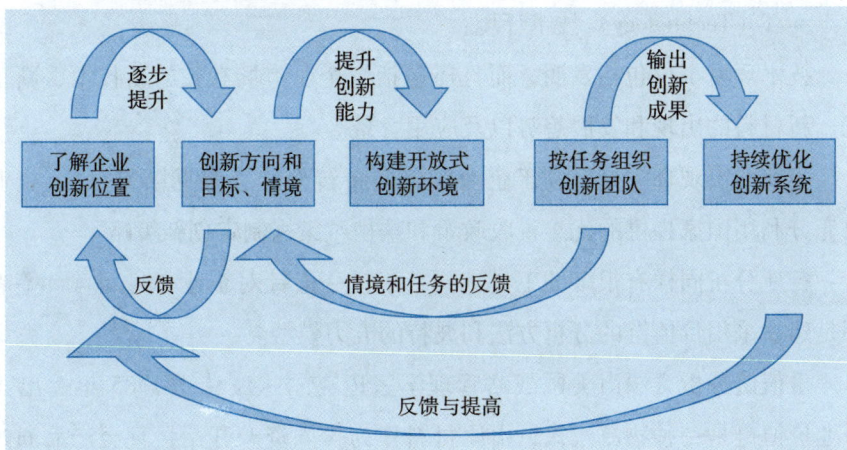

图 3 – 16　企业创新体系

1）了解企业所处的创新位置

这是企业创新系统的第一步，也就是企业的自我认知。企业的自我认知包括对所处宏观环境的分析、行业分析、企业自身分析和创新现状分析。

宏观环境分析有很多现成的工具可用，例如 PEST 分析等。对于创新系统来说，宏观环境分析主要是为了制定更有利于企业的创新策略，避免与宏观环境相背离。

- P（Politics）政治法律环境：

政治环境主要包括政治制度与体制、政局、政府的态度等；法律环境主要包括政府制定的法律、法规等。

- E（Economy）经济环境：

构成经济环境的关键战略要素包括：GDP、利率水平、财政货币政策、通货膨胀、失业率水平、居民可支配收入水平、汇率、能源供给成本、市场机制、市场需求等。

- S（Society）社会文化环境：

影响最大的是人口环境和文化背景。人口环境主要包括人口规模、年龄结构、人口分布、种族结构以及收入分布等因素。

- T（Technology）技术环境：

技术环境不仅包括发明，而且还包括与企业市场有关的新技术、新工艺、新材料的出现和发展趋势以及应用背景等。

当前的宏观环境是有利于企业实施创新转型的（参见第二章），企业要充分利用国家提供的优惠税收政策和扶植政策来制定创新策略。

行业分析同样有很多的工具选择，不过一般针对企业自身而言，笔者还是建议采用价值链的分析方法和波特的五力模型。

价值链分析方法由美国战略管理学家迈克尔·波特于 1985 年提出。❶行业价值链是一种物流模式，由原材料作为投入资产开始，直至产品通过不同过程销售给顾客为止，其中做出的所有价值增值活动都可作为价值链的组成部分。行业价值链从核心企业内部向前延伸到了供应商，向后延伸到了分销商、服务商和客户。这也形成了价值链中的不同环节之间的相互合作与分工。价值链中核心企业内部部门之间、核心企业与节点企业之间以及节点企业之间存在着相互依赖关系，进而影响价值链的业绩。

企业与企业虽然同在一个行业的价值链上分工与合作，然而利润的分配却并不是平均的，而是集中在价值链的核心企业上。

例如专利药品研制、生产和销售的链条是由众多的厂商和中间商构成的，而主要的利润却集中在药品的专利生产商手中。同样的事情发生在手机领域：根据手机芯片行业龙头高通发布的 2014 财年第三季度财报，高通第三季度营业收入为 68.1 亿美元，净利润为 22.4 亿美元，由此可算出，

---

❶ 迈克尔·波特. 竞争优势 [M]. 北京：华夏出版社，2005.

高通的净利润率为 32%。高通公司的收入一半来自于中国。而且，中国手机企业是全球最多的，产量也占了全球一半以上，由此可见中国企业向高通交的授权和专利费之比重。"高通的净利润率 32%，而中国的手机厂商普遍净利润率只有 1% 至 5%，还有不少处于亏损状态，两者反差太大了"，一位手机厂商人士如此说。

行业分析的目的同样在于帮助企业制定有利的创新策略，例如：如何运用创新的方法改善所处行业价值链的分配状况，如何提升行业价值链的地位；这些看起来是竞争策略，但实际上影响企业的创新方向。当然，如果已经是行业价值链的核心企业，这里所要思考的就是如何持续保持核心企业的地位和利润的分配方式。

企业自身的分析可以运用 SWOT 分析方法，分析企业在创新领域的优势、弱点、机会与威胁，从而帮助企业正确地认识自己的内部与外部条件。

企业创新现状分析就是要确定两个重要的问题：（1）企业创新所处的位置，在前文中提到的层次中位于哪一个层次；（2）企业有多少资源、人员可以投入到创新领域。

问题（1）是一个确定的答案，对于大型企业，可能在诸多层次都有涉及，那么怎么确定企业的创新层次呢？我们主要看哪一层次对于企业的业务影响最大，如果是延续性创新支撑了企业的主营业务，那么我们就认为企业的创新层次位于第二层次。

确定企业创新层次的目的在于帮助企业理性地制定创新策略和方向，不能超越现有条件盲目追求高层次的创新活动；这样不仅成功率低，而且会消耗掉很多不必要的成本。例如一家以模仿和复制为主要手段的制造企业，当务之急是在复制的基础上进行某种程度上的延续性创新工作，而不是追求行业的突破或者发明创造。在这里，笔者要声明的是，我并不反对复制层次的企业进行突破式的创新，而是要提醒这样的企业决策者，跨越层次的创新活动需要消耗的能量远比逐渐提升消耗的能量高。

阅后即焚应用 Facebook Poke❶

当 Facebook 也推出了"阅后即焚"产品后，所有人都替 Snap-chat 捏了一把汗。但结果，Facebook Poke 除了在刚推出时受到关注后，很快就在市场中寂静无声了。而 Snapchat 却依旧保持着自己高关注度的优势。

这对 Facebook 这种大公司而言，着实是一个不小的打击。因为这意味着，想要追赶小公司在某一领域的优势，并非一件容易的事情。

2）制定企业创新的方向、目标和情境

在充分了解企业自身情况的基础上，制定企业创新的方向、目标和情境是构建企业创新系统的第二步。正如前文中提到的，不同的创新层次，管理的控制能力不同。因此，不同层次的企业在制定策略的时候也是不同的：创新层次高的企业倾向于制定方向而不是具体目标，创新层次低的企业更注重于具体目标。我们建议重视创新的企业设置专门的首席创新官（Chief Innovation Officer, CIO）。CIO 不仅作为企业的创新管理者，同时也是创新策略和任务的最终发布者，可根据需要安排多个任务管理者。

不过按照创新的非确定性特点，笔者不建议企业制定过于详细的创新目标，最好能够把目标转化为具体情境，这样更有助于创新团队发挥创造力，比制定具体目标能产生更好的结果。

用友集团自 2010 年起就成为国内 ERP 软件行业的龙头，在笔者对用友集团的创新调研中，郑雨林副总裁提到了用友的三次战略创新转型（附录中有详细的采访分析报告）。在描述第三次战略创新的时候，他用了这样的方式来描述：用友集团的第三个战略转型

---

❶ 王鑫. 被高估的创新产品：颠覆之路上的失败案例［EB/OL］.（2013 – 12 – 30）［2015 – 10 – 23］http://tech. qq. com/a/20131230/006078. htm.

阶段就是我们把现有业务整合成三个部分，一是企业级软件，二是企业运营服务，三是企业互联网经营。这三个业务，**核心就是服务企业互联网化，服务企业金融化这个事情。**

在谈到几次转型创新有什么不同的时候，郑雨林先生特别强调了第三次战略转型与创新的特点就是"**自下而上，由外而内**"。也就是说，不能自上而下地再由管理层设定目标，然后执行，这样周期长，员工积极性也没有保障。郑雨林先生还特别提到一个例子："十年前的时候，我们集团的王总（王文京先生，用友创始人）说，我们看看这个互联网，移动互联网很好玩，很重要，我们搞移动商街。王总说搞，我们投资，搞个规划，然后建一个团队。给团队一年时间，研发完了以后投去推广。

可是两年以后项目怎么不盈利？这个团队不赚钱？决心就不大了，少投一点了。团队开会说，争取明年挣啊。结果第三年亏得更大。这样就不能继续投了，可是这几个员工怎么办？当然那时候还有其他一些因素导致项目失败。不过自上而下的项目都是这样的，公司立项，首先决策周期就慢，然后组建团队，团队去研发。这是决策，自上而下。那么自下而上是什么呢？某一个员工可能原来就是做ERP的，有可能是做互联网的，他就发现我们企业信息化过程中，有一个问题就是解决不好，他用互联网的方法，创新一个模式，而且把这个问题解决了，可能就这一点打动了客户，他是点。我们要做的就是把握方向，发挥员工的最大创新热情，我们现在众多的项目都是由员工提出的，集团负责投资，建立类似风投的一个机制。"

显然对于用友这样的行业龙头企业，处于创新的较高层次，持续性的创新已经形成了固定的模式，会自然而然地进行；而对于这样的企业来说，要保持领先优势，就迫切需要突破式的创新活动。企业管理层能够做的就是在大方向上把握，而把具体的目标放手给创新团队自己把握，再由集团进行评估审核，通过了就进行战略投资，分享成果。这大大促进了用友的创新速度。

目标和情境有何不同? 简单地说，目标是由内而外，主要是由企业自己提出创新的具体内容，例如我要在这个机器上增加一个功能、我要在那个通信软件里能够视频聊天等这样具体的内容；而情境是内外结合的方法，主要是在搜集和整理外部数据和用户反馈的基础上形成这样的内容，例如用户想在看电视剧的时候时刻关注特别新闻或者球赛结果、有人希望我们的导航能和汽车系统联网，以便能提示车辆状况的信息。

目标和情境的本质不同在于目标通常会形成固定的解决方式，就像我们钓鱼的时候只想钓到某一条鱼；而情境并非只有一种解决方法，就像我们钓鱼的时候，只要钓到就行了，哪管是哪一条鱼。显然，后者的灵活性更高。

创新：方式一变，效果立现

图 3-17　目标和情境

3）构建开放式的创新环境

北京中关村原来有一个图书城一条街，是各种图书的集散地，以辅导教材类图书销量最大，也兼营畅销类图书，特殊类书籍等。后来网络购书越来越普及，图书城一条街就逐渐没落了。大约从 2012 年起，陆续出现了很多开放式的咖啡屋，这些咖啡屋不是普通的售卖咖啡的地方，而是提供创业者注册，交流创业信息，寻找创业伙伴和风险投资的地方。至今，这个地方已经发展成为一条创业大街。

开放式的创新环境对于企业来说，不仅像创业咖啡屋一样，需要一个自由的、开放的办公环境和沟通环境；还需要企业做得更多，最主要的是提升整体的创新能力。

开放的创新环境包括：畅通的沟通渠道、信息的无障碍流动、高创新能力人才的选拔机制、自动适应和灵活多变的组织管理方式以及创新工具和创意的分享。企业的高层决策者是开放创新环境的推动者，高层决策者应该划出专门的区域并参与到这个环境的建设当中，并为环境的建设提供必要的资金支持；企业人力资源等部门应该参与开放式创新环境的建设，包括提供足够的知识、技能和创新工具类的培训；以及帮助企业寻找真正具有创新能力的人才以及管理者。

对于期待突破性创新成果的企业或者需要涉足新领域的企业来说，通常应该成立独立的创新研究机构。这一点无论是信息产业的用友集团还是制造业的海信集团都提到了自己的运作方式。在与海信集团研究院王志刚总裁的访谈中，他是这样描述海信的操作方法的。

> 海信把创新理解成两步，第一部分叫颠覆性的创新（就是本书所说的突破式创新），第二部分就是间接性的创新（也就是本书所说的延续性创新）。我们不断地在改善自己，大部分是间接性的创新。当然有些是技术上的，有些是管理上的。技术上对第一部分颠覆性的创新，海信有一个叫作技术孵化产业的模式，它的具体做法就是引进一个团队，或者招聘一个团队，从事这方面的研究。这些研究是比较超前的，基本上领先产业五年以上。
>
> 研究完了以后，如果成果有可能会成功，或者研究成果具备一定商业化的价值，就会把这批做技术的人孵化出去，成立一个公司，真正地公司化运作。"

我国企业在创新方面普遍存在的问题是形式化严重，成果不突出。模仿一个别人的做法很容易，但很少能像模仿对象那样持续地得到创新成果。究其主要原因是，创新能力不足。一是企业缺乏对创新的管理能力；二是员工普遍缺乏创新能力。这些都需要逐步解决。

4）按任务组建创新团队

组建创新团队是一个很重要的事情，不仅涉及人员的选拔，还涉及员工自身的创新能力和个人的意愿。团队的组建要根据任务的性质和内容进行，按照创新的情境自由地组成多个任务团队。很多企业喜欢组成固定的创新或者研发团队负责企业的创新工作，这对于延续性的创新工作确实是有意义的。但是对于突破式的创新或者涉及跨界的情境时，这种团队往往无法应对。

最佳的组建团队的模式应该是采用创新项目管理制度 + 创新人才资源池，也就是项目管理者与创新人才自由组合。创新项目管理工作不同于传统的项目管理。传统的项目管理工作有着精细的计划、执行和监督控制过程；而创新项目的目标通常不能精确设定，也就不能有完美的计划和执行过程。创新项目的管理工作比较类似于敏捷项目管理，也就是任务趋近式的管理方式；同时要求参与者的高度互动和活跃参与。

一个大的创新任务可以分解成为小的任务，每个小的任务分配给一个创新团队，而一个创新团队最好控制在 5 人左右，这样既有利于个人发挥创新能力，也能更好地发挥团队的作用。团队的管理必须经由专门的设计形成一套适合本企业创新的程序，并不断地调整，直到发挥出每一位参与者的积极性和创造力。

团队组建完成后，可以进行第一次讨论会议，内容是对任务的理解与反馈，任务的发布者要参加本次会议。会议围绕着任务的理解和情境展开，目的是让团队尽快知道自己的角色并进行必要的反馈。在任务执行中，依然可以安排类似的任务讨论会，直到某个任务完成为止。需要注意的是，任务的发布者并非是团队的管理者，并不能要求团队一定怎样，一切都是碰撞的结果。团队是否安排专职的管理者依据企业的自身情况来定，通常由创新项目经理作为团队的管理者。

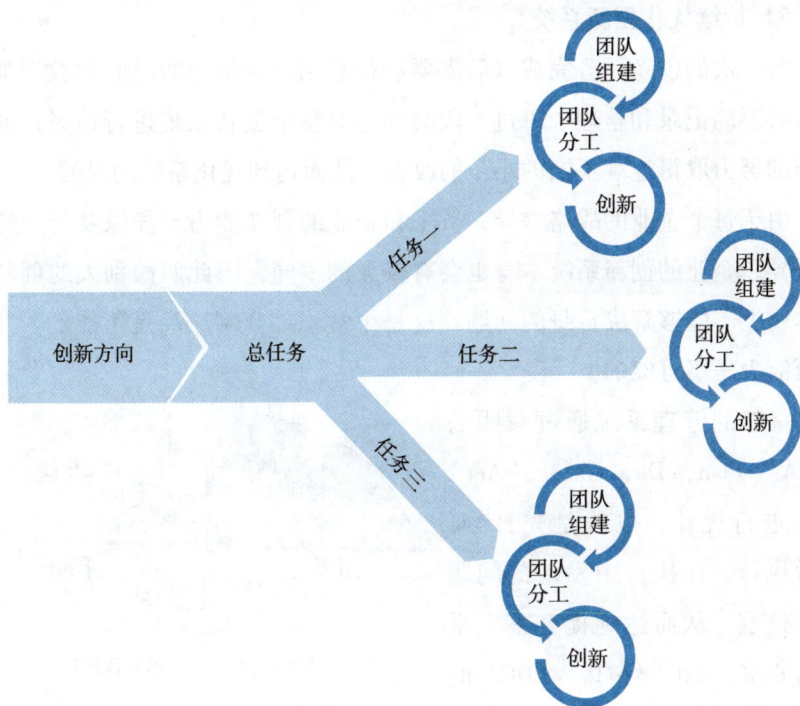

图 3-18 创新任务流程示意图

需要注意的是，由于创新本身的特点，这个周期是受到任务难易程度影响的，通常情况下，我们建议能够在 1~2 个月内，也就是 4~8 周内完成一个循环。这与创新者的心理激励有一定的关系。过大的任务造成的长周期工作不仅不利于创新，反而会挫伤创新者的积极性。按照心理学家斯金纳博士的鸽子实验❶，间歇式的刺激更有利于发挥积极性。把任务分成不同的部分，每完成一个小的任务都可以视作一次成功的刺激，团队就能保持一定的活力，直到总的任务完成。

需要说明的是，由于创新人才本身的特点，经常地调整团队和任务内容有利于增强员工的创造能力。

---

❶ B. F. Skinner. "Superstition" in the Pigeon [J]. Journal of Experimental Psychology, 1948, 38: 168-172.

5）持续优化创新系统

每一次的创新任务完成以后需要进行总结，所得到的经验和教训都要进行必要的记录和整理。每过一段时间要对整个创新系统进行检讨，通过不断的努力取得连续不断的小步的改善，从而达到优化系统的目的。

由于每个企业的战略差异，员工和企业的创新能力差异以及行业特点的差异，企业的创新系统本身也会有较大的不同，因此照搬别人的创新系统本质上不能够解决自身的问题。这是个常识：**复制产品是可能的，复制创新能力是不可能的。**

一般的管理系统通过戴明的PDCA（Plan，Do，Check，Act）循环进行优化，也就是先计划，然后执行，在执行中发现的问题进行整改，从而达到提升整个系统的效率，如图3-19。PDCA的优化方法影响了整个时代，很多企业从中获得巨大的收益。率先

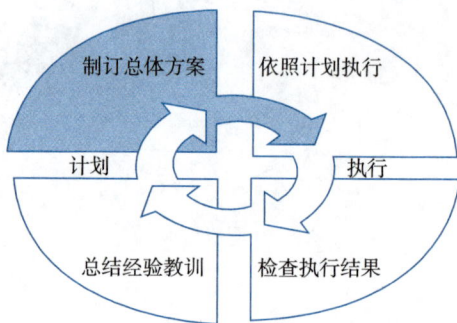

图3-19　PDCA方法

使用PDCA做质量改进的日本丰田公司已经跃居汽车制造业的首位。

然而，创新系统运用PDCA的方法有一些局限性：（1）从前文中可知，越是价值高的创新，越难制定精细的计划。（2）PDCA主要是针对结果进行的检查，从结果判断整个体系是否有问题或不妥。创新很多时候需要试错，因此对于单次结果进行的审核会出现误判。（3）PDCA循环是将各种要素机械地对待，忽视了创新能力的提升价值，也不能反应人员创新能力的提升。

那么怎么评价创新系统呢？怎么提升创新系统的效能呢？这个问题由于涉及大量理论和论

甲：收吧，这里根本没有水！
乙：挖不出水，我绝不收兵！

图3-20　挖水

述，为了不影响本书的可读性，这里只做简单的提示说明。

我们经过调研发现，采用多维度综合评价法更能反映企业创新系统的状况。所谓的综合评价法就是评价的角度要符合创新本身的状况，包括成本、成果、内部满意度、创新能力的量化数据等内部评价，也包括无形价值、客户满意度以及市场分析等外部评价。

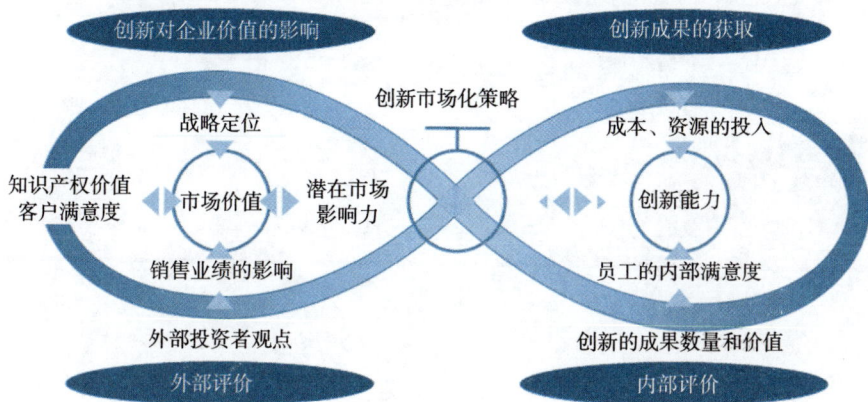

创新对企业价值的影响　　创新成果的获取

创新市场化策略

战略定位　　　　　　　成本、资源的投入

知识产权价值
客户满意度　市场价值　潜在市场影响力　　创新能力

销售业绩的影响　　　　员工的内部满意度

外部投资者观点　　　　创新的成果数量和价值

外部评价　　　　　　　内部评价

图 3 - 21　创新系统评价体系

多维度综合评价法更能反映企业的创新系统的整体表现，至于每个企业怎样进行改进，这与企业创新所处层次有关系。通常低层次的企业更关注外部评价，而高层次的企业创新更关注内部评价。

第 4 章
混沌创新工具

工欲善其事，必先利其器。

——孔子

在我们采访的企业中，很多人一谈到创新就非常挠头，不知从何下手。在他们的脑海中，创新是一件非常高大上的事情，不是一般人能做的，需要高智商的专业人士，经过孜孜不倦的努力，痛苦的挣扎，最后才得以灵光一闪，"啪"的一下，才能诞生一个伟大的创新。在我国的教科书和各类出版读物中，作者在描述创新时也有意无意地将读者往这方面引导，如德国化学家凯库勒在梦中发现苯环的故事：

> "凯库勒为了发现苯的分子结构，苦思冥想，夜不能寐，提出了一个又一个方案，自己又逐一否定。凯库勒为此异常苦恼，一天晚上，当他坐马车回家时，在车上昏昏欲睡。就在半梦半醒之间，他看到原子链似乎活了起来，变成了一条蛇，这条蛇在他眼前不断翻腾，突然间咬住了自己的尾巴，变成了一个环，凯库勒猛然惊醒，受到梦的启发，弄明白了苯分子结构原来是一个环状六角形。"

还有很多类似这样的故事，鲁班发明锯，瓦特发明蒸汽机等，这给大众一个印象，似乎创新是偶发的、突然性的，没有规律可循。

但是事实并非如此，我们在研究了国外大量的创新理论和工具，并实地调研了中国企业的创新实践后，总结出了创新的 10 大工具，当你面临创新的困境时，不管头脑中有没有想法产生，只要你套用这 10 个工具，或许能产生新的点子。这些点子也许不能解决你的问题，也许跟现有的创意重复，但是这 10 个工具总是会给你带来一些新的思考方向，甚至新的方案，让你不至于束手无措。

在介绍工具之前，我们先引入一个概念：组件。组件的英文是 Component，我们在这里将其定义为事物（Thing）的组成部分。世界上所有的事物都是由一个个的组件构成的，组件可以是实体，也可以是虚化的概念。实体比较容易理解，如汽车这个事物是由不同的零件组成的，它的组件包括发动机、车身、轮胎、方向盘等。虚化的概念理解起来比较抽象，下面我们举个例子，如汽车的组装流程，这个流程就是一个事物，组装流程又包括多个步骤，步骤一：装配车身；步骤二：装配发动机；步骤三：安装离合器……步骤十：检验等。这里的各个步骤其实也可以看成一个个的组件，它们合在一起，共同构成了汽车的组装流程。请大家充分理解组件这个概念，在下面的工具中很多地方都会用到它。

工具一：强制联合

去户外旅行，你会带上什么东西或者装备？如果你是个户外运动的门外汉，你也许只会准备：水、食物、衣服、指南针和通信工具。如果你问一个户外运动的专家，他会怎么回答你呢？北京大学山鹰社的钱老师曾经帮我们设计过一整套的户外运动方案，里面提到的装备清单如下：

✕露营装备

登山包　帐篷　睡袋　防潮垫　地席

✕后勤装备

炉具　瓦斯　餐具　火源　卫生纸巾　垃圾袋　劳保手套

✕服装装备

冲锋衣裤　抓绒衣裤　速干衣裤　排汗内衣　登山鞋

✕通信装备

对讲机　手机　卫星电话　哨子

✕个人防护装备

登山杖　头灯　手套　头巾　太阳镜　太阳帽　雨具　水壶

✕定向装备

指北针　地图　GPS

✕安全保护装备

绳子　锁具　保护器　头盔　安全带　冰镐等

十大必备物品：

✕地图

✕指北针

✕太阳镜和防晒霜

✕备份食品

✕备份衣物

✕急救包

✕救生卡

✕火种

✕瑞士军刀

✕垃圾袋

你会说这么多的东西我怎么带啊，别急，专家附带一个背包技术说明。

过夜背袋装法

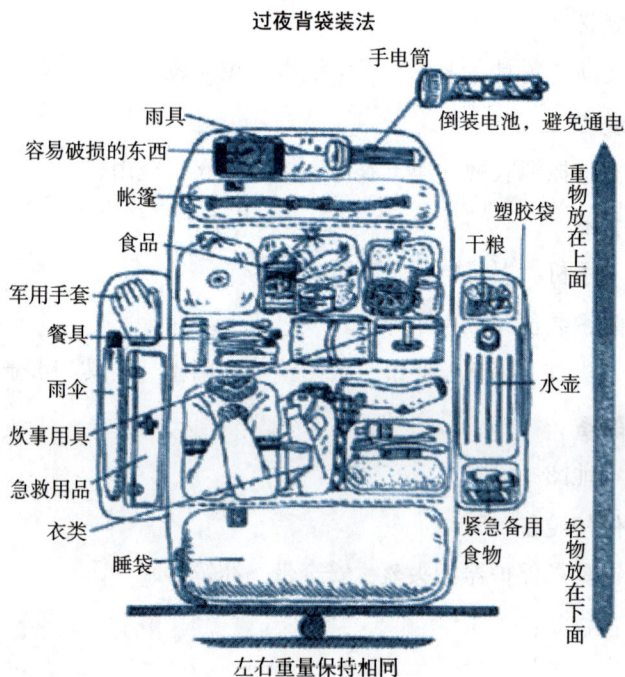

图 4-1 户外旅行装备包

怎么样，看起来是很高大上的一套东西吧。如果你问：你怎么知道要带这些东西的？多半专家会告诉你这都是经验，其实你仔细分析就会发现，**这些物品之间都存在某种形式或者内容上的联系**（你也可以非常哲学地说，事物是普遍联系的。但你为什么不背上一个餐桌呢？可见这种联系的程度是不同的）。现在有些户外用品店提供一整套的解决方案，一个地方帮你搞定所有东西。

很多创新都是从事物之间的联系入手，发现新的解决方案。这是人们最容易想到的。然而，你想说的一定是：大多数人都能想到的创新也就没有意义了。是的，因为当你想到的时候，很有可能这种产品已经在市场上发售了。那么，我们就给大家提一个不太容易想到的解决方案，那就是强行把关联度很小的事物放到一起，我们叫做强制联合。强制联合是最常用的一种创新工具，在日常生活中也屡见不鲜，我们做过粗略的统计，大概

50%以上的创新都与强制联合相关。

所谓强制联合，就是将两个看似不相干的事物强行绑在一起，看看这个新的事物有什么用处。实施强制联合的具体步骤如下：

（1）寻找两个看似不相干（或者说关联度比较小）的概念、产品或者组成部分（组件）；

（2）通过强制，使两个事物之间产生关联关系，形成一个新的概念或者创意（事物）；

（3）为这个新的事物寻找一个合适的应用领域，或者进行需求的证伪；

（4）对此次强制联合进行分析，以便下一次的改进和提高。

前述所提到的户外运动和装备受制于一点：装备的重量和负载能力。由于人的负载能力有限，因此多数的户外运动（徒步、登山等）都有时间和空间的限制；因此对于目前户外运动产品的主流设计来说，大都会强调重量要轻，甚至有的户外极限运动对于装备重量的要求到了极致的程度。然而遗憾的是，户外运动有句名言：**在山上，再好的装备也只是刚刚够用。**

有没有可能运用**强制联合**技术发展出新的户外装备和运动商品呢？我们认为是完全有可能的！甚至这是未来的方向。你可以想想，当你在戈壁滩深处旅行的时候，完全不需要控制饮水量，喝着冰镇的啤酒、吃着新鲜的烧烤，这是多么惬意的生活，不是吗？大多数人会这样想：你以为我不想这样吗？问题是我怎么带去呢，难道带个发电机，带个冰箱，你给我背啊。呵呵，如果你真的要把这两个看似不合理的事物联系到一起，那么你需要一个什么样的东西呢？那就是能够负载很多东西，并且不像汽车那样只能在公路上行驶，而是可以爬山、过草地的机器。现在还真有解决方案，只是目前还不是民用的（我们相信用不了多久，民用的就会有啦，也是我们给创新者提供的一点小创意）。看看下面介绍机器狗的新闻稿。

谷歌版机器狗"服役",效力美国海军陆战队❶

据美国海军陆战队的官方 Twitter,Google 旗下公司的步兵班组支援系统(Legged Squad Support System,LS3)机器狗在夏威夷跟随美国海军陆战队正式进行了第一次实地运载测试。该机器狗名为"领头狗"(AlphaDog),而美国海军陆战队的士兵们给它起了个昵称叫 Cujo,与影片《狂犬惊魂》中强壮凶猛的狗狗同名,希望它像影片中的 Cujo 一样强壮有力得惊魂。

视频中记录了 Cujo 在测试中的表现,它身扛重 180 多公斤的武器和军用设备,规规矩矩地跟随士兵们沿着指定路线前进,就如一只训练有素的大狗,无不体现出极高的服从性和忠诚度。行进过程中略带摇摆的身躯更是为它增添了几分可爱,使得它并非像电影中的 Cujo 那样令人畏惧。由于它超强的载重能力和庞大的体积,有网友戏称,比起一只机器狗,Cujo 更像一匹机器马。

图 4 – 2 波士顿动力学公司设计的机器狗

Cujo 是被谷歌收购的波士顿动力学公司设计的一系列机器人之一,该设计用于为战场士兵部队携带重型负载。经过了 5 年的研发和 18

❶ 李明. 谷歌机器狗走上战场首次接受美军实测 [EB/OL]. (2014 – 07 – 15) [2015 – 09 – 23] http://tech. sina. com. cn/it/2014 – 07 – 15/21039495453. shtml.

个月的实地测试，最终具备在 24 小时不进行补给的情况下，携带 181.44 公斤负载行进 32.18 公里的超强能力，并能在树林、岩石地、障碍物和城区等复杂地形中跟随士兵行动。在接下来的任务中，它还将执行重要的送水任务，解决军队在无水源复杂地形的缺水问题。Cujo 虽然算不上"狂犬"，但是它的超强能力的确有些惊魂。

你看，把**两个矛盾的事物联系起来（听起来是不是很像黑格尔的辩证法），是不是一个很有意思的创新来源呢**？告诉你吧，应用这种强制关联技术的创新真的不少。

人类的眼睛，大约从 40 岁开始衰老，导致视力下降，影响着中老年人近看物体的能力。英国南安普顿大学眼科学教授安德鲁·罗特表示，随着年龄的增长，眼部肌肉变得越来越无力，眼睛的聚焦能力开始下降。然而，很多中老年人的视力不仅仅是远视，而是近视和远视同时存在。于是这些中老年人就需要佩戴两副眼镜，看近景的时候用一个，看远景的时候用另外一个。两个相反的元素就给强制联合提供了舞台，可不可以把这两个相反的元素结合呢？可以的，那就是双光镜。双光镜将近视镜片和远视镜片放在一起，只要一副眼镜就可以同时解决近处看报纸和远处看电视的问题。

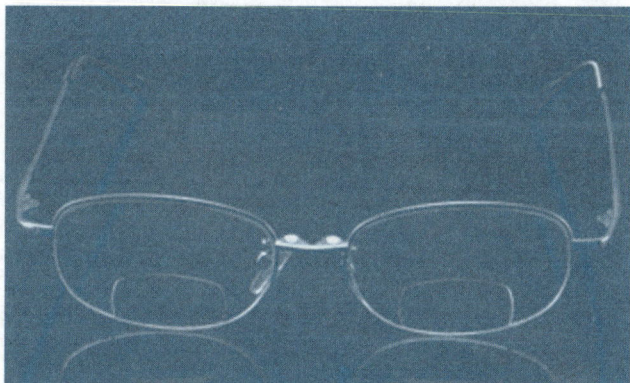

图 4-3　双光镜

还有符合强制联合的商业创意活动❶：

路透社 2010 年 4 月 15 日报道，秉承低碳环保理念，丹麦一家酒店近日首创了"客人脚踏自行车发电换取晚餐"的活动。丹麦的"哥本哈根塔皇冠假日酒店"将两辆健身脚踏车连接到发电机上。自 4 月 19 日起，客人们可以在骑车锻炼时顺便发电，并且产生足够电量的客人更能获得一次免费晚餐。

这家拥有 366 个客房的酒店还将在 6 月安装太阳能发电系统。

该酒店在声明中提到，"任何能为酒店发电 10 瓦时以上的住店客人将获得在本酒店免费用餐的机会，这样做意在提醒游客们，在关心自身健康的同时也应注意减少碳排放量，节电和省钱"。

酒店发言人称，奖励餐饮包括餐厅的任意一款主菜，或者大堂酒吧菜单中的任意一款，价值约为 240 丹麦克朗（44 美元）。报道说，"脚踏车发电换晚餐"活动将试运行一年，如果成功，将扩展到更多皇冠假日连锁酒店。

当然，不是所有经过强制联合设计出的产品或者创意都是有价值的，这需要用证伪的方法来进行判断，但至少强制联合会给你带来很多的新创意，这个价值是无法估量的。

工具二：多多益善

人类自从远古时代就一直受困于资源的不充分，因此对于数量的增加与减少格外关注，多了自然高兴，少了必然引起注意。对于产品和服务而

---

❶ 谭利娅. 丹麦酒店推出"骑自行车发电赢晚餐"活动［EB/OL］.（2010 – 04 – 15）［2015 – 09 – 29］http://world. huanqiu. com/roll/2010 – 04/779804. html.

言，同样如此。

每个产品都有很多组件，每项服务也有很多内容，通过增加这些组件和内容也能达到出新品的目的。**有时候，创新产品的发展完全是加法的应用，我们称之为多多益善。**由于每个产品或服务的组件有很多，基于不同组件的增多可以得到完全不同的产品和服务。

我们都知道，现代工业社会也被称为汽车上的文明；汽车的存在便利了人们的生活，提高了人们的生活质量和生活节奏，为文明的发展做出了重大的贡献。卡尔·本茨在1885年成功研制出了第一辆单缸三轮汽车，申请了专利，获得了世界第一辆汽车的发明权。从那时起，汽车这个产品就走进了人们的生活，汽车本身的演进也经历了130多年的历史。有趣的是，你可以在汽车众多的组件中发现"多多益善"的广泛应用。

我们先来看汽车的核心部件——发动机。标准四冲程发动机的发明可以追溯到1866年，这一年德国工程师尼古拉斯·奥托成功地试制出动力史上有划时代意义的立式四冲程煤气内燃机。1876年，又试制出第一台实用的活塞式四冲程煤气内燃机。这台单缸卧式功率为2.9kw的煤气机，压缩比为2.5，转速为250r/min。这台内燃机被称为奥托

图4-4 奥托内燃机

内燃机，闻名于世。奥托于1877年8月4日获得专利。后来，人们一直将四冲程循环称为奥托循环。

卡尔·本茨的汽车用的是单缸发动机，简单地说单缸就是一个燃料燃烧室，单缸发动机工作时，曲轴每转一圈（二冲程）或两圈（四冲程），气缸内的混合气点火燃烧一次，从声音和振动上，能明显地感到发动机的工作是断续的，排气也是"突突"的断续声。

如果从工作的连贯性来看，单缸机工作不平稳，转速波动较大，容易

熄火。不过它的结构简单，制造成本较低，维护也不复杂，是中低档小型摩托车用发动机的首选，也有人喜欢这种"突突"的声音。不过从舒适度和平稳性上看，单缸发动机就慢慢让位于多缸发动机了，虽然两者在原理上并没有差别。

有两个以上气缸的发动机称为多缸发动机。它是由若干个相同的单缸排列在一个机体上，共用一根曲轴输出动力所组成。如双缸、三缸、四缸、五缸、六缸、八缸、十二缸等都是多缸发动机。现代车用发动机多采用四缸、六缸、八缸发动机。发动机的气缸数越多，曲轴转动越均匀，振动也就越小，但制造成本相应增加。

图 4-5 某型号十二缸发动机

有意思的是，人们在汽车上的创新不仅仅是增加发动机缸数，对于汽车的发展来说，增加轮子也是一个有意思的现象。我不知道专家们的看法如何，第一台汽车到底是为了载人还是载物？不过现在公路上跑的汽车种类繁多，多数人都可以很简单地分辨出是专门载人的汽车还是专门载物的汽车，或者两者兼而有之。为了承载不同的重量，汽车研发工程师不约而同地想到了增加轮胎的数量来分担压力，虽然载人的客车轮胎增加不明显，但在货车身上体现非常明显。

　　2006 年 12 月，中国首台 2500 吨级液压遥控自行式动力模块平板车，由苏州大方特种车辆有限公司研制成功。这辆由中国陕西物流集团陕西大件汽车运输有限公司采购的特种汽车，车长 73.2 米，宽 8.125 米，高 1 米，自重 400 多吨，有 832 个轮子，由于车体过于庞大，原地拐个弯都要绕 70 米。❶

图 4-6 2500 吨液压遥控自行式动力模块平板车

　　所谓多多益善，就是在现有事物的基础上，将其某一个或多个组件的功能进行加倍，从而形成一个新的事物。实施多多益善的具体步骤如下：

　　（1）识别现有事物（可以是产品、服务或流程等）的组件，包括组件本身的应用细节；

　　（2）为现有事物添加一个或多个已有的组件，从而形成一个新的事物；

　　（3）为这个新的事物寻找一个合适的应用领域；

　　（4）对此次多多益善工具的应用进行分析，以便下一次的改进和提高。

　　单纯地增加组件有时是为了解决诸如性能、适用性以及效率问题。但

---

❶ 网易汽车. 车轮滚滚鸿运来　盘点那些不是四轮的汽车［EB/OL］. （2013-02-08）［2015-12-22］http：//auto. 163. com/13/0208/11/8N6ISTBJ00084TUP. html.

有时候，组件的增加也可以产生新的应用，整体大于独立个体的情况是很常见的。当组件的数量达到某个级别的时候，性能和适用性会满足更高层次应用的需要。

例如对于电脑行业，芯片是核心的推动技术。1971 年，世界上第一块微处理器 4004 在 Intel 公司诞生了。它出现的意义是划时代的，比起现在的 CPU，4004 显得很可怜，它只有 2300 个晶体管，功能相当有限，而且速度还很慢。

图 4 – 7   Intel 微处理器 4004

20 世纪 80 年代末 90 年代初，80486 处理器面市，它集成了 120 万个晶体管，时钟频率由 25MHz 逐步提升到 50MHz。1993 年面世的奔腾芯片进一步增加了晶体管的数量，高达 310 万个；同时主频增加，最初推出的奔腾芯片为 60MHz 和 66MHz，后来提高到 200MHz。

如今，CPU 不仅仅在晶体管数量上做文章了，而且实现了 CPU 自身的捆绑增加。从双核一直发展到如今的 8 核乃至更多，而晶体管的数量早就突破了 10 亿大关。

生活中的产品也有很多应用到

图 4 – 8   Intel i7 微处理器

"多多益善"的创新方法，例如男士使用的剃须刀。在剃须刀发明之前，人们使用刀片刮胡子，以前北京的理发馆都有剃须这项服务。刀片虽然使用便捷有效，但是它容易对皮肤造成伤害，是一个不容忽视的缺点。

1895 年的一天，金·坎普·吉列决定发明一种安全实用的剃须刀。经过一年多在亲朋好友身上的反复试验，吉列终于研制成功了一种"T"字形剃须刀。这种剃须刀可以根据人脸的轮廓变化，自行改变薄而锋利的刀片的角度。1901 年，吉列将这一项发明申请了专利，并且创办了"T"型剃须刀公司。一时之间，"吉列"牌安全剃须刀供不应求。

在半个多世纪的时间里，剃须刀行业一直在做的一件事情就是如何让刀片更锋利，安装更方便，以及更耐腐蚀。直到有人发现了"多多益善"的秘密。

1971 年吉列公司推出 Trac Ⅱ 刀架，第一款双刀片剃须刀，如图 4 - 9。1998 年再接再厉推出 3 个刀片的锋速 3，如图 4 - 10。

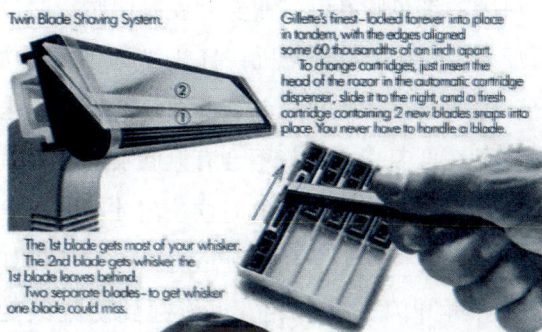

图 4 - 9 吉列双刀片剃须刀   图 4 - 10 吉列 3 刀片剃须刀

2006 年又推出 5 层刀片剃须刀，据说最新的已经到了 9 层刀片，不知道未来会不会有更多刀片的产品出现？

有些时候，组件的增加并不只是简单的堆叠过程，增加的组件也可以被设计成一种新的应用或者新的体验来增加产品本身的创新性。例如俄罗斯的 Yota Phone（如图 4 - 11）就是手机行业一个不错的创新，在机身背部嵌入了一块电子墨水屏幕，成为其独树一帜的标志。

图 4-11　Yota Phone

"多多益善"不仅仅局限于组件的增加，还包括增加某一组件的具体执行次数。例如照相机闪光灯去除红眼的技术原理：在昏暗场合利用闪光灯拍摄的时候，或者当闪光灯距离人眼太近的时候，光束会经眼底的毛细血管反射，在画面上留下令人讨厌的红色瞳孔。红眼实际就是眼睛一时没有适应强光造成的眼底的血管反射。现在大部分相机在打开"防红眼"功能的时候都会有一个白灯打亮，说通俗点，人眼看到这个白灯的话就相当于提前闪了一次闪光，人眼适应了，再闪光一般就不会有血管反射了，就不红眼了。也有的相机是闪光两次，在第二次闪光的时候快门才曝光，第一次就是假闪，和刚才说的白灯作用是一样的，让眼睛适应一下。所以如果你用手电事先照一下眼睛然后再开闪光灯照相，也能起到防红眼的作用。

工具三：少就是美

与工具二多多益善相反，**少就是美并不是添加新的功能或组件，而是减少现有事物中的功能或组件，从而形成一个新的事物。**

哲学上有一个著名的原则叫奥卡姆剃刀（Occam's Razor），是由 14 世纪的逻辑学家、圣方济各教会的修士威廉提出的，这个原则的核心思想是："**如无必要，勿增实体**"。几百年来，这把剃刀变得越来越锋利，将无数的事物化繁为简，去芜存菁。

图 4 – 12　修士兼逻辑学家威廉

人们喜欢的东西往往是很矛盾的，一方面我们喜欢大而全的设计，另外一些时候，我们可能喜欢简单独特的产品或服务。例如自驾游的时候我们喜欢开一部越野车，带的东西越多越好；平时上班的时候我们会选择一部简单的自行车，既环保又锻炼身体。人们这些不同的需求会衍生出来不同的设计方式：简约方式、奢华方式等。

无论怎么设计，产品本身都不可能满足所有客户的需要，千万不要认为存在一种解决方案适合所有人，即便这种产品看起来是多么的完美。 在进行产品设计的时候，通常可以把产品的组件分成这样几类：

（1）**核心组件：是指产品中不可替代的、具有唯一性的组件；核心组件的主要功能是定义整个产品的主要概念。**

对于计算机来说，CPU、主板是核心组件；对于工业机器人来说，它的减速器、电机、轴承以及控制单元算是核心组件。对于细分的产品市场，核心组件有着特殊的作用，其定义了产品的核心竞争力。

例如大家都很熟悉的亚马逊电纸书 Kindle，它的核心部件是什么呢？就是它的电子墨水显示屏。以下是取材于亚马逊网站的一段宣传资料。

舒适护眼

电子墨水屏在强日光下无反光；在光线不足时，您可使用内置阅读灯进行阅读，并可根据外界光线随意调节屏幕亮度。内置阅读灯是"前光"——光线从显示屏上方向下投射，而非"背光"——像传统屏幕一样从底部向眼睛投射光线，从而极大降低长时间注视屏幕引发的视觉疲劳。

图 4 – 13　亚马逊 Kindle 阅读器

（2）功能组件：是指组成产品不可或缺的、提供某种特定功能的配件。不同的功能组件搭配会形成不同的产品特色，进而可以衍生出多种分类产品。

对于汽车来说，车载电子设备（不同于电子控制设备，电子控制设备属于核心组件）就属于功能组件。车载电子装置是在汽车环境下能够独立使用的电子装置，它和汽车本身的性能并无直接关系。它们包括汽车信息系统（行车电脑）、导航系统、汽车音响及电视娱乐系统、车载通信系统、上网设备等。

人们给某一型号的汽车搭配不同的车载电子设备（功能组件）就可以形成不同的产品配置，增加了汽车的附加价值。

加强功能组件也可以形成某种特殊的吸引力，满足某些客户的特殊需求。例如电池是手机的功能组件，有些品牌的手机厂商宣称采用更高容量的电池配置到某款手机，以便增加待机时间，吸引对待机时间敏感的客户群体。

（3）附加组件：附加组件是指在核心组件和功能组件之外的，为了满足客户需求而不得不配置的组件。附加组件包括两种：一种是集成核心组件和功能组件的链接部分；一种是独立的附加组件。

例如手机的充电器，可替换外壳，屏幕的保护膜，都属于这样一类附加组件。这类附加组件有时候是不得不配备的一类事物，例如大部分产品的包装、手机的数据线等。我相信使用手机的朋友，家里都有好多的充电器和数据线，虽然由于标准的进步，充电器的接口和数据线的接口基本通用；但遗憾的是，你每换一部手机，这些东西就又多出来一套。

产品本身利用附加组件增加竞争的可能性也是存在的，例如漂亮的外包装更能吸引客户的注意，精致的附加组件可以引起人们对于产品高质量的联想等。

如何减少组件，利用"少就是美"这样的工具创新产品呢？首先我们把产品的组件分类列出：按照附加组件—功能组件—核心组件这样的方法进行排列组合，看是否可以去掉某些组件产生新的应用场合。

实施"少就是美"的具体步骤：

（1）识别现有事物的组件，最好能够排列成：核心组件、功能组件和附加组件。

（2）从现有事物中拿掉一个或多个已有的组件，从而形成一个新的事物。最容易入手的是从附加组件开始，进而到功能组件，核心组件可以做性能的削减，但不能完全替代。

（3）为这个新的事物寻找一个合适的应用领域。有时候我们做简化得到的事物看起来非常奇怪，以至于我们一时想不到应用的领域，这时候需要进行仔细分析和调研，以便发现价值。

（4）对此次"少就是美"的应用过程进行分析，以便下一次的改进和提高。

一般来说，人们更容易优先考虑去掉附加组件产生某种新的产品或服务；当然在人们使用这种方法进行创新的时候，往往是准备进入低端市场，或者提高竞争力。廉价航空的出现就是一个非常典型的例子，当然廉价航空并不是仅仅使用了这样一种方法。

　　世界最著名的廉价航空公司——美国西南航空公司以低廉的价格赢得了市场占有率，并且自从1973年公司首次盈利以来就一直保持着良好的发展势头。美国西南航空公司一些主要（去掉附加组件）的做法如下：

　　（1）放弃头等舱，提高飞机空间的利用效率。标准的737配备头等舱，但利用率不高，美国西南航空公司定制的737将头等舱改为经济舱，可多卖几十张票，降低成本。

　　（2）不提供货物中转服务，减少资金投入。中转货物需要建立庞大的地面接收系统，资金投入较大，而美国西南航空公司根据目标群体的需求特点，通过降低价格来弥补该项服务的不足。

　　（3）取消餐饮服务，降低运营成本。标准的737配备厨房设备，需要四个乘务员，而美国西南航空公司不提供餐饮服务，只需要两个乘务员，每年节省40万美元的劳务费。另外，飞机上取消餐饮服务，腾出的空间可增加6个座位，既增加了收入，又节省了十几万美元的厨房设备费。还有，取消餐饮服务，机舱内比较干净，飞机着陆后的清洁时间也相应减少，从而减少了飞机在机场的停留时间。

图4–14　飞机上"站票"的设想

　　按照这种趋势，廉价航空推出"站票"的时间也不远了。根据报道：春秋航空在网上做了调查，在网站上接受调查的十多万人中，有6成表示"只要春秋敢推就敢乘"。春秋航空公司董事长王正华表示，目前公司已经把这一设想交给了飞机制造厂，一旦确认安全可行，就立即推站票。

　　廉价航空所做的减法基本还是围绕着附加组件来进行的。对于功能组件的减少，可能会超出很多从业者的思考范围。"什么，你居然要把电源里面的风扇去掉，这样的电源根本不能工作？"传统的电源设计师肯定会这样想。但是且慢，新型的无风扇电源已经在电脑上得到应用。风扇对于传统电源设计就属于功能组件，去掉一个功能组件就会变成无风扇电源，当然你要考虑原来的组件功能必须要转移到其他部分上，于是在无风扇电源的设计中，应用到很多的散热材料。

　　单纯地去掉功能组件也有很多应用，例如无电源的摄像头。早期的鼠标是三键的，我们拿掉一个键，就形成了现在常用的双键鼠标；再去掉一个键，就成了单键鼠标（我们常见的苹果鼠标就是单键的）；有没有可能出现无键鼠标呢？

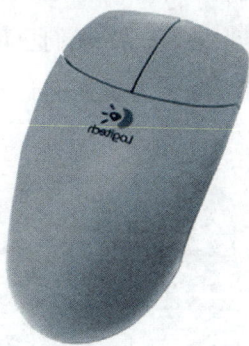

图4-15　三键鼠标　　　　图4-16　双键鼠标　　　　图4-17　单键鼠标

　　那么进一步分析，核心部件可不可以缩减呢？这样的缩减是否有意义呢？目前来看，完全去掉核心部件显然有违产品创新的初衷，因为我们的产品依赖核心部件加以定义。但是缩减核心部件的性能却是可以考虑的一条

途径（需要注意的是，核心部件的完全替代已经不属于本工具讨论的范畴）。

2008 年的时候赶上经济危机，主流的电脑产品销售一蹶不振，而低价的笔记本电脑却异军突起。这里面得益于 Intel 推出的一个低功耗廉价低端处理器 Atom。由于 Atom 处理器自身的定位以及产品性能的制约，因此在整个平台的搭建上 Intel 将其列为最廉价的入门处理器之一。

采用廉价 CPU 设计的上网本成为当时的热门产品，虽然今天看起来，那个时候的上网本还不如现在的手机功能强大。不过在当时，很多厂商依靠上网本确实火了一把。现在的新一代 Atom Z2580 已经配置在手机当中。

在传统行业，运用这种思想的情况也很常见。如在家装行业，简约设计就是一种体现。简约风格的特色是将设计的元素、色彩、照明、原材料简化到最少的程度，但对色彩、材料的质感要求很高。因此，简约的空间设计通常非常含蓄，往往能达到以少胜多、以简胜繁的效果。

工具四：层层嵌套

俄罗斯套娃大家都见过，大小不一的娃娃层层嵌套，小的在里边，大的在外边。同样，在进行产品创新时，我们也可以参考俄罗斯套娃，将同样功能的产品或组件嵌套在一起，看看能不能出现奇迹。

图 4 – 18　俄罗斯套娃

层层嵌套起源于自然界广泛存在的自相似现象。1967 年，美籍法国数学大师伯努瓦·曼德尔布罗（Benoit Mandelbrot）在美国权威的《科学》

杂志上发表了题为《英国的海岸线有多长？统计自相似和分数维度》（How Long Is the Coast of Britain? Statistical Self – Similarity and Fractional Dimension）的著名论文❶。

大家都知道海岸线是曲折的曲线，特征是极不规则、不光滑，呈现极其蜿蜒复杂的变化。我们不能从形状和结构上区分这部分海岸与那部分海岸有什么本质的不同，这种几乎同样程度的不规则性和复杂性，说明海岸线在形貌上是自相似的，也就是局部形态和整体形态的相似。在没有建筑物或其他东西作为参照物时，在空中 10 000 米看到的海岸线与 100 米看到的海岸线会十分相似。

事实上，如果你是个有心人，你一定会发现在自然界中，有许多景物都在某种程度上存在这种自相似特性，即它们中的一个部分和它的整体或者其他部分都十分形似。其实，远远不止这些。从心脏的跳动、变幻莫测的天气到股票的起落等许多现象都具有分形特性。这正是研究分形的意义所在。例如，在道琼斯指数中，某一个阶段的曲线图总和另外一个更长的阶段的曲线图极为相似。

具有自相似性的形态广泛存在于自然界中，如连绵的山川、飘浮的云朵、岩石的断裂口、粒子的布朗运动、树冠、花菜、大脑皮层等。曼德尔布罗把这些部分与整体以某种方式相似的形体称为分形（Fractal）。1977 年，他创立了分形几何学（Fractal Geometry）。图 4 – 19 是一个分形几何图形的例子。

图 4 – 19 分形几何图形

❶ Benoit Mandelbrot. How Long Is the Coast of Britain? Statistical Self – Similarity and Fractional Dimension [J]. Science, New Series, Vol. 156, No. 3775, 1967: 636 – 638.

树叶也符合分型的自相似现象。

自相似原则和迭代生成原则是分形理论的重要原则。它表征分形在通常的几何变换下具有不变性，即标度无关性。由于自相似性是从不同尺度的对称出发，也就意味着递归。分形形体中的自相似性可以是完全相同，也可以是统计意义上的相似。

人们在进行科学研究和产品设计的时候，无论从美学还是实用原则出发，都会

图4-20 树叶

从自然界中的自相似现象中得到启示。例如，我们研究环境保护，总会碰到类似的问题，什么样的颗粒物吸附有害物质最强？一方面我们可以利用这样的结构净化局部环境；同时也避免具有这样结构的细颗粒物进入人体尤其是肺部。我们通过分形几何的研究可以找到相应的解决方案。

曾经出现的"画中画"电视就是使用了这样一种嵌套结构设计方法。"画中画"是利用数字技术，在同一屏幕上显示两套节目。即在正常观看的主画面上，同时插入一个或多个经过压缩的子画面，以便在欣赏主画面的同时，监视其他频道。"画中画"将副画面安置在主画面之内，一般4:3彩电设画中画；而"画外画"则是将副画面安置在主画面之外，一般16:9彩电设画外画。

图4-21 画外画电视

实施层层嵌套的具体步骤:

(1) 识别现有事物的组件,这些组件要具备一定的独立性,具备自相似的基本形态和功能;

(2) 将这些组件进行嵌套设计,从而形成一个新的事物;

(3) 为这个新的事物寻找一个合适的应用领域;

(4) 对此次层层嵌套工具的应用进行分析,以便下一次的改进和提高。

如图 4-22 和 4-23 所示的由设计师 Mia Schmallenbach 为 Deglon 公司设计的嵌套式刀具:Deglon Meeting,不锈钢材质做成,分为一套 4 把大小不同的刀具,分别为削皮刀、雕刻刀、主厨刀和切菜刀,可以彼此嵌套在一起,按下刀把即可取出对应刀具。

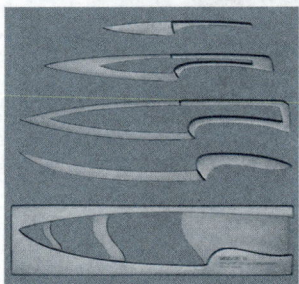

图 4-22 嵌套式刀具 (1)   图 4-23 嵌套式刀具 (2)

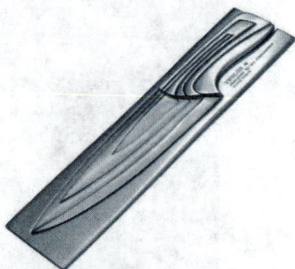

如图 4-24 和图 4-25 所示的是一组非常有创意的嵌套厨房餐具,不仅仅完美利用空间,而且增加了体验感觉。

图 4-24 嵌套式餐具 (1)   图 4-25 嵌套式餐具 (2)

还有更有意思的嵌套椅子❶，如图 4 – 26 所示。

图 4 – 26　嵌套式椅子

---

❶　设计癖. 嵌套椅子［EB/OL］.（2012 – 07 – 19）［2015 – 11 – 15］http：//www. sheji-pi. com/9151. html.

这套椅子是由法国设计师 Paul Menand 设计，乍一看时还以为是一把椅子，其实它是由三个椅子一层层嵌套在一起而成的，使用的时候一变三，不用的时候三变一，很是节省空间，比较适用于面积较小的餐厅，而且不管椅子是嵌套在一起还是分开的，坐在上面都很舒服。

这样的嵌套设计还是比较简单的，复杂的设计将会是按照自相似、自组织的分形理论进行。大家还记得《变形金刚2》中的纳米机器人 Reed Man（如图 4 - 27）吗？它的出场像是一只美洲狮，名为"破坏"的它变身成为无数纳米蠕虫潜入了通风系统之中。这些纳米

图 4 - 27　纳米机器人 Reed Man

虫子都是组成它的一部分，而且 Reed Man 有着人形大小，手持刀锋利刃，它的外形平薄到可以在直线体型下完成变形，并且在有人跟它完全面对面的情况下，在对方视觉里它会消失得无影无踪。

更高层次的嵌套设计就会像 Reed Man 一样，分解之后的独立模块可以单独工作，组合在一起能完成更高层级的功能。就像乐高玩具一样，具有可塑性、适应性和自相似性。你想想看，如果你的家用电器就像孙悟空的金箍棒一样，想大就大，想小就小，这是什么样的世界，我非常期待。

工具五：否极泰来

古希腊哲学家亚里士多德说过，谬误有多种多样，而正确却只有一种。这就是为什么失败容易成功难，脱靶容易中靶难的缘故。

正如亚里士多德描述的那样，为了某一目的的创新总是失败多。成功只有一次，生活中不可能事事如意，工作中也是如此。实验有可能不成

功，产品开发有可能会失败。那么，我们怎么能够在失败中获取成功呢？虽然平时我们都说：失败是成功之母。但实际上人们对于失败还是非常沮丧的，尤其是在产品研发领域，当一个项目失败时，不仅仅意味着辛勤的劳动付之东流，而且还意味着大笔的投入打了水漂。但是，某些时候换个角度思考，也许会带来不一样的结果。

大家都知道英国细菌学家亚历山大·弗莱明（Alexander Fleming）发现青霉素的故事吧。青霉素是一种从青霉菌培养液中提取的抗生素，其中含有青霉烷、能破坏细菌的细胞壁，并在细菌细胞的繁殖期起杀菌作用，是历史上发现的第一种能够治疗人类疾病的抗生素。

1928年，弗莱明正在撰写一篇有关葡萄球菌的论文，需要在实验室里大量培养葡萄球菌。他的实验室位于伦敦圣玛丽医院，条件很差，窗户没法打开，密不透风。弗莱明把含有几百个葡萄球菌的液体装到细菌培养基上，然后把盖子盖好，放到培养器里加温，这样就可以研究细菌是如何繁殖的。有一次，可能是因为细菌培养皿的盖子没有盖好，或者是因为培养皿没有清洗干净，当他休假两周

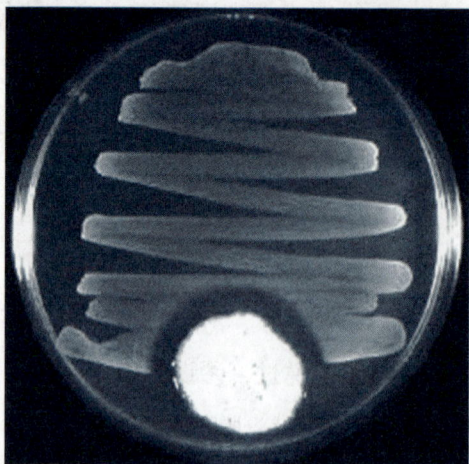

图4-28　细菌培养皿中产生的霉菌

回来以后，发现这个培养皿中长了霉菌，霉菌周围的葡萄球菌都消失了。按照一般人正常的思路，我们的任务是培养细菌，这个培养皿的细菌培养是失败的，那么扔掉重新来过就可以了。但是弗莱明对这个失败的实验进行了进一步的研究，他发现霉菌在生长的时候，会分泌一种阻止细菌发育的物质，这就是我们今天所熟知的青霉素。

1939 年，瓦尔特·弗洛里和鲍利斯·钱恩重复了弗莱明的工作，证实了他的结果，然后提纯了青霉素，1941 年给患者使用成功。在政府的鼓励下，很快找到大规模生产青霉素的方法，1945 年以后，青霉素遍及全世界。1945 年，弗莱明、弗洛里和钱恩共同获得诺贝尔生理学及医学奖。

弗莱明不止一次地在公开场合说："我并没有'发明'青霉素，我只是意外地'发现'了它罢了。"

图4－29　因发明青霉素而获诺贝尔奖的弗莱明（左）、弗洛里（中）和钱恩（右）

报事贴（英文名称是 Post－it），是全球 500 强创新型企业美国 3M 公司创造发明的划时代产品之一，它改变了人与人之间沟通交流的方式，使生活和工作变得更轻松，更有趣。人们可以把留言或待办事项写在报事贴上，贴在显眼处，成为可靠的个人备忘便条；或者把讯息写在上面贴于显眼处，使得传递口讯或留言变得轻而易举。报事贴的真正发明人是3M公司的斯宾塞·西尔沃（Spencer Silver）博士，而使其能发扬光大被广泛推广应用的却是他的同事亚瑟·弗莱（Arthur Fry）博士。

图4-30　报事贴

图4-31　报事贴的发明人
斯宾塞·西尔沃博士

1968年，西尔沃博士接受一项任务，发明一种超强的粘贴剂。经过几个月的研究，他发明了一种黏贴剂，但是和预想的结果完全相反，这种粘贴剂黏性不强，贴上就可以轻易地撕下来。如果从项目的角度来讲，这个发明是失败的，大多数人遇到这种情况可能就此罢手，去寻求另外的方案了。但是西尔沃博士并没有就此放弃，他把这种很独特的、可简单除去或重新贴上的粘贴剂推荐给其他3M科学家，试图合力找出一些应用方法。可是，一直都没有成功，直到几年之后，他的同事弗莱博士找出实际的应用，这种粘贴剂才被发扬光大。

1974年，弗莱博士去教堂参加教会礼拜。在唱诗班唱诗时，弗莱习惯在歌本内夹张纸条作为标识，但是书签不停滑落，使他无法很快地找到诗集里正确的页数，弗莱为经常翻错诗集而感到烦厌。他想到，书签应该具有轻黏的效果，如果有一种胶有点黏又不会太黏，可以贴在纸条上，又可以重复撕贴，而不会破坏那张纸，那就太完美了。在这种想法的驱动下，他想到了西尔沃博士的粘贴剂，于是，他用这种粘贴剂制造了可重复粘贴的便条纸，成就了报事贴这个伟大的发明。

如果事情已经走在失败的路上了，那我们就干脆破罐破摔，看看最坏能坏到哪一步，没准儿能找到一个新的方向。

失败与成功之间是有逻辑关系的，那就是我们研发产品或服务的目的是否完成，如果完成了我们就认为成功了，如果没有完成我们就认为是失败的。但是，当我们的首要目的没有实现的时候，我们是否有过认真的分析，看看这个"失败"的产品是否可以完成其他目的呢？

"伟哥"是在研发治疗心血管疾病药物时，意外发现其是能治疗男性勃起功能障碍的药物。"伟哥"之父穆拉德在座谈会上曾透露一个小故事，"原本当时是研究心血管疾病，但男性受试者看到美女护士意外有反应，因此转而研究男性勃起功能障碍"。现场听众露出惊讶的眼神，他会后强调，这是真实的故事，没有开玩笑。

图4-32　药物"伟哥"

否极泰来的实施步骤：

（1）寻找一个失败的产品或失败的方向；

（2）在失败的方向持续投入，走得更远；

（3）为这个失败的产品寻找一个合适的应用领域；

（4）对此次否极泰来的应用进行分析，看看是否得到了一个好的结果，以便下一次的改进和提高。

不可否认的是，大多数创新失败都仅仅获得一种经验教训，这些失败的创新产品并不一定都能找到用武之地。但是我们要强调的是，**在创新的途中，你遇到的任何果实都有可能发芽成为大树，不必要只认定了一种果实。**

工具六：优化重组

优化重组是一个常用的工具，尤其是在现代的产品设计中，简洁明快是一大潮流。产品中经常会有一些冗余的部分或是能够拆分的组件，若我们能发现这些冗余组件，将其拆分出来或是重新进行组合，没准儿会大大改进现有产品的易用性及用户体验。

产品的组件不仅可以按照一种组合方式，还可以根据功能进行重新的分类和组合；不仅可以以一个独立的产品形态出现，还可以进行组件的分离和归类；不仅可以生产组件的放大版本，还可以生产组件的缩小版本。

优化重组也是从组件的分类开始，不过这种分类方法依照功能分类。例如，空调是大家都经常使用的家电之一，它的原理也很简单：空调通电后，制冷系统内制冷剂的低压蒸汽被压缩机吸入并压缩为高压蒸汽后排至冷凝器。同时轴流风扇吸入的室外空气流经冷凝器，带走制冷剂放出的热量，使高压制冷剂蒸汽凝结为高压液体。高压液体经过过滤器、节流机构后喷入蒸发器，并在相应的低压下蒸发，吸取周围的热量。同时贯流风扇使空气不断进入蒸发器的肋片间进行热交换，并将放热后变冷的空气送向室内。如此室内空气不断循环流动，达到降低温度的目的。

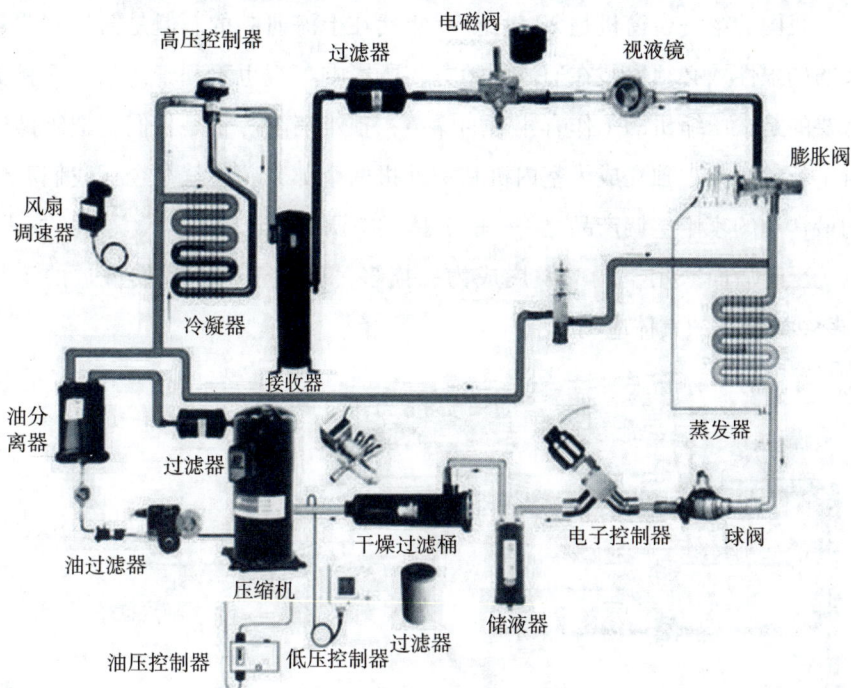

图 4 - 33　空调工作原理图

　　最早的家用空调是把这些组件放到一起的，也就是大家知道的窗机，如图 4 - 34 所示。

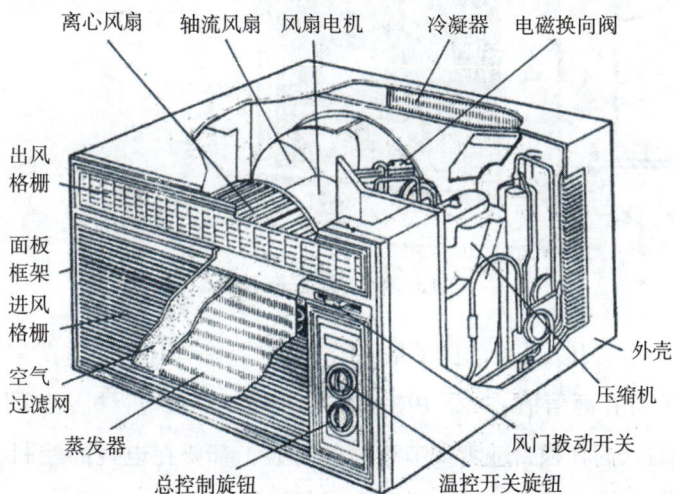

图 4 - 34　窗式空调一体机

我国的第一台窗机是 20 世纪 60 年代在上海研制的。但是窗机有非常大的局限性，必须安装在通风的地方，既影响美观也不利于清洁；而且更重要的是，压缩机的工作有相当的噪声，很难消除。于是人们就把组件进行了新的组合，独立成为室内机和室外机两个部分。这就是今天我们看到的最常见的家用空调产品之一——分体式空调。

至于后面家用空调的发展成为一拖多，就属于前面我们说过的工具"多多益善"的具体应用了。

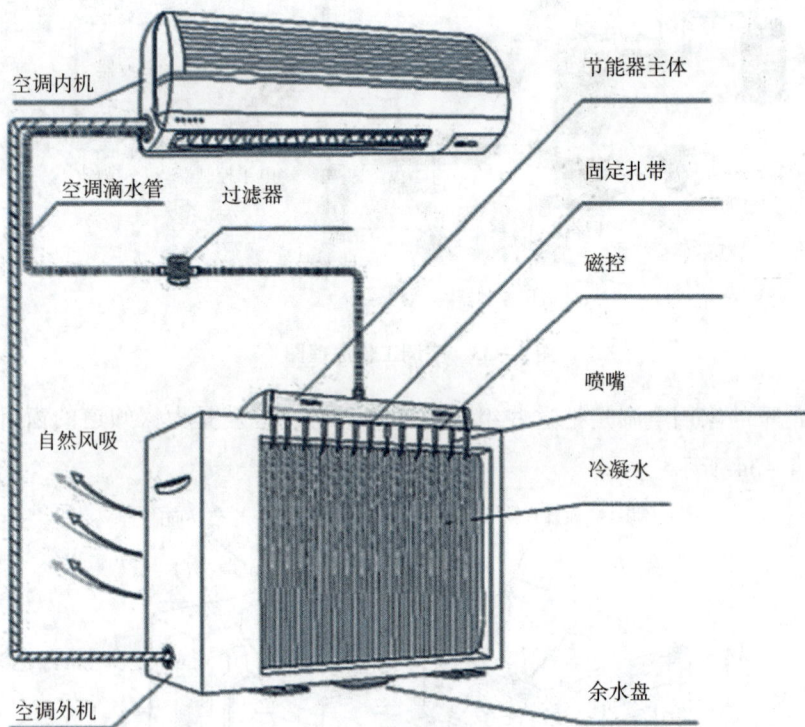

空调内机
节能器主体
空调滴水管　过滤器
固定扎带
磁控
喷嘴
自然风吸
冷凝水
空调外机
余水盘

图 4-35　分体式空调

另一个不太引人注意的例子是家用电视，大家都还记得早期家用电视的样子吗？刚好在海信拍了一下 1970 年的海信的第一代电视机，如图 4-36 所示。当时的人们在换台或者调节音量的时候，都要在电视的控制面板上直接进行操作，直到人们把控制组件变成了遥控器。

图 4-36　海信第一代电视机　　　　图 4-37　电视遥控器

电视遥控器一经独立就演化为一种标准性的配置，到今天，遥控器也不仅仅用来遥控电视，还可以遥控空调，甚至衍生出一种独立的万能遥控装置（遥控器后来还被运用"强制联合"的手段集成到手机上，作为一种额外的功能使用）。

经常乘坐飞机的旅行者都会注意到，以前的飞机娱乐设施都是吊在机舱顶部的电视屏幕，收看娱乐设施的时候不仅受到距离的影响，也不能够进行选择，即便飞机本身可以提供多种频道和节目，受限于屏幕本身也无法提供多种选择。

而新近的飞机已经将屏幕设计在座椅头枕的后部，后排乘客可以自由地进行选择，不仅可以收看收听娱乐节目，还可以玩电子游戏等，极大地丰富了机舱的娱乐项目，减少了旅途的枯燥乏味。

优化重组不仅出现在以上的常见产品中，还经常被使用到研发项目中。例如在产品研发过程中，经常会强调开发模块的独立性，目的就是增强各个模块的优化重组能力，根据不同的需求可以形成不同的产品。

例如，近几年比较热门的一个研究方向是外骨骼系统，最早起源于军事领域。我们都知道现代战争的残酷，战场上的士兵面临极大风险，对于单兵装备来说，如何解决两个重要的难题成为未来装备的主要研究方向：一是如何对士兵提供最大的保护能力；二是如何携带更多给养。

早期人类为减少人员伤亡所制作的盔甲其实已经属于外骨骼的雏形，提高了士兵的个人防护能力，但其存在自重与被动阻力，极大消耗了使用者的体力。

1960 年，通用电气公司研制了一种名为"哈曼迪1"的可佩戴单兵装备，采用液压驱动。通用电气公司第一个提出并开展了增强人体机能的主动助力型外骨骼机器研究，但是当时的外骨骼机器体积巨大且笨重，安全性能低，只能取代单只手的功能。

1978 年，麻省理工学院研究了"增强人体机能的外骨骼"，负重问题有所改善，但是其驱动能源与便携式问题尚未解决，没有完整的成果。1991 年，日本神纳川理工学院开发了一套独立的可穿助力外套，使用肌肉压力传感器，分析佩戴者的运动情况，通过微型气泵、便携式镍镉电池及嵌入式微处理器，提供足够的助力。该产品专为护士研制，可使人的力量增加 0.5 ~ 1 倍。

虽说在研发外骨骼系统的时候，人们最先想到的是军事用途，但实际上其组件经过优化重组可更广泛运用于民用领域，例如辅助行走困难的人群和下肢瘫痪的人群。

日本筑波大学 Cybernics 实验室的科学家和工程师们，研制出了世界上第一种商业外骨骼机器人腿（Hybrid Assistive Leg，HAL），准确地说，是自动化机器人腿："混合辅助腿"。这种装置能帮助残疾人以每小时 4 公里的速度行走，毫不费力地爬楼梯，HAL 的运动完全由使用者通过自动控制器来控制，不需要任何操纵台或外部控制设备。

图 4 - 38　混合辅助腿

优化重组的实施步骤：

（1）分析现有事物的组件及组件之间的关系；

（2）拿出其中的一个或几个组件，将这些部件重新进行组合，形成一个新的事物；

（3）为这个新的事物寻找一个合适的应用领域；

（4）对此次运用优化重组的过程进行分析，以便下一次的改进和提高。

工具七：化直为曲

在现在的产品设计中，我们喜欢平面多过曲面，喜欢长方体多过球体，因为平面或长方体容易生产或实施。例如，我们的楼房都是方方正正的，手机屏幕是平面的，火车车厢是长方体的，等等。但是，如果我们换一个角度，将直线化为曲线，将平面的物体化为曲面的物体，将长方体化为球体，会发生什么呢？

生理学美学基础：人眼处理圆角更容易

任何人都能意识到圆角艺术上的美感，但不是每个人都能准确地解释这种美感从何而来。这个问题的答案其实就在于你的眼睛。根据一些专家的研究结果，眼睛更容易接受圆角矩形而不是直角矩形，因为圆角矩形在视觉过程中更易认知。中央凹（Fovea Centralis，是视网膜中视觉最敏锐的区域）在处理圆形时最快，处理边缘则需要涉及更多的大脑中的"神经影像工具"。于是，人眼处理圆角更容易，因为它们看起来比普通矩形更接近于圆。

巴罗（Barrow）神经学研究所完成的关于"角（corners）"的科学研究发现，"角的突显性感知与角的度数呈线性变化，锐角比钝角产生更强的虚幻的突显性"。换句话说，角越锐利，看起来就越显而易见。而角出现得越凸显，就越多对视觉过程产生影响。

为什么我们的眼睛更适合圆角

这与我们如何使用在物理世界中的日常物品更为相关。圆角无处不在。当还是孩子的时候，我们就很快学到尖锐的东西有危险，而圆润的东西才比较安全。那也是为什么当一个小孩在玩一个球的时候，大多数家长不会惊慌。但是如果小孩在玩一个叉子，父母会因为担心孩子伤到自己而把叉子拿走。这激起了对于锐利的边缘的神经科学所谓的"回避反应"。因此，我们倾向于"避免锋利的边缘，因为在自然界中，它们可以构成威胁"。

如果你看到早期的福特 T 型车之后再对比今天的小汽车，你会发现非常有意思的现象。

图 4 – 39　福特 T 型车　　　图 4 – 40　电动汽车特斯拉

可以这样说，早期的汽车除了轮胎、车灯和方向盘是圆形的，其他的部分基本都是方方正正的造型。原因是生产工艺简单，成本低廉。随着汽车工业的发展，人们对于汽车设计的美观要求日益增强，外形的流线型设计，改变了以直线条为主的设计理念。

同时为了使得汽车在快速行驶时符合空气动力学要求，现在大部分汽车的外观都依据流线型设计，减少了空气阻力系数。现代轿车的外形一般用圆滑流畅的曲线去消隐车身上的转折线，增强了视觉美感。前围与侧围，前围、侧围与发动机罩，后围与侧围等地方均采用圆滑过渡，发动机罩向前下倾，车尾后厢盖短而高翘，后翼子板向后收缩，挡风玻璃采用大曲面玻璃，

且与车顶圆滑过渡，前风窗与水平面的夹角一般在 25 度 ~ 33 度之间，侧窗
与车身相平，前后灯具、门把手嵌入车体内，车身表面尽量光洁平滑。

　　德国大众公司的甲壳虫汽车大家已经很熟悉了，其独特的外观设计赢
得了全球很多人的喜爱，自从 1936 年面世以来，这款汽车就一直长盛不
衰。第一代甲壳虫一直生产到 2003 年，截至其下线为止，一共生产了
21 529 464辆，是汽车历史上的最佳畅销车。

图 4 – 41　甲壳虫汽车

　　化直为曲在很多行业都有应用，
如建筑行业、手机行业等。

　　手机是我们日常使用的工具，早
期的按键式手机从砖头大小演化成名
片大小，外形的设计也从直线型向曲
线美过渡。例如，三星Galaxy S系列
推出的 Edge 手机。

　　在建筑行业，许多非常有名的建
筑都是曲面的，虽然曲面在设计和施
工上都有很多困难，但是建成后给人
们的视觉效果是非常震撼的。如
图 4 – 43所示的鸟巢、图 4 – 44 所示
的国家大剧院以及图 4 – 45 所示的法
国朗香教堂。

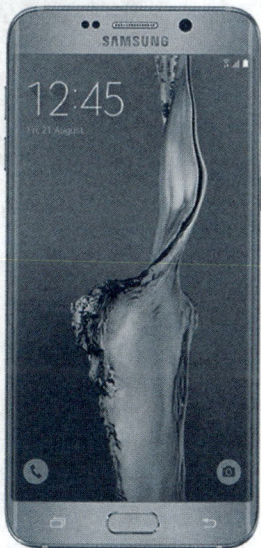

**图 4 – 42　三星
Galaxy S6 Edge + 手机**

图 4 – 43　鸟巢

图 4 – 44　国家大剧院

图 4 – 45　法国朗香教堂

化直为曲的实施步骤：

（1）分析现有事物的组成部分（组件）；

（2）拿出其中的一个或几个组件，将其由平面改为曲面，从而形成一个新的事物；

（3）为这个新的事物寻找一个合适的应用领域；

（4）对此次运用化直为曲的过程进行分析，以便下一次的改进和提高。

工具八：以"色"取胜

世界是多姿多彩，颜色丰富的。人眼对颜色的识别和敏感度也是异常敏锐的。通常来说，改变产品的颜色是丰富产品系列的一个常用方法，例如苹果 5C 手机、同一款式 T – shirt 的不同颜色等。

改变颜色是最简单的设计方法之一，原理就是运用不同色彩对人的影响提升关注程度。通常颜色设计需要参考色彩学的一些研究成果（色彩学是指建立在 20 世纪表色体系和定量的色彩调和理论上的一套色彩理论）。

人们见到的颜色，如苹果红色，其实都是在一定条件下才出现的色彩。这些条件，主要可归纳为三项，就是光线、物体反射和眼睛。光和色是并存的，没有光，就没有颜色，可以说，色彩就是物体反射光线到人们眼内产生的知觉。很早以前科学家就已经发现光的色彩强弱变化，是可以通过数据来描述的，这种数据叫波长。人们能见到的光的波长，范围在 380 纳米至 780 纳米，随着波长由短到长，出现的色彩是由紫到红。不同波长的光所反射的强度是不同的，因此，测量物体所反射的波长分布，便可以确定该物体是什么颜色，例如一个物体在 700 纳米至 760 纳米这段波长内有较多的反射，则该物体倾向红色，如果在 500 纳米至 570 纳米这段波长内有较多的反射，则该物体便倾向绿色。

当外界物体的视觉刺激作用停止以后，在眼睛视网膜上的影像感觉并不会立刻消失，这种视觉现象叫作视觉后像。视觉后像的发生，是由于神经兴奋所留下的痕迹作用，也称为视觉残像。当人眼关注不同的产品时，色彩强烈的产品更容易刺激人眼视觉细胞，形成视觉残像，从而引起人的关注，甚至刺激人体的其他感觉。例如 iPhone5C 手机的彩壳设计。

The Color Run（彩色跑）

在 2012 年，美国全国举办了 50 场 The Color Run 比赛，吸引了超过 60 万人参加。2013 年，The Color Run 把地球上最欢乐的 5 公里跑派对带到中国。2013 年先后在北京和广州举办，2014 年举办的城市有深圳、重庆、北京、沈阳、上海、广州。

参加 The Color Run 只有两个规则：一是穿白色衣服来参加；二是以最炫的色彩冲过终点线！

彩色跑者来自不同社会群体，每个人都有各自参与跑步的原因。The Color Run 没有计时，也没有传统意义上的冠军，整个活动欢迎所有人来参与，无论是 2 岁还是 80 岁，无论是刚接触跑步的人还是职业运动员。数据显示，超过 60% 的 The Color Run 跑者都是第一次参加 5 公里跑步，而他们参加 The Color Run 的驱动力是为了追求更积极健康的生活方式。

图 4 - 46　The Color Run

以色取胜的实施步骤：

（1）分析现有事物的组件；

（2）拿出其中的一个或几个组件，改变它或它们的颜色，从而形成一个新的事物；

（3）为这个新的事物寻找一个合适的应用领域；

（4）对此次运用改变颜色的过程进行分析，以便下一次的改进和提高。

工具九：方圆相对

方圆相对的核心思想是化对称为非对称。人们往往以对称为美，北京城的设计、四合院、汽车、飞机甚至人的身体，都是对称的。一旦出现非对称的事物，往往会引起视觉上的冲击，让人感到新奇。所以，非对称其实是一种打破人们常规视角的创新及设计理念。

来自设计师 Hsu Hsiang – Min 等人的创意，45 度瓶口（Easy Drink，如图 4 – 47）❶ 看上去挺古怪，但是使用起来却很方便：首先，是喝水时方便，再不需要仰脖之类缺乏优雅的动作了，把瓶子稍微抬起就能喝得见底；其次，是接水方便，喝完之后，

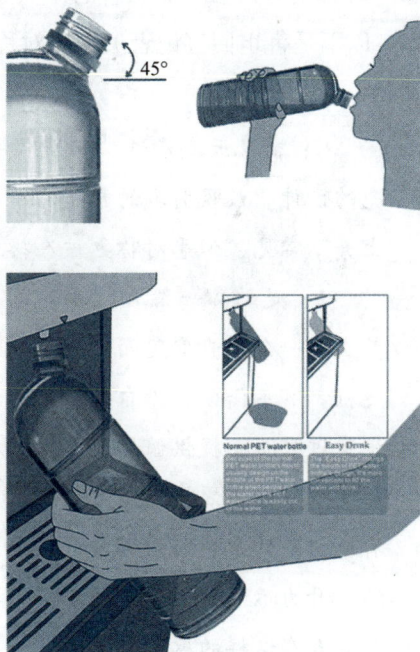

图 4 – 47　**Easy Drink**

---

❶　Radhika Seth. The 45 – Degree Neck ［EB/OL］. （2011 – 10 – 10）［2015 – 10 – 04］ht-tp：//www. yankodesign. com/2011/10/10/the – 45 – degree – neck/.

可以轻松地伸进纯净水饮水机接水，重复使用更加环保。

另一个非对称设计的例子：到 2010 年退休的时候，时年 67 岁的美国传奇航空设计师伯特·鲁坦（Burt Rutan），总共设计过近百种各式各样的飞行器。其中有五种被业界圣殿——美国国家航空航天博物馆收藏。

不过在所有的鲁坦设计中，最"吸睛"的可能要数一款没有太多光环的飞机——"回旋镖"（Boomerang）❶。这款诞生于 20 世纪末的五座双引擎轻型通用飞机并没有创造多少世界第一，不过它的外形可能让人大吃一惊——"回旋镖"是不对称的！人们第一眼见到它的时候总会问："这玩意儿能飞起来吗？"实际上，"回旋镖"不但会飞，而且飞得很好，它的经济性和安全性远高于传统构型的同类飞机。一架在天上愉快飞行的"回旋镖"可真是对付强迫症患者的"大杀器"。

以下是鲁坦回答记者关于非对称飞机设计的问题。

Q：前几天我看过"回旋镖"的照片，我认为那是一个非常漂亮的设计。最吸引我的就是它不对称的结构了。不对称设计在飞机上并不常见，似乎对称更被人接受，你怎么看？

A：是的。一架飞机稳定在两个轴上。一个轴垂直穿过重心，其上有一个垂直安定面和一个舵，保持飞机的偏航静稳定性。多数飞机都有不借助升力自主保持直线航行的能力。飞机的另一个轴水平穿过重心，提供俯仰稳定性。在这个轴上，机翼和尾翼联合保持稳定性——机翼提供向上的力，尾翼提供向下的力。通常人们所没有认识到的是，除非飞行员不操纵，这两个轴上的稳定方式是相似的。升力不发生偏斜，它就是稳定的。即使是一架不对称的飞机。多数人有这样的感觉：天哪，一架飞机必须是对称的。一般来说没有什么理由让一架飞机不对称。不过，我在设计"回旋镖"的时

---

❶ 瘦驼. 杀死一只强迫症——为什么要设计一架不对称飞机［EB/OL］.（2014 - 04 - 09）［2015 - 06 - 23］http：//www. guokr. com/article/438210/.

候，发现不对称结构有许多的优势。首先，它可以使两个引擎靠得更近，这样在一个引擎失去动力时的偏航和滚转力矩就比普通双发轻型机小得多。"回旋镖"单发飞行时的偏航和滚转力矩分别只有普通双发轻型机的一半和四分之一左右。这架飞机双发工作时有些不对称，但这对于一架稳定的飞机算不了什么。因为有机身和另一个发动机舱承受扭转力，我就可以将垂直尾翼和水平尾翼放得更靠后。这是多数人没有认识到的优势，这样尾翼面可以更小、负载更低，而且更有效。

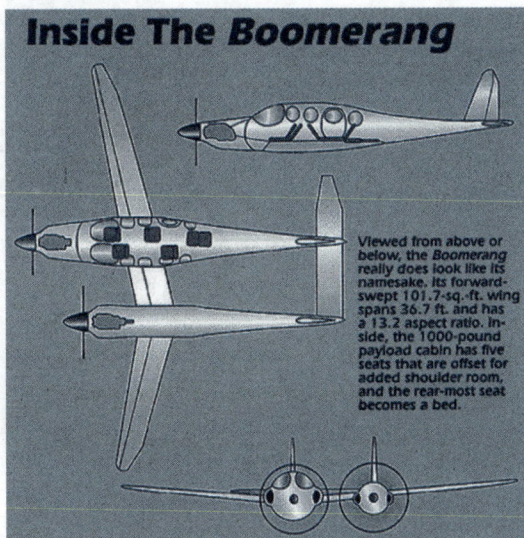

图4-48 "回旋镖"飞机

这给我提供了非常好的方向安定性，在动力丧失的情况下，飞行员甚至只用副翼不用蹬舵就能保持飞机方向。这是与普通双发轻型机惊人的不同。更后置的水平尾翼也给飞机提供了更宽的重心范围，这可以让我将乘客分散，乘客再也不用蜷缩在座椅上，膝盖顶着前座了。事实上，像我一样的大个子（我体重210磅）可以睡在飞机座舱后部而不用担心飞机的重心过于靠后。而且另一个发动机舱可以装载很多行李。这样我就打破了很多飞机安定性设计的限制。结果是，嘿，你可以随意装载载荷而不用担心超出飞机重心安定范围了。

夏天大家都有过这样的经历，拿着一把伞准备在雨天出门，但刚踏出外面，伞就被狂风吹翻了。如果拥有一把不怕风雨的伞，这种恶劣的情况就会变得"和谐"多了。事实上，还真有这样的雨伞，它是由荷兰人设计的 Senz 雨伞，如图 4 - 49 所示。

图 4 - 49   Senz 雨伞

据悉，这种伞的尾部逐渐变窄的设计风格，与赛车运动员的比赛头盔有几分相似，据说这种雨伞能够抵住高达 70 英里每小时的风速。根据测试结果显示，普通雨伞在风速达到 13 英里每小时的时候就会被吹翻。但这种新式不对称设计的雨伞能够轻松地保持直立，帮助持伞人在最恶劣的天气中也能镇定自若。

设计人员进行了风洞测试，结果表明一些女士在面临强风袭来时不能稳定握持普通雨伞，但使用这种 Senz 雨伞时却不那么费力。

为了丰富其生产产品线，MINI 品牌在 2007 年推出了比 MINI Cooper 更

大、更实用的车型，也就是 MINI Clubman❶。轴距有所加长的 MINI Club-
man 更偏重的是 MPV 风格的休闲型轿车，并采用了独一无二的五门式车身
结构，为什么它的五门式设计比较独特呢？因为 MINI Clubman 的后备厢采
用了个性的双开门设计，另外的三个门则巧妙地分布在车的两侧。该车的
驾驶员一侧配备了一个常规的车门，而副驾驶一侧则运用了对开门设计，
这种不对称的设计也堪称汽车设计界的经典之作。

图 4 - 50　MINI Clubman

方圆相对的实施步骤：

（1）分析现有事物的组件；

（2）拿出其中的一个或几个组件，将对称的部分改为不对称，从而形
成一个新的事物；

（3）为这个新的事物寻找一个合适的应用领域；

（4）对此次运用方圆相对的过程进行分析，以便下一次的改进和
提高。

---

❶　名车志．拒绝平庸 盘点 4 款非对称设计车型［EB/OL］．（2011 - 11 - 21）［2015 - 06 -
23］http：//www. cad. com. cn/viewpoint - 20111121 - 17323. shtml.

工具十：一物多用

一物多用也可以称为多任务，就是将一个事物中的某一部分剥离出来，看看能不能让它除现有功能外，再额外为用户提供一个或多个新的功能。

由前述的分析，我们知道任何事物都是由组件组成的，在这个工具中，我们的方法是将事物中的组件分离之后（或者是针对独立的整个事物），再进行分析，看是否可以在组件上增加功能，从而形成多用途的独立产品。"一物多用"的主要原理是**利用集成 + 优化的方法，实现事物的多用途，从而为客户带来诸如小型化、方便或者空间节省等好处。**

一物多用的实施步骤：

（1）首先分析现有事物（可以是产品、服务或流程等）的组成部分，将其分解为一个一个的组件及组件间的关系；

（2）拿出一个或多个组件，分析其功能，然后试着为它们添加一个或多个新的功能，从而形成一个新的事物；

（3）为这个新的事物寻找一个合适的应用领域；

（4）对此次使用一物多用工具的过程进行分析，以便下一次的改进和提高。

在建筑设计和家具设计中有很多一物多用的例子，如光电玻璃幕墙和多功能家具❶等。

玻璃幕墙是当代的一种新型墙体，它赋予建筑的最大特点是将建筑美学、建筑功能、建筑节能和建筑结构等因素有机地统一起来。建筑物从不同角度呈现出不同的色调，随阳光、月色、灯光的变化给人以动态的美。

---

❶ 方鑫. 10 款一物多用的家具你值得拥有［EB/OL］. （2014 – 10 – 14）［2015 – 11 – 06］http：//home. focus. cn/news/2014 – 10 – 14/417725. html.

在世界各大洲的主要城市均建有宏伟华丽的玻璃幕墙建筑，如纽约世界贸易中心、芝加哥石油大厦、西尔斯大厦都采用了玻璃幕墙。香港中国银行大厦、北京长城饭店和上海联谊大厦也相继采用。

现在，人们越来越关注健康，绿色环保意识日益增强，科技发展进步已将光电模板装入幕墙中变为可能，使用光电幕墙的时候到了。

光电幕墙，即粘贴在玻璃上，镶嵌于两片玻璃之间，通过电池可将光能转化成电能。这就是——太阳能光电幕墙。它是用光电池、光电板技术，把太阳光转化为电能，它关键的技术是太阳能光电池技术。太阳能光电池是利用太阳光的光子能量，使得被照射的电解液或者半导体材料的电子移动，从而产生电压，这称为光电效应。

图 4 – 51　光电玻璃幕墙

合理有效利用空间是室内家具的设计方向之一，多功能家具最受城市居住的小空间居民欢迎。多功能的家具不仅仅节省了空间，而且起到意想不到的美学效果，如图 4 – 52、图 4 – 53 和图 4 – 54 所示。

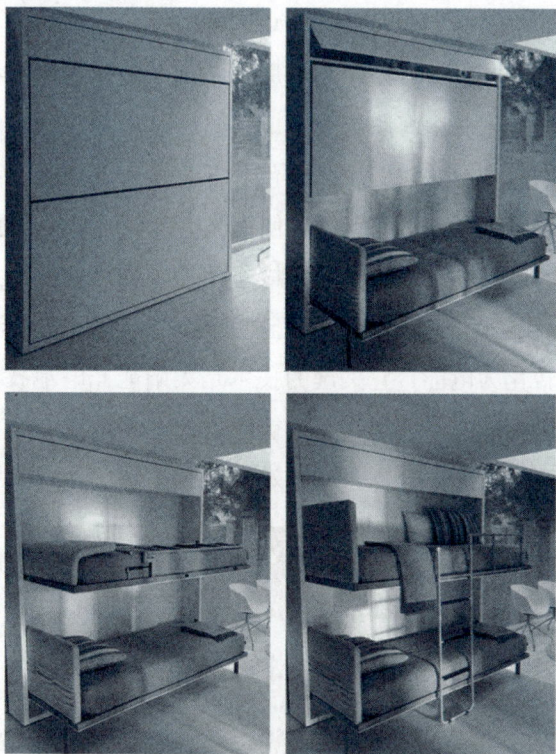

图 4 –52　墙和床

图 4 –53　组合阅读沙发椅

图4-54　楼梯和抽屉

上面都是比较传统的"一物多用"设计方法，日常生活中我们有很多产品都在自觉或者不自觉地使用这种方法。例如有安全锤功能的手电筒，有测量海拔高度的多功能手表等。

还有一些新型的用途并非是在日常的消费品中。您肯定上过论坛吧？几乎所有正规的论坛都要求注册时输入验证码，这是为了防止乱发垃圾广告的家伙用注册机来恶意注册。这个源自美国卡内基-梅隆大学的发明，被称为CAPTCHA（Completely Automated Public Turing Test to Tell Computers and Human Apart，用于区分人类与电脑的全自动图灵测试）。因为注册者需要辨识图片上七歪八扭的文字，而这项工作只有真正的人类才能完成。

要知道，全世界的网络用户数以亿计，对个人来说，辨认文字所花的几秒时间微不足道，但如果将所有网民的力量利用起来，那便能完成难以想象的浩大工程，而这正是美国宾夕法尼亚州匹兹堡市的CMU研究小组正在做的事。该小组受一家名为"互联网档案馆"的非营利组织委托，要将海量的古老书籍和手稿通过OCR（光学字符识别）软件转化为电子文本，以方便电脑储存和查询。然而，由于原稿的质量太差，可怜的电脑每扫描十个单词就会错读一个，唯一解决的办法就是人工核对，而这样的工作显然不是一个人或一个小组可以胜任的。

为了提高用户辨识文字的正确率，他们往往被要求辨认两个单词，其中一个的答案已经知晓。这样一来，正确辨认出有答案的那个单词的用户，很有可能也会正确辨认另一个单词。有时候，CMU 也会将一个未经辨认的单词提交给不同的用户，如果得到的是相同的答案，那这个答案便可以肯定是正确的。这个利用 CAPTCHA 技术来识别 OCR 文本的技术我们称之为 reCAPTCHA，它巧妙地将网站验证与文字识别两个任务结合在一起，人们在不知不觉中就帮了"互联网档案馆"的忙。很多人气极高的网站，如 Facebook、Twitter 和 StumbleUpon 等，都采用了 reCAPTCHA❶，其每天都可以处理大约一百万个单词。至今，reCAPTCHA 已经被广泛地应用于各个论坛以及类似的留言平台。当然，它也给网友们留下了"万恶的验证码"等一系列笑谈和吐槽。

"一物多用"这个工具在流程创新中也有很多应用，例如，在软件工程领域，有一个著名的软件生命周期模型叫作瀑布模型。这个模型是第一个软件生命周期模型，由温斯顿·罗伊斯在 1970 年提出。瀑布模型的基本理念是软件生存周期分为不同的阶段，如，需求分析、设计、测试、维护等，各个阶段是按固定顺序执行的，上一阶段完成后进入下一阶段，如同瀑布流水一样。

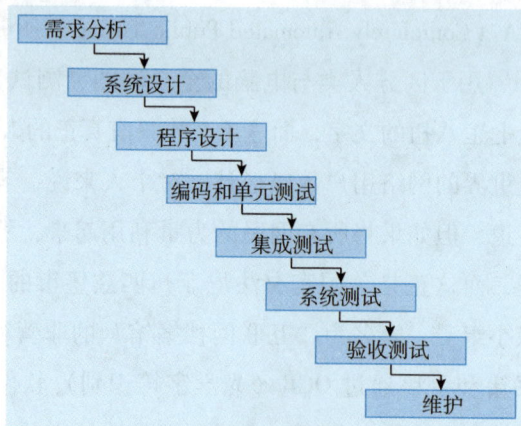

图 4 – 55　软件工程瀑布模型

❶　http：//baike. baidu. com/link？url＝JWXjwVfCp6G99RV7ejFeRont－ewUFWntUxojOWwPL_ qo－DrXtBd5－－U05_ aqhuNBzhHrCLghADayCsI7MOsb5a.

在这个模型中，每一个阶段的功能都是固定的，且各阶段必须按顺序执行，上一阶段的输出成为下一阶段的输入。如需求分析就是分析客户的需求，产生需求文档交给系统设计阶段使用，需求分析必须在系统设计阶段之前完成，系统设计也必须在程序设计之前完成……在实际应用中，人们发现瀑布模型有致命的缺陷：由于瀑布只能顺序流动，前期的错误无法及时修正，在后期会不断放大，导致后期修复的成本异常高昂。例如在需求分析阶段发生的错误，如果在验收测试阶段才发现，那么整个软件系统就有可能需要重写。瀑布模型极端缺乏灵活性，在 20 世纪 80 年代中期，人们统计发现严格按瀑布模型开发的大型系统成功率小于 23%。

于是，人们开始反思，能不能在每一个阶段都添加一个额外的"评审反馈"功能呢，即在每一个阶段的结束时，都要对本阶段的工作做一个评审，如果得到确认，则进入下一阶段，如果发现问题，则返回前一阶段甚至更前面去解决问题，这样就能够尽早地发现问题，不至于累积到最后。

加上这个变化，我们就得到了"带反馈的瀑布模型"（如图 4 – 56 所示），每一阶段都可以返回上一阶段或上几个阶段，错误能够及早发现，及早解决，这大大提高了瀑布模型的效率和灵活性。

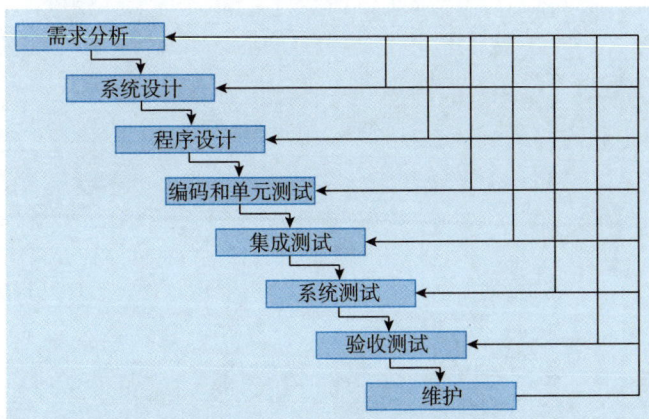

图 4 – 56 带反馈的瀑布模型

　　生活中还有很多用"一物多用"方法去优化流程的例子，如某些餐馆提供平板电脑，顾客在等位的过程中，不仅可以上网娱乐，还可以用平板电脑提前点餐，从而减少了服务员的工作量。再比如银行的排号机，除了提供顺序号之外，还加入了区分业务的功能，对公业务、对私业务、人民币业务、外币业务等，这样就简化了各窗口柜员的工作，使柜员不需要了解全业务。如果大家用心观察的话，还可以发现更多的例子。

　　通过对这 10 个工具以及一些应用案例的介绍，我们相信各位读者已经对创新有了一些感觉。看，创新并不是你想象中那么难，只要勤动脑，勤动手，时常使用这些工具，相信人人都可以成为一个创新能手。

附录
创新调研报告

用友集团创新管理调研报告

要么就做，要么就不做，没有所谓"试一试"。

——星球大战中的尤达大师

图附 1-1　用友集团总部大楼

1. 用友集团简介

用友（集团）成立于 1988 年，是亚太地区领先的企业管理软件、企业互联网服务和企业金融服务提供商，是中国最大的 ERP、CRM、人力资源管理、商业分析、内审、小微企业管理软件和财政、汽车、烟草等行业应用解决方案提供商。用友 iUAP 平台是中国大型企业和组织中应用最广泛的企业互联网开放平台，畅捷通平台支持了千万级小微企业的公有云服务。用友在金融、医疗卫生、电信、能源等行业应用以及数字营销、企业社交与协同、企业通信、企业支付、P2P、培训教育、管理咨询等服务领域快速发展。

基于移动互联网、云计算、大数据、社交等先进互联网技术，用友通过企业应用软件、企业互联网服务、互联网金融服务为中国和全球企业及组织的互联网化提供支持。截至 2014 年，中国及亚太地区超过 220 万家企业与公共组织通过使用用友企业应用软件、企业互联网服务、互联网金融服务，实现精细管理、敏捷经营、商业创新。其中，中国 500 强企业超过 60% 是用友的客户。

用友（集团）连续多年被评定为国家"规划布局内重点软件企业"，"用友 ERP 管理软件"系"中国名牌产品"，"用友"系中国驰名商标，用友拥有系统集成一级资质，获中国绿色公司百强称号。2001 年 5 月，用友在上海证券交易所 A 股上市；2014 年 6 月，用友旗下畅捷通信息技术股份有限公司在香港 H 股主板上市。

选择用友集团作为调研对象有三个主要原因：（1）用友集团有足够长的发展历史，作为中国成熟应用软件公司的代表，用友的创新和管理具有代表性；（2）我国的应用软件行业是高科技行业的重要分支，同时也是创新最为密集的行业之一，选择这样一个有代表性的行业能充分说明我国高科技企业创新管理以及创新转型的历史和现状；（3）用友集团的三个不同发展阶段对应不同的创新方式，尤其是最新的互联网转型期间的组织变革，特点十分鲜明。

由于涉及软件产品和技术，这部分内容专业性较强。鉴于本书定位于创新方法论，为了避免造成读者的阅读障碍，我们尽量避免采用复杂的技术术语，也没有做过多的技术及细节讨论。

本次调研采访的对象是用友集团的高级副总裁郑雨林先生和品牌部副总经理毛江华女士，采访地点在位于北京北部的用友软件园。

图附1-2 用友软件园

用友软件园是用友公司的总部研发中心，园区位于北京市海淀区永丰产业基地西南部，北邻北清路、东邻永丰路，交通便利。用友软件园地处大觉寺、凤凰岭、阳台山、鹫峰等风景区的环抱之中，是个园林式、低容积率、低密度、国际一流水准的生态型环保研发基地。园区是目前亚洲地区最大的软件产业基地，风景宜人，非常适合软件从业者工作和生活。园区内有景有水，环境优美，占地面积680余亩，总建筑面积40万平方米，绿化率30%以上。园区涵盖了用友公司永久总部、研发中心、研发产品出口基地、创业中心、数据中心、物流中心、培训中心、接待中心等产业功能组团。

2. 用友集团创业创新及转型历程

2015 年 7 月 8 日，我们创新课题组一行前往用友软件园，调研访谈是在园区的小咖啡屋进行的。碰巧的是当时正赶上 A 股的一轮暴跌行情，截至 2015 年 7 月 8 日，A 股 17 个交易日大跌 32%，20 多万亿市值灰飞烟灭。

我们的访谈约定在下午 2：00 进行，就在 7 月 8 日当天，A 股出现千股跌停的惨状。我不确定采访对象郑雨林先生和毛江华女士是否关注资本市场的状况，作为开场白我随便调侃了一下 A 股的现状，谁知，我们的采访就从股市的现状开始了。

"信息产业一离不开人才，二离不开资本市场，人才和资本就是互联网时代创新的命脉。为创业，为未来，股市不能崩"。用友高级副总裁郑雨林先生一开场就斩钉截铁地表示，用友咖啡厅轻松欢快的背景音乐也刹那间有些沉重。看大家仿佛对 A 股失去了信心，郑总连忙补充道："互联网＋离不开资本市场，需要资本市场。中国制造 2025 离不开资本市场，所以反过来你们对资本市场还没有信心吗？国家一定会搞好资本市场的！"

有趣的是，7 月 9 日，随着国家队大幅进场维护资本市场稳定，股市上演了从千股跌停到千股涨停的盛况。这是否也预示着创新驱动会给我国带来翻天覆地的变化呢？让我们拭目以待吧！

用友集团的发展大致经历了以下三个阶段，我们就以不同阶段为对象，探讨用友集团的发展与创新的关系，以及如何对待创新与转型。

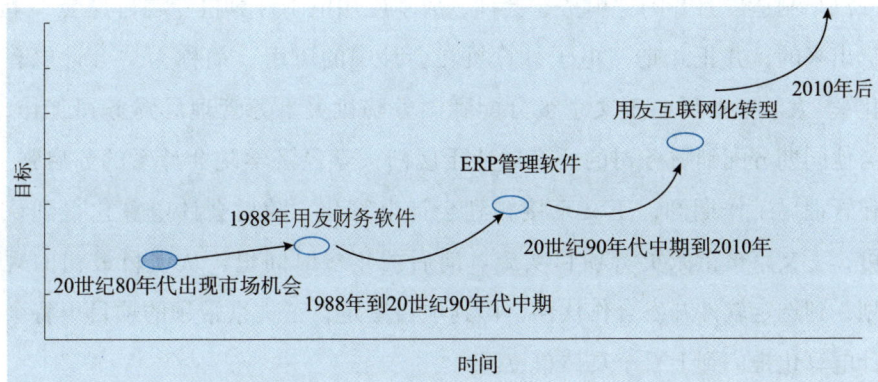

目标

2010年后

用友互联网化转型

ERP管理软件

1988年用友财务软件

20世纪90年代中期到2010年

20世纪80年代出现市场机会

1988年到20世纪90年代中期

时间

图附 1－3　用友集团的两次战略转型与产品创新

2.1　用友的第一次启航——用友会计电算化软件

说到用友的创业，当然要从用友的创始人王文京先生说起。

郑总介绍到："他（王文京）当时在国家机关就负责会计电算化的验算，他看到了一个市场需求和机会，是什么呢？随着电脑在企业普及，他认为，包括一些行政事业单位，会计电算化这个需求会迅速起来。你想，当时一台电脑两三万块钱，性能还不如现在你这个手机。两三万块钱的长城0520，普通家庭是想都不敢想的。一个干部一个月才一百来块钱。那时候电脑还没有进入家庭，首先是进入了单位。电脑进入单位，人家来做什么呢？除了打字以外，最主要的是财务部门的电算化。"

1988 年 12 月 6 日，24 岁的王文京和连邦软件董事长苏启强向一个用户借了五万块钱，一起从国务院机关事务管理局辞职出来，在中关村花了一半的钱，也就是两万多，买了一台长城 0520dh 电脑，租了一间 9 平方米的房子——中关村海淀南路一个宿舍楼居委会的一个套间里的一个小间。从此，"用友财务软件服务社"宣告成立。

"会计电算化"一词是 1981 年 8 月，财政部和中国会计学会在长春第一汽车制造厂召开的"财务、会计、成本应用电子计算机专题讨论会"上提出来的,并正式把"电子计算机在会计中的应用"简称为"会计电算化"。大学毕业后,王文京被分配到国务院机关事务管理局财务司工作,与他同期分配到财务司的还有毕业于厦门大学经济学院会计系的苏启强。在管理局工作期间,王文京接触到会计电算化,随后会计电算化得到认可,王文京被指派负责项目实施。前后两年多时间里,从项目最初的规划,到选定软件开发合作伙伴,再到项目鉴定,王文京带领的项目组将会计电算化推广到上百个具体单位。

　　郑总接着介绍道:"那个时候,会计电算化已成为一种趋势,又恰逢政府鼓励专业人员到中关村创办科技企业。王总敏锐地捕捉到了这样一个巨大的市场机会。当时会计电算化是有客户价值的,它的客户价值就是把会计人员从原来的手工和算盘等劳动中解放出来,通过电脑来记账、算账、报账。这是有巨大价值的。现在还用传统手工记账的单位已经不多了。即使是刚刚成立的小微企业都知道,找一个免费的软件,或者免费的服务来记账,实在不行,找个人代理记账。大多代理记账的兼职会计,也不是说他手工完成记账,他们通常一个人代理好几家单位的记账工作,他们也会用一个记账软件来工作。记账软件今天已经普及了。"

　　用友只用了三年不到的时间,也就是在 1991 年,就成为国内财务软件的第一名。郑总总结道:"这一阶段我们发展大概不到十年,这个市场我们就全面占领,直到 20 世纪 90 年代中期。"

　　笔者评论:用友的创业与时下的创业热潮有相同点:都是发现了用户的需求,为了解决用户的需求而提供服务。当然也有不同点:当时的创业环境远不如今,需要创业者付出更大的勇气和决心。

　　用友的第一代会计电算化产品按照我们对创新层次的定义应该属于突破性的创新,原因在于我国的会计制度具有自己的特点,国外的产品不仅面临语言问题，更无法解决会计的制度问题。因此，用友的会计电算化软件开辟了新的领域，也得到了突破性创新才能带来的高增长和高利润。

2.2　用友的第二次启航——用友 ERP

20 世纪 90 年代中期，用友开始第一次战略转型，也就是第二次的启航。从独立财务软件到企业管理解决方案 ERP 的转型中，是怎样的力量在驱动？决策的过程如何，以及用友如何成功完成转型？带着这些问题，我们继续深入进行了交流。

2.2.1　用友 ERP 决策的缘起

领军人王文京力排众议，决议要在一统江山的财务软件外开辟第二战场，把时价几百万的一个 ERP 软件平价化、中国化。

根据毛江华女士的介绍，大约在 1996 年，王文京到广东东莞出差。当地代理商向他反映，之前用友的财务软件在东莞卖得很好，但是当时市场出现了一个新情况，财务软件越来越难卖，不光是用友，而是所有的财务软件都难卖。因为客户的需求变了，客户现在要的是 ERP 系统，要一个更全面的管理系统解决方案。财务软件不能解决生产问题，不能解决人力资源问题，不能解决供应链的问题，已经不能满足用户的胃口了。

郑雨林先生说道："当时王总就问客户，企业要什么样的软件呢？回答说要 ERP，说不要财务软件，ERP 里面是含有财务软件的。可是一个财务软件才几千块钱，最贵也就一两万，一个 ERP 软件几百万，当时最便宜也要几十万。

当时对 ERP 我们都不了解。ERP 是 20 世纪 80 年代从欧美开始兴起的，中国的企业现在也要 ERP 了吗？当然现在我们知道了，制造业的生产、计划、订单、销售、采购、库存，必须要用 ERP 来管理，这个是支撑制造业生产运营的一个基础工具。王总当时一听，很重视，他有两个判断，第一个判断就是广东和东莞企业的需求定位先于全国的需求，这是第一个判断；第二个判断就是财务软件在未来三年内就没有市场了，用友必须从财务软件向 ERP 转型。当时内部很多人很难接受，因为当时财务软件推得很好，每年增长，每年利润都很高。可他做了这两个判断，带领用友在 20 世纪 90 年代中期开始做这个事情。

这个决策和后面的创新推动是最高层做的，是自上而下的。"

2.2.2 用友 ERP 产品创新转型过程

用友的 ERP 转型和创新做了哪些具体事情呢？又是怎样从一个 ERP 的门外汉到战胜众多的国外实力对手，成为中国 ERP 市场的领头羊呢？带着这样的问题，我们把话题引入到更深的执行细节。

"当时 ERP 的核心技术我们没有掌握，我们采取了三点很重要的措施，这也是创新，而且不仅仅是产品技术创新，还有组织上的创新。"郑总回答道。

"第一点技术创新：最开始用友想过自己做研发，后来考虑到市场的迫切程度以及加快技术的整合。我们最后采取了引进、消化、吸收的方式。ERP 是国外最先出现的，已经有成形的模式和产品技术，你自己重新研发会错失商机，所以当时就决定引进，最好是并购成熟产品。"郑总解释道。

"当时是 2001 年，用友刚刚上市了，也有资本做并购。"郑总解释道。

"当时的 ERP 有欧美的产品，中国台湾、香港，国内也有一些企业在做 ERP。最好的是欧美的产品，但当时欧美这些公司对于用友来说都是巨型公司，根本没有可能进行资本并购或购买技术。国内的产品又不够成熟，很多公司仅仅刚把 ERP 讲清楚，产品质量和技术上完全不能满足要求。"

这样用友就把并购的目光投向了中国台湾和香港地区。为此郑总解释道："国内制造业起来是在台湾之后，台湾制造业当时很发达，台湾制造业的管理模式也很先进，ERP 的发展要早于国内十年。中国台湾很多制造业公司也买不起国外的 ERP，要靠本地的。所以中国台湾本地的 ERP 公司早十年就起来了，产品技术做得很好，而且还特别适用于制造企业。"

台湾当时正好有一家 ERP 厂商，产品技术很好，但是在市场竞争中败给了对手，用友就把这家公司的产品收购了。用友的收购并非是收购整个的公司，而是并购了核心的技术团队（从这里可以看出用友的价值判断是技术导向的）连同知识产权；并购之后，用友在这个基础上研发出了新的 ERP 产品。

郑总自豪地说道："我告诉你，整个时间用了不到一年就做出来了，然后因为有了产品技术，又有了这个渠道，我们就迅速地去占领市场。"

用友 ERP 转型做的第二件事情，就是培养 ERP 顾问团队。ERP 必须要有一个顾问团队，叫咨询实施。ERP 不像卖财务软件一样，简单地培训一下，会计人员就会用了。ERP 要改变企业的流程，前面要有咨询，要有方案，后面要有实施。

如何解决这个问题呢？"这个复杂了，我们做财务软件的人，做不了这个，这个怎么办？有产品技术了还不行，还要有咨询实施能力。我们就大量地从国际厂商，以及其他做 ERP 的国内厂商高薪聘请咨询顾问。"郑总解释道。

仅仅挖人过来还不行，因为用友要做规模化的市场，个别顾问的加入还只是"星星之火"，要形成燎原之势，还必须组织大量的培训。用友通过大量的内部的或外部的培训，用了半年的时间，把咨询团队和咨询能力建起来。这是第二件事。

　　第三，为了使整个组织能够适应新的战略和新的 ERP 产品，用友开始推进组织变革，从思想改变，到引进人才。

　　　　"甚至我们的 CEO 都是引进的。当时引进人才，组织变革，从上往下，整个强力推进，并且建立相应的考核机制，这个考核机制跟财务软件的考核机制都不一样。文化运动，解放思想，组织变革，这三件事情，奠定了我们在中国 ERP 市场的胜局，帮助我们在 ERP 这一战里面脱颖而出。"郑总总结道。

　　　　毛女士补充道："现在我们 ERP 市场占有率第一，我们比第二名、第三名加起来的市场份额还高"。

　　2010 年 3 月 25 日，中国权威 IT 市场研究机构 CCID 发布了《2009 ~ 2010 年中国管理软件市场研究年度总报告》，报告显示 2009 年，亚太本土最大的管理软件厂商用友公司以 22.2% 的高市场份额再度成为中国管理软件市场第一名，这也是用友公司连续八年蝉联市场第一的殊荣。

　　笔者评论：用友的 ERP 转型成功，对于管理研究来说很有意义。在经营业绩良好的状况下，能够提前预警，并且涉足全新的领域，这样的情况能够成功转型，充分体现了以王文京先生为首的管理层的战略眼光，以及用友集团上上下下的强执行力。用友在短短的几年时间里从 ERP 市场的新人到成长为市场的第一名，是非常难得的成果。反观很多的公司打着创新转型的大旗却无法完成任务，希望从用友的经历中可以有所借鉴。

　　这里还要说明的是，人们在谈论转型的时候，往往感觉与创新是两回事。事实上，企业的管理创新、产品创新才是转型的终极目的，转型就是突破企业的原有格局，或者提升产业链的层次，或者进入新的市场。

2.3　用友的第三次启航——用友全面拥抱互联网

　　1988 年到 20 世纪 90 年代中期是用友的初创期，1996 年到 2010 年，用友经历了第一次转型，从 2010 年开始，用友再次主动转型开始布局互联网战略，这是用友的第二次转型，也是用友的第三次启航。

　　"这次转型客观地讲，有点被动"。郑总非常谦虚地说道，毕竟
用友不是靠互联网起家的公司，就像当初认识 ERP 一样，如今对于
互联网也需要有一个认识的过程。但他接着用肯定的语气表达了对
转型的信心："这次转型到今天为止我还不能跟你们说，'我们成功
了'，我只能跟你说我们有信心，而且已经在路上。"但这次转型不
是自上而下，也不是由内而外的，而是由外而内，自下而上的。

　　用友的这次转型早在 2010 年就有了苗头，当年的 12 月 23 日，在中国
电信、华为、IBM、微软等重要伙伴的见证下，用友软件股份有限公司在
北京盘古七星酒店发布了"云战略"：**用友将实施 S（软件）+S（服务）
的核心策略，通过推动企业全面信息化，迈向"云端企业"，获得跨越式
发展，在 2015 年成为亚洲最大、全球领先的企业云服务提供商。**

2.3.1　互联网时代对用友的挑战

　　对于互联网产业的发展，用友作为 IT 行业的知名公司必然不会不关
注。而实际上，用友的高级管理层时刻都在思考如何应对互联网的大潮。
互联网行业完全不同于传统行业，传统行业拼的是资源、客户沉淀以及企
业的积累。而互联网行业拼的是创新、时间和速度，加上资本市场的关
注，使得互联网的模式发展速度远超传统模式。

　　用郑雨林先生的话说**"传统行业，创新是面，互联网创新是点。"**

　　国家倡导的"互联网＋"为社会结构的变迁注入了新生力量，正是因
为信息发布和获得的非等级化，使得传统意义上的金字塔型、块状的层级
结构模式变为扁平化的社会结构。互联网时代的组织和社群是以个人为中
心的，每个人都可以发出自己的声音，成为独立的信息中心。

　　在单点上突破，只针对客户的一个需求，一个问题，提供个性化的解
决方案，产品只要有了雏形就可以上线，根据用户的反馈快速迭代，一路
小跑就把市场占领了，这些都是互联网思维。互联网创新并不需要很多资

源，只要有具备互联网思维的人才，有个技术模型，有个好的构思，有个好的产品雏形，利用资本市场进行融资，把这个简单的甚至是最开始有些简陋的产品复制出来，很短的时间就可以开花结果。

郑总提到互联网对用友的影响时说：

"ERP 的传统模式其实是试图解决客户各方面问题，用一个复杂的系统，加上大量的后续服务来解决你的问题。互联网不是这样，互联网才不管你那么多问题，它只管你其中一个问题，然后把这个问题给你解决得特别漂亮，甚至免费！客户就看上这个了。"

事实上，这些互联网的特点还不是用友下决心转型的关键，来自市场的压力会更加直接。从用友公开的财务数据来看，用友的高速成长也在 2010 年趋缓，这与电商、互联网金融等细分行业的高速增长形成了鲜明反差，参见图附 1 - 4。

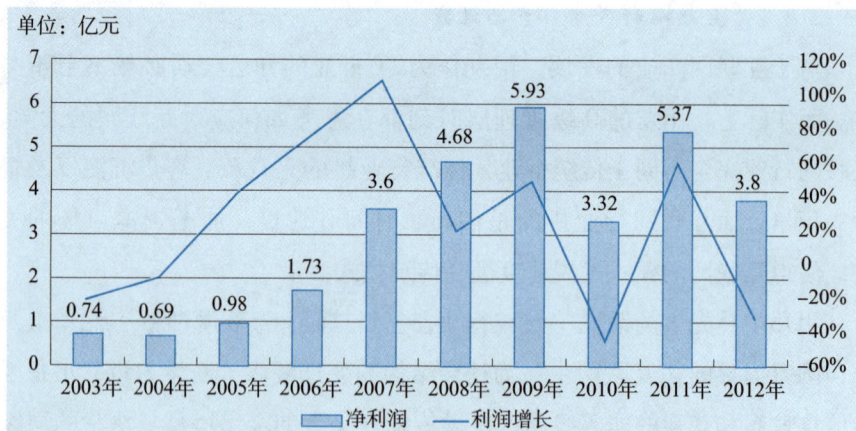

图附 1 - 4 用友集团 2003～2012 年净利润变化情况

市场的压力和互联网＋的机遇促成了用友的第三次启航——用友的互联网转型。

2.3.2 用友互联网的转型布局

从调研中得知，用友的互联网转型也经历了试探、试错，最终才完成战略布局。

> "我们从 2010 年开始谋划转型，初期互联网的玩法我们很不适应，我们还是用软件的思路来做互联网，用传统的思维在做互联网。这个状况从 2014 年开始改过来，从 2014 年开始有了很大的转变。明确了互联网怎么创新的思路，明确了我们要做的三件事，即企业应用软件的互联网化，企业的互联网服务以及互联网金融服务。"郑总介绍道。

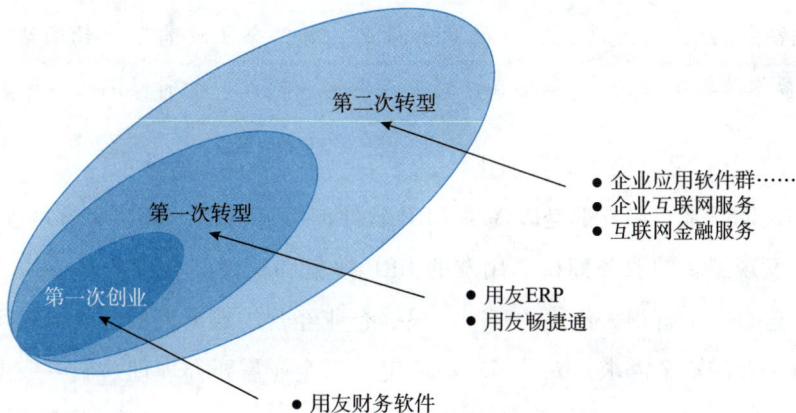

第二次转型

- 企业应用软件群……
- 企业互联网服务
- 互联网金融服务

第一次转型

- 用友ERP
- 用友畅捷通

第一次创业

- 用友财务软件

图附 1-5 用友集团的转型

1）"互联网 + 软件"的跨界演化

"互联网 +"对于用友来说就是"互联网 + 软件"，最终的方向是什么？就是跟传统业务融合创新。

> "用友做的事情就是做跨界，最后我们跨界只做两件事。第一，做企业运营服务，原来我卖软件服务给你，到新阶段我可以租软件服务给你，然后跨界是怎么做呢？连会计都不要了，到我的平台上来，我帮你记账、算账、报账，而且记账、算账、报账的人员都不

是用友的人。用友搭一个平台，这边是中小微企业，那边就是财务人员（社会上的）。这个平台已经做成功了。这边有二十多万家中小微企业，那边目前有五万多个会计。我们做这个平台的目标是要发展到一千万家中小微企业，一百万个会计。（这个业务叫作 E 代账，深受中小企业的欢迎。）

人力资源也是，从人力资源软件，到人力资源服务，帮你做社保，帮你代发工资，帮你招聘，另外我们还做了数字营销。数字营销这个业务不是卖软件给你，相当于我是个广告公司。广告公司发展到今天，不能再说帮你到电线杆上去贴广告了吧，也不能再说带你到中央电视台去做一次广告了吧。数字营销已经从电线杆、央视、报纸广告发展到百度的竞价排名。我们今年收购了秉钧网络，帮你做数字营销。"郑总在讲到"互联网＋软件"的时候滔滔不绝。

2）从产品到服务跨界演化

长期以来，用友都是以提供 ERP 软件产品著称的，但在实施过程中，逐渐发现了新的服务商机。用友的 ERP 搜集和整理了大量的企业用户数据，这是一个有很大价值的资产。根据企业经营的数据进行分析，就可以了解企业的资金需求，人员需求等情况。当企业需要办理理财服务或融资的时候，用友可以帮你融资或者推荐融资，这样企业很快就可以做起来了。

郑总特别提到一个故事："早期我们在深圳卖 ERP 软件，卖了几十万家。深圳一家银行就来找我们，说跟我们合作，让我们开发一个接口软件，通过这个接口软件可以看到企业的经营数据。开发软件花了 100 万，过了两年发现，银行通过这些经营数据赚得更多。我们后来发现，如果用卖软件的思路来做，是 100 万的项目；如果换一个思维，我提供企业数据分析这个服务，每个企业每年给我千分之一，那就不得了，而且这种收入是持续的，所以我们发现必须要做互联网金融服务。"

2.4　用友互联网转型的执行

在经历了从会计电算化到 ERP 的转型后，用友其实已经发展成为大型的 IT 公司，建立了完整的管理体系和制度。然而正如我们在前述章节中提到的那样，在一个各种管理制度和流程非常完整的体制下搞创新和转型，必然会受到各种规则的限制和干扰。

按照我们前述章节所描述的企业创新体系的建设五步骤（详见第三章图 3 – 16），在用友的互联网转型中我们已经介绍了第一步：了解了企业创新的位置，以及第二步：创新方向的选定。那么后面如何执行呢？如何构建开放式的创新环境，如何组建创新团队以及系统的优化呢？

按照我们对用友的采访，为了执行王文京先生为首的管理团队的战略决策，用友主要做了以下的具体工作。郑雨林先生把这些工作简单地总结成三个关键要素："第一个是要用合适的创新人才，第二要建立独立的组织形式，第三要有合适的管理和激励机制。"

第一个关键要素是创新人才。对于传统业务的升级部分，也就是企业应用软件的互联网化，还可以从原有的团队中寻找适合的创新人才。但是对于新业务，特别是互联网金融等业务，主要还是依靠引进创新人才。郑总介绍到："我们现在的支付业务都是以引进人才为主的，企业运营服务我觉得也要引进人才，这个要从互联网公司引进。对于互联网服务业务，人才是关键环节，是第一要素。"

第二是建立独立的组织形式，这一点比较好理解，就是成立单独的公司运营创新业务。"所有运营服务业、互联网金融板块的公司全部都跟软件业务板块的组织独立分开，以独立公司、独立组织的形式运营创新业务。"郑总对此确认道。

第三是建立合适的管理和激励机制。在采访两位高管之前，我曾介绍了我们对于创新的调研结果，其中谈到大多数管理者对创新是重视的。对此，郑总补充道："今天互联网的时代来了，说不重视创新，公司就要完了，还敢不重视吗？关键是价值观有没有改变！光重视，价值观不改变没用。目前为止，传统企业家去做，成功改变的人不多，我看到的人，我了解的不超过十个，**必须痛定思痛，在价值观上对自己的过去进行否定**。不改变价值观，没用。就要用创投的方式去创新，今天的创新者必须觉得他是为自己在奋斗。"

郑总解释道："很多的传统企业不管是高科技的，还是制造业，管理者的价值观就是员工来给我做事打工，企业支付工资；而互联网时代不是这样，我们一起创造价值，一起来分享，创投是最典型的这种价值观。为什么成功的互联网公司都是创投培养起来的，很少是老板培养起来的？老板实际上是'你来给我创新'，创投是'我帮你创新'。今天只有'我帮你创新'的价值观能够行得通，你来给我创新，这种模式不能持续。"

那么用友怎么建立合理机制激励员工的创新、促进集团的创新能力提升呢？

郑总介绍道："建立类似风投的一个机制，全部是创新团队高比例持股。我们现在高到什么程度呢？有超过60%的，最低也在20%左右。你可以想想，原来公司从成立以来，到建立股份公司，我们的激励是通过员工股权期权。我们已经做了三期，整个发出去的股份是多少呢？只有百分之几。现在一开始就是不低于20%，高的有60%，我们现在新搞的公司都是按照这种架构。当然我们这样的创新跟完全风投可能不太一样，也不能随便说多少比例，要有个测算过程。但我们对创新团队，可以提供比风投更多的资源，因为我们有平台，而且集团公司承担100%的责任和风险，100%的风险都由我们承担，这就是组织变革的关键。"

说到转型的状况，郑总再次谦虚地表示还不能说已经完全实现了目标，用友还在继续努力，但集团所有管理层和员工都已经在创新和转型的路上。

2015年3月，用友公司公布了2014年财报，实现营收43.74亿元，比上年同期增长 0.3%，影响收入增长幅度的主要因素是软件业务结构性加大了分销；扣除非经常性损益后的净利润 5.18 亿元，扣除股权激励成本后的扣除非经常性损益净利润为 5.87 亿元，归属于上市公司股东的净利润为 5.50 亿元，同比分别增长 23.4%、35.7%、0.4%。

对于转型中的用友，能有此成绩已经相当不错，新业务也有显著进步，其中年报中提及的互联网金融业务：公司获得中国人民银行颁发的《支付业务许可证》，获得全国收单及全国互联网支付的牌照，并加大了对支付、P2P 等业务的投入，支持业务快速上线和形成规模，公司旗下的友金所平台 2014 年 10 月中旬上线，首月成交额达到 2646 万元人民币，截至报告期末成交额达到 1.17 亿元。

笔者评论：互联网在深刻地影响着人们的生活，影响着很多公司的业务和外部环境，如何应对是每个企业管理者都面临的问题，问题并不复杂，但下决心却很难。其实互联网也仅仅是创新中的一个方向，类似的还有中国制造 2025 的机遇，人工智能领域等众多创新热点。

用友的实践是值得尊敬的，也是值得学习和研究的。对于一家成功实施过 ERP 创新和转型的企业来说，我们期待用友能够在新的征途中再创辉煌。

3. 采访感触

由于笔者在 IT 行业工作了 10 多年，又从事咨询和培训近 10 年，因此对于用友这样的公司从业务到技术都比较了解。在交谈中与受访的两位高管都很容易沟通。尤其是在与用友集团高级副总裁郑雨林先生的交谈中，更能体会用友对创新和转型的深刻理解。而且，貌似严肃的郑雨林先生，一谈到创新这个话题就仿佛打开了话匣子，不仅详细按照事先设定的采访提纲做了解答，更是远远超出了我们预想的交流深度。

同时郑雨林先生出于对创新话题的兴趣，更是出于一个老 IT 人的爱国情怀和责任感，多次表达了对建设创新驱动型社会的期盼和支持。

在访谈中，他曾提到要把创新的责任放到年轻人身上："年轻人敢冒险，他们觉得这个不顺，那个不顺，应该颠覆一下，用互联网来做。而且互联网的服务创新，往往都是实践型的，就是具体做事情的时候，如果觉得这个别扭，那个别扭，就改。而在上面管理位置上的人往往看不到，感觉不到，也不知道哪个地方，哪个流程、哪个点需要用互联网来改变，所以说创新是年轻人的事业。"

交谈中我曾打趣道："您个人以后有什么计划？"

郑雨林先生表示："我马上转变角色，我想以后既不是来组织业务创新，更不是说我直接实践，我想换一种角度，发挥我们的资源优势，用投资的方式来做2B❶的互联网创新。我个人是有这么一个想法，也许过几年你见到我，我就是个投资人了，但是我做投资只投一个方向，就是2B的，而且一定在'互联网+'企业运营方向。"

最后，在访谈中我们都高度一致地同意这样一个基本事实：中国人在创新上并没有天然的缺陷，我们一样可以创新甚至做得更好。

祝愿以王文京先生为首的用友集团互联网转型成功，也特别致谢郑雨林先生与毛江华女士的宝贵支持。

---

❶ 2B 即 to Business，指面向企业而不是个体消费者的业务。

海信集团创新调研报告

领袖和跟随者的区别就在于创新。

——史蒂夫·乔布斯

图附 2 – 1　海信集团总部

1. 海信集团简介

海信集团成立于 1969 年。

海信坚持"技术立企、稳健经营"的发展战略，以优化产业结构为基础、技术创新为动力、资本运营为杠杆，持续健康发展。进入 21 世纪以来，海信以强大的全球研发人才所组成的研发团队为后盾，以优秀的国际化经营管理团队为支撑，加快了产业扩张的速度，已形成了以数字多媒体技术、智能信息系统技术、现代通信技术、绿色节能制冷技术、城市智能交通技术、光通讯技术、医疗电子技术、激光显示技术为支撑，涵盖多媒体、家电、IT 智能信息系统和现代地产的产业格局。2014 年海信实现销售收入 980 亿元。

海信集团拥有海信电器（600060）和海信科龙电器（000921）两家在沪、深、港三地的上市公司，同时持有海信（Hisense）、科龙（Kelon）和容声（Ronshen）三个中国著名商标。海信电视、海信空调、海信冰箱、海信手机、科龙空调、容声冰箱全部当选中国名牌，海信电视、海信空调、海信冰箱全部被评为国家免检产品，海信电视首批获得国家出口免检资格。

海信是国家首批创新型企业，国家创新体系企业研发中心试点单位，中宣部、国务院国资委推举的全国十大国企典型，全国唯一一家两获"全国质量奖"的企业，拥有国家级企业技术中心、国家级博士后科研工作站、国家 863 成果产业化基地、国家火炬计划软件产业基地、数字多媒体技术国家重点实验室。海信在中国青岛、深圳、顺德以及美国、欧洲等都建有研发中心，初步建立了全球研发体系。科学高效的技术创新体系使海信的技术创新工作始终走在国内同行的前列。

目前，海信在南非、埃及、阿尔及利亚等地拥有生产基地，在全球设有 20 余个海外分支机构，产品远销 130 多个国家和地区。

选择海信集团作为调研对象有三个主要原因：（1）海信集团有足够长的历史，可以反映成熟家电制造业在我国发展的进程；（2）海信集团长期关注产品的创新，在家电制造业的创新工作以及现状方面是一个典型的代表；（3）海信集团的产品系列都位于行业的前几位，能够反映主流企业的创新工作与方法。

本调研一共涉及三个工厂和海信总部，三个工厂分别是海信日立空调厂、海信电视机厂和海信手机生产线，调研的重点内容是与海信集团研发中心负责人王志刚先生的关于创新的采访与讨论。王志刚先生同时担任海信科龙电器股份有限公司的副总裁。在工厂的采访过程中，还访谈了手机生产线的负责人与技术总监。

2015 年 8 月，笔者应约前往青岛海信集团调研。首先来到的是海信日立空调厂（海信日立空调是海信和日立的合资厂），2002 年，海信与日本日立公司合资成立海信日立空调系统有限公司，开始涉足大型商用空调市场。第二个调研的工厂是海信的电视机厂，第三个是海信的手机生产线。

工厂的调研结束后，笔者前往海信总部面谈。海信大厦位于海滨公园旁边，大厦是一栋很明显的高层建筑，海信的 logo 挂在大厦的顶端。与王志刚先生的面谈安排在顶楼的咖啡厅里，这里透过窗户可以看到整个的海滨公园，一望无际的大海让人备感心情舒畅。

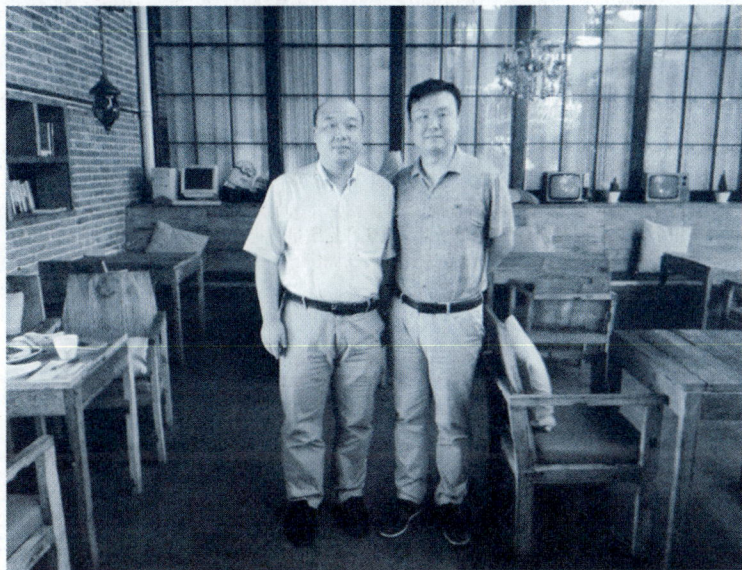

图附 2-2　海信集团研发中心负责人王志刚（左）与本书作者韩春生（右）

2. 海信集团创新体系简介

海信集团的创新体系组织架构如图附 2-3 所示。

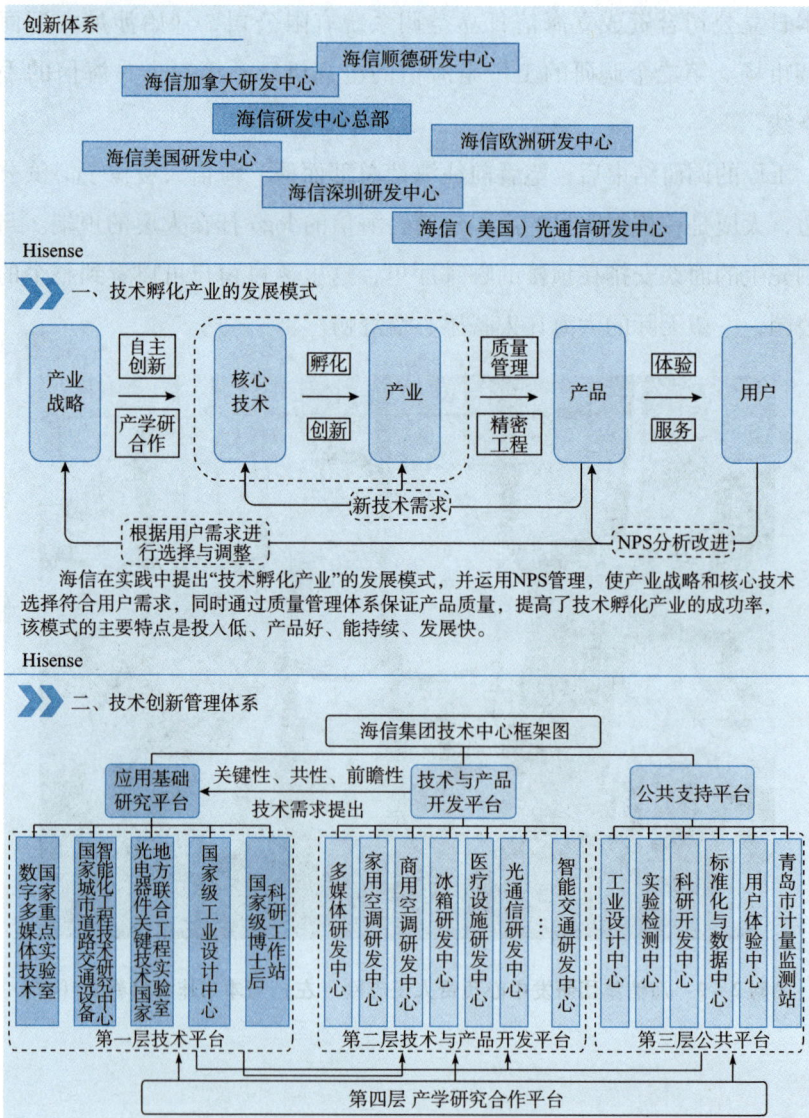

图附 2-3　海信集团的创新体系

按照我们前述章节所描述的创新体系（详见第三章），企业首先需要了解和定位本企业的创新位置，海信对于创新的定位是清晰的，海信企业文化中的海信格言，第一条就是有关创新的。

> 如果不掌握技术创新的主动权，在大开放的市场就只能拿到"微利"；要想拿到"厚利"，就必须加大技术创新的长期投入。
>
> ——海信格言

根据王志刚先生的介绍，海信对于创新的理解分为两部分："第一部分叫颠覆性的创新（注：部分等同于我们前述章节中提到的突破式创新）；第二部分就是间接性的创新（注：也就是前述章节中提到的延续性创新）。对于颠覆性的创新，海信有一个叫作'技术孵化产业'的模式，它的具体做法就是引进一个团队，或者招聘大学毕业生，以各种模式搭建一个团队来从事比较超前的研究，基本上领先产业五年以上。海信集团的研发中心下面有个国家级重点实验室，它从事的是五年以后这个产业可能会出现的一些颠覆性机会的研究。"

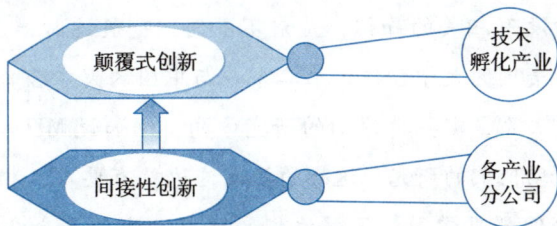

图附2-4　海信集团对创新的分类

2.1　海信的颠覆性创新管理及范例

对于颠覆性的创新工作，海信采用的技术孵化产业模式取得了丰厚的成果。这里需要解释一下，对于王志刚先生所说的颠覆性的创新工作，更多的是基于海信自身的产业来进行类比。某些海信定义的颠覆性创新本质上并不属于我们前述篇章所提到的突破式创新，但是对于海信集团的业务来说却是一种颠覆和突破。

王志刚先生认为颠覆性创新主要是指："最开始的时候是中国的产业没有，后来范围扩大了，要做的是全世界范围内都没有的技术，或者是企业还没有。"（笔者注：如果只是企业还没有，就不属于突破式创新，如果是前两者就是突破式创新）

按照我们讲述的企业创新体系，第二步是确定创新的目标和方向，对于海信的颠覆性创新的目标和方向，怎么确定呢？笔者就这个问题专门请教了王志刚先生。

笔者：那我再问您一个问题，我们做一些重点的实验室，然后研究一些我们认为颠覆性的突破性的东西。我的问题就是谁来认为我们应该研究这个，研究这个 A 而不是研究这个 B？

王总：集团有一个战略发展部，它会根据产业的一些实际情况去组织研究产业的发展，上哪个不上哪个项目都是由战略发展部来组织，再由集团办公会决策。尤其是这种颠覆性的产业，对很多人来说，因为没有相关的知识，是看不准的。一般这时候怎么办呢？第一个是与美国的大学合作，第二个是与中国的大学合作。建立这种长期合作关系，需要看他们的研究方向，比如说 MIT——麻省理工，我们资助他们的研究，这样的话我这边就有些人，相近专业的人，派去他们那里学习，了解他们的研究，他们也会介绍他的研究，相当于利用一个外部资源来做行业上的判断，这是一种情况。第二种是中国的大学和科学院所，我们也有合作伙伴。这些都是我们海信集团的"外脑"。"外脑"他们提供评估意见，战略发展部组织这些专家评估完意见以后，由集团的办公会来决定上还是不上。

为什么讲技术孵化产业？是因为对一个前瞻性很强的技术，没法看得准，放在这儿可以试一下，有个试错的机会，有了针对性的研究，它会越来越清楚。

2.1.1 海信智能交通系统

王志刚先生介绍的其中一个项目是智能交通系统，智能交通系统的成功推出就得益于技术孵化产业模式。

> "项目的提出者是研发中心下面的智能交通研究所，他们认为随着城市化进程的发展，交通拥堵成为重要的问题。智能化的调度将让道路交通更优化，经过几年的发展，在智能交通领域，现在他们是世界第三大标准的制定者。这个系统是我们自己的知识产权。智能交通系统开发成型以后，从研发中心分裂孵化出去一个技术公司，叫海信网络科技，在中国智能交通解决方案的市场里，海信网络科技才是这个领域的'隐形冠军'"。

2005 年，北京奥运智能交通系统开始招标，因为了解国内外品牌产品的优缺点，北京提出了自己的技术测试标准，在硬件软件上都委托给了专业的第三方进行检测。海信也参与了投标，并一战成名。从 2008 年起，海信已经将自己的产品和服务"铺设"在中国的很多城市，2009 年济南的全运会、2010 年上海世博会和广州亚运会、2011 年乌鲁木齐中国—亚欧博览会和贵阳少数民族运动会，几乎所有大型活动的承办城市的智能交通系统，海信都参与搭建。海信智能交通核心产品已占据国内市场 29% 的份额，在快速公交智能系统的市场占有率更是达到 70% 以上。2015 年 9 月 18 日，在西班牙加那利群岛拉斯帕尔马斯首府举行的第十八届国际智能交通年会上，青岛市智能交通建设平行交通一期工程荣获 2015 年度"IEEE 国际智能交通系统杰出应用奖"。该奖项是国际智能交通科研与应用水平最高荣誉奖项之一，也是自 2006 年该奖设立以来，首个获奖的区域性智能交通应用工程项目。

2.1.2 三维超声波彩色成像系统

另一个有意思的项目是三维超声波彩色成像系统，刚刚孵化出来，还在初期阶段。

　　一般患者去医院检查，CT 或者超声诊断都是一层一层扫描，医生再根据扫描的结果进行诊断或手术，可是给手术医生提供的影像是二维的，需要医生有很多的经验来判断，而优秀医生的资源又比较少。有时候即便是优秀医生，对于二维图像和三维实物之间的判断还是存在一定的误差。如果能够看到三维影像，对于医生的诊断和手术的成功率来说都是非常有帮助的。

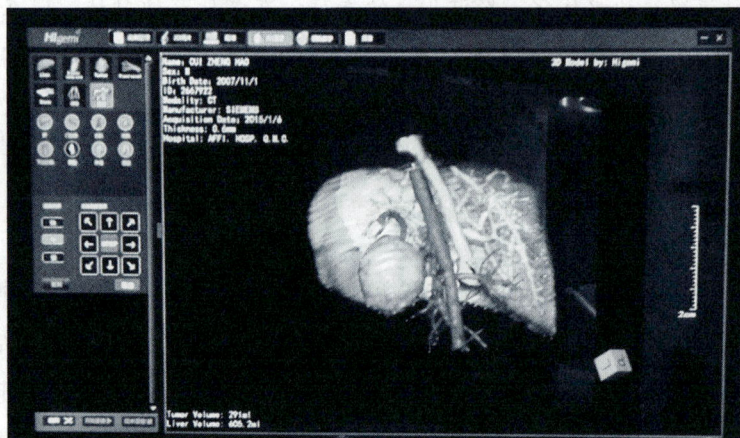

图附 2 - 5　海信集团研制的三维超声波彩色成像系统

　　王总介绍说："现在孵化的这个医疗电子公司，是刚分出来的，刚开始经营。它是怎么来的呢？现在医疗行业上有几个矛盾：一个是医生的资源比较少，尤其是优秀的医生资源比较少；第二个是现在医学很多是靠设备。现在的设备基本上全是国外的，非常贵，海信就在重点实验室拓展研究领域，成立了多媒体医疗影像研究所。2014 年，重点实验室孵化出了青岛海信医疗设备有限公司。带头人高川博士是海信医疗的技术领头人、泰山学者、海外特聘专家。2011 年，高川和来自美国、法国、日本等多个国家的、拥有丰富医学设备开发经验的研发人员一起，在海信大平台资源的协助下，尝试利用海信擅长的显示技术与图像处理技术，开发医疗显示设备、医学图像处理系统、医学影像设备等项目。"

2013 年 12 月 3 日，来自济南市的 2 岁儿童在 3 个多小时肿瘤切除手术后脱离危险。就在几天前，这个肝脏上长了巨大肿瘤的孩子，因为手术的复杂和危险程度已被多家医院宣布"无救"。青岛大学附属医院的这次手术给了这个孩子第二次生命。此次手术的难度国际罕见，然而主刀人青岛大学附属医院副院长、小儿外科主任董蒨成功地完成了这台手术。他的信心正是基于海信正在研发当中的计算机辅助手术系统（海信 CAS）。

该系统简单地讲就是"三维画肝脏"。以往患者拍 CT 都是平面截图，医生只能在头脑中依据经验想象肝脏的三维结构，而董蒨则尝试利用海信 CAS 系统，实现像 GPS 导航一样指导手术。2013 年 11 月 29 日，海信收到董蒨传来的数据。12 月 1 日晚上 10 点，手术方案传回。12 月 3 日手术前，董蒨和团队再次将其构思的手术方案输入计算机，结合已经形成的三维图像，直观预测各种方案可能带来的后果，进行手术模拟。3 小时后手术顺利完成，出血量仅为 30 毫升，这是国内"计算机辅助手术系统"首次进入临床使用。

2015 年 11 月，中国国际肝胆外科论坛上，这套中国独创的手术导航系统再次获得了全球专家的关注和认可。

清华长庚医院院长、国际著名肝胆外科专家董家鸿教授亲自演示了复杂肝门部胆管癌手术。在手术之前，董教授使用海信 CAS 系统先行制作了基于薄层 CT 制作的肝门部胆管癌三维模型。通常，在复杂环境下的肝门部胆管癌非常难以在平面 CT 的情况下进行病情研判，往往只能依靠医生的经验进行分析，无异于盲人摸象。只有在主刀医师打开腹腔后，才能对真实病情进行分析，而这种分析往往也因时间不足而变得草率。通过海信 CAS 的三维立体化重建，肝脏、肝脏内四大管道系统、胆道肿瘤情况一一分别完成 3D 建模，清楚地判明胆管肿瘤分布及与血管间的关系情况，有效帮助主刀医师在下刀前进行手术方案的预判。胆道分型模型创建人 Henri Bismuth 博士也亲自使用海信 CAS 对手术方案进行现场更正。

2.1.3 颠覆性创新的管理与激励

对于颠覆性创新的尝试，王总还给我们介绍了海信宽带多媒体公司，它最早属于研发中心下面的光通信研究所。

> 海信在 2003 年，光通信行业最不景气的时候，决策成立光通信公司，正式涉足光通信行业。事实上，海信 20 世纪末就成立了专门的团队跟踪光通信产业的发展，调研评估其对海信未来产业发展的影响。经过调研分析，海信充分认识到光通信技术将会改变未来产业格局，对人类生活方式产生重大影响。光通信产业是一个具有巨大发展潜力的高科技新兴产业，其将会有 30 年以上的高速成长空间。

> 从 2003 年切入光通信产业，海信就定位于 FTTX（光纤接入）产业链。'2005 年'在全球首家推出商业化 GPON OLT 光电转换模块，从而一举确立了海信在光通信器件领域 FTTH（光纤到户）的领先地位，并成为 Alcatel 的独家供货商。2007 年，海信在全球首创 10G PON 高速突发模式光收发一体模块，大大加快了 10G PON 技术的商业化进程。

> 近年来，海信善用资本平台进行战略布局，先后收购了光模块著名的代工厂商东莞新科、美国优秀的激光器芯片生产厂商 Muliplex 和巨康，为的就是冲击全球领先的光通信市场。求贤若渴的海信最终找到了世界一流的专家，挑起了海信数据通信的大梁。

> 王总还介绍到："现在这几个新的产业，几乎都是后分出去的。但我们也有失败的时候，**比如计算机产品我们就选择了产业退出**。"

笔者注：创新工作肯定有失败的项目，但通常会得到很多经验教训，同时提升了参与员工的知识和能力水平，因此持续投入创新工作一定会有收获。

> 王总强调了技术研发中心的重要性：**颠覆性创新就是（新）技术（孵化）发展成为产业的模式**，具体工作主要在重点实验室。

"技术孵化产业，我们就是这种模式，先培养技术人员，实际上这个也是对前期的技术做了准备。继而通过研发找到了这个行业的领军人物，我们会发现那个人比较合适，就把这个人培养出来。然后团队又把技术掌握了，新技术公司自然就储备了足够的资源。后续在运营的时候，制造本来就是传统企业的一个强项，制造加上营销，相对来说就容易成功。"

在谈到对于颠覆性创新人员和团队管理的时候，笔者问了几个关于激励制度的敏感问题，王总一一做了解答。

笔者：我再问您一下，像这种颠覆性的技术研发，其实很多企业也在用"技术孵化产业"这种模式了，我们对这些参与的领军研发人员，具体的激励制度是怎么安排的？

王总：一般的是两点，海信是一家国有大型集团企业，不是一个完全的市场经济管理方式，不能完全靠直接发钱，比如引进一个年薪五百万的人才之类的，海信一般是很难做到的。我们对这种领军人物有两种激励方式，一个是职务晋升，孵化的时候可能就是一个主任设计师，但是发现你在做的过程中，有一定的管理才能，有可能会变成公司的高级管理人员。有的人就是专家，就给你走专家的路，这是职位上的晋升。第二个就是股权激励，因为你孵化了新公司以后，还是希望这些人能够留在这儿，新公司失败的可能性很大，所以说怎么来留住这些人，来激励大家呢？在成立公司以后我们就采用股权激励。

笔者：这个比率大概会有多少？

王总：基本上核心的、主要的技术人员和精英以及下面核心骨干的人员，一般都会有一定股权。

笔者：有时候会占到新公司的百分之多少？

王总：您讲的是股权比例吗？我们之前有两种模式，一种模式就是从创造的利润中，拿出 20% 来做期权的奖励，或是直接从每年创造的利润中拿 20%，按照持有股权的数量来分红，然后有增值期权；第二种就是公司成立以后，个人占股，相当于你也投资了，一般个人股份的数量大概在 10% ~ 20%。

2.2 海信的间接性创新

承担海信间接性创新的主体是各个产业公司（海信集团分公司），集团负责对各产业公司进行指导，一部分是强制性的，另一部分由各产业公司自行决定。

2.2.1 海信间接性创新的管理方式

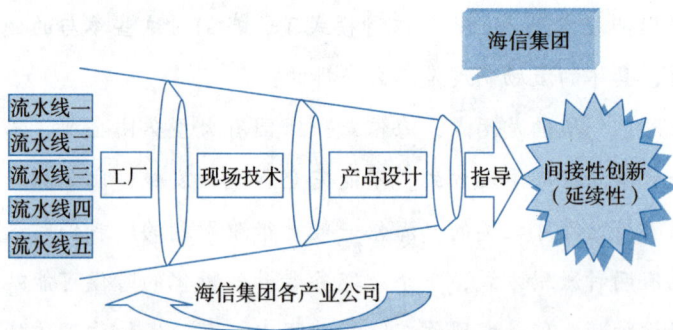

图附 2-6 海信集团间接性创新的管理模式

王总介绍道："因为各产业公司直接面对激烈的竞争，他天然地就需要产品不断地创新和发展，还要具有市场竞争力，所以产业公司有天然的动力去投一些短期的关键技术提升。这个部分我们有个管理办法，叫作预研性的产品管理办法，第一是每个产业要有一个技术路线图，就是三年内的产品发展计划，为了满足你三年内的产品发展，我要在对应的技术上去做什么。第一就是这种技术路线图。

第二个是组织人员的保障，我们强制性地规定把 30% 的研发费用必须投到预研产品上，如果产业公司没有把 30% 的费用投到那儿，公司总经理的年薪是要扣除一部分的。另外研发人员的 10% 要从事这些预研性工作——人员有保障，投入上也有保障。通过这种强制性的措施，资源有了保障以后，你不用动员产品公司的老总。市场激烈竞争，他一定需要好的产品，他是有这种动力的，你只要给他把资源保障了就可以。"

延续性的技术创新（也就是海信的间接性技术创新）通常在企业内部会形成相对固定的模式，即采用成熟技术或者方法不断地满足设定的目标。而且在成熟企业中也会推广某种创新的工具或者技术来强化这种行为。海信集团的延续性创新也是通过这样的方式来进行的。

王总介绍说："怎么创新呢？相对来说要利用一些工具，这些工具实际上大部分是与一些国际大公司进行合作时引进的。我们常用的比较多、比较好的，就是 TCP，实际上其是标杆管理的一种方式。这个是波音公司用的，波音把它在美国的企业中流传推广，我们也是通过跟惠而浦的合作，然后引进来的。

我们把最优秀的产品买回来以后，由专家进行分析，按照对应的关键技术进行评估测试，然后做反向工程，看我怎样才能超过它。预研项目技术一般在产品公司都是这么来做的，通过竞争分析以后，找到那个差距，最简单的办法就是模仿学习，当然要避开知识产权上的纠纷，你就可以做成。（**笔者注：这种方法最容易，但也容易迷失方向，关键是学习 + 超越，否则只能停留在复制上。**）

第二个一般是这样的，别人预测了这个技术是 100 分，我现在是 80 分，我们定的目标可能要定在 110 分。因为别人也要进步，如果你达不到 110 分，就得寻求外部的资源进行合作。这个应该是比较多，不单是在设计层面上，工艺制造层面都会有。客观上讲，海信比较重视技术和产品创新，但是在营销模式创新上相对来说弱一些，在这一块你要想真的成为更高层面上的公司，你必须产品端和销售端两边都要强。"

2.2.2 海信的间接性创新案例——海信电视机

在大多数人的印象中，海信是从电视机起家的，最早的是青岛的无线电工厂，然后发展成海信集团，因此电视机行业是海信的堡垒阵地。发展到智能电视的时代，海信已然处于电视机行业龙头的地位。在海信展馆中笔者看到了第一代的海信电视和最新一代的曲面电视机 ULED。

图附 2－7　第一代海信电视机

图附 2－8　海信集团的曲面电视机 ULED

海信在家用电视机技术上的投入是连续的、巨大的。

比如芯片产业，2015 年 11 月，海信搭载自主研发 SOC 级画质芯片 Hi－View Pro 的智能电视正式上市，这是中国首颗自主研发的画质引擎芯片，也是国家"核高基"高端芯片产业化的成果。中国将由此与日韩一起成为世界电视显示技术的定义者和领导者。

激光显示则是"十三五"国家重点发展的关键战略材料，中国要从彩电大国发展成为彩电强国，新兴显示技术将是重要的突破口。高清激光影院电视将是发展的重点，也是公认的第四代显示技术。海信对激光电视的技术布局在 2007 年已经启动，激光光学引擎 100% 自主研发设计，从研发、设计到整机生产制造完全自主运营，截至目前已取得了 141 项技术专利，70% 的制造成本都能掌握在自己手中。2014 年，海信推出全球首个自主研发的激光影院，为"无屏"时代的到来提前吹响了号角，连韩国媒体都惊呼，"激光显示技术海信走在了韩国人前面！"。

2015 年 8 月份，海信推动国际电工委员会成立了激光显示标准组（T C110W G10），并成为组长单位。

由于海信的间接性创新涉及很多专业细节，这里就不展开描述了。仅从市场占有情况看，2015 年前三季度，根据中怡康统计数据，海信液晶电视的零售量和零售额占有率分别达到 16.77% 和 16.44%，双双高居行业第一位。美国全球统计机构 IHS 公布的数据表明，2015 年前三季度，海信电视全球销量占有率为 5.8%，超越日本索尼，跃居并坐稳全球第三。

2.2.3　海信创新的综合案例——海信日立空调公司

海信日立空调成立于 2003 年，海信与日立的合作从引进消化吸收到市场占有率第二花费了仅仅 12 年时间。虽然从技术路径和产业路径上讲，这块儿不属于创新的范围，但对于海信这家企业来说，这显然这是对自己的一种"突破"。这个案例综合了我们提到的创新的层次递进，从引进技术到延续性的技术创新再到未来的突破式创新，更能体现我国制造业创新工作的成功历程。

王总："最开始生产空调大家都是一致的，基本上就是一种定速的压缩机、风机，这种是比较低端的，最早是从日本过来的。当时有个变频技术，就是电子技术加上变频，通过这种方式来颠覆定速空调。

在 1995 年的时候，海信引进了三洋的交流变频技术，然后联合高校资源开发了直流变频。在这个基础上就开始进入空调这个产业。现在可以看到，市场上全是这种变频空调了，原来的定速空调的市场基本没有了，被替代颠覆掉了。

在 1998 年的时候，我们就在计划空调下一代产品是什么？我们开始叫 VRV，VRF，家用的一拖多的产品，一个外机带很多室内机，就是现在很多家庭装的中央空调。当时在技术中心下面有个空调所，就开始研究这个。大概研究到 2001 年，四年多的时间，开发了当时国内第一个一拖多的家用中央空调，具备产业化条件了，就把它分出去独立运作。（注：这个不同于原来的一拖二的方式，原来的那种实际上是假的。室内比如说有两个机体，压缩机也是两个，两个压缩机是装在一个壳里的。真正的家用中央空调是一个外机，通过变频和室内机自由地组合。）这个孵化出去以后就是现在的海信日立空调公司。"

王总介绍到，这个不同于以往的引进技术，而是海信具备了一定的技术基础，在这个技术基础上的深度合作。

王总："与日立合作是在大型的机器方面。因为大家看到，中国大量建设工程，有很多办公楼宇需要大型商用空调。我们擅长的是中小型的，所以合在一起，这个公司应该说是集团内部经营业绩最好的公司之一。"

"如果没有自己研发的技术，直接合作呢？"笔者问到这样一个问题。

王总："这样有区别的，你看为什么很多合资企业不成功呢？是因为你没有掌握技术去跟他合作，一般都是只有制造技术，就是拿过来的东西你可以造，造完了以后再吸收。但是会面临一个问题，就是合资方它不会让你消化吸收，因为吸收了以后他就没价值了。

所以合资企业他们非常在意的就是核心技术不能给你，如果核心技术给你，他没有任何意义了。如果你没有技术基础，你没法跟他平等合作，你有了技术以后，起码是一种平等的关系。因为有种制衡，没有你我可以自己活了。所以说这块儿也是一种制衡，有了技术他一看你也具备了，他的保密性就比较差了，他可能转让给你，你就有机会去拿到他高一点的技术机密。如果你没有的话，你是很难谈的。

另外，坚持技术创新我们也有针对中国市场的一些好的经验，比如说有些智能化上的东西，甚至比日本开发得还早。这块儿有了技术优势以后，跟他谈的时候，可以获得相对比较平等的权利。相对平等就是说你对对方有一定的技术价值，他也愿意跟你讨论，那么如果后来再引进，当然是可以谈的。如果没有技术的话，那基本上是人家说的算了，你就是只管市场的了。有了就不一样，就可以相对比较成功一点。"

3. 海信集团创新调研总结

　　海信集团的创新管理已经形成了一套独具特色的主动式创新体系。按照我们第三章中的描述，海信已经具备了在本行业进行持久的延续性创新的能力；同时具备了技术跨界能力，也就是在某些与传统业务相关的领域可以进行突破式创新工作，并且在突破式创新方面也取得了一定的成绩。

　　海信的创新管理在制造业具有很强的代表性，也是我国企业走向创新驱动的良好范例。由于海信自身属于国有企业，受到了各级政府的大力扶持，同时也承担了一些民营企业不需要承担的社会责任（例如要求整合业绩不好的其他地方企业）。能够在长期的发展中，坚持创新驱动的方式，在笔者看来难能可贵。

　　在海信的调研中，笔者不仅与王志刚先生做了深度交流，同时也采访了一线的生产线主任、产品线的技术总监，在访谈中感受到创新已经深深植入到海信的企业文化中。

　　在谈到创新的外部环境时，王总对于构建创新驱动的社会环境也很关注："很多企业只做模仿，这种是最快的，但企业长期这样行不行？创新的企业往上走，走到上面就苦恼，不创新的企业可能不希望看到知识产权保护。

　　但是到我们这儿特希望国家保护得严。每个企业都不一样，到不同的阶段以后，要求不一样。缺乏创新的企业肯定不希望你保护，便于其去学习。但是到了上游，企业就希望严格保护。所以仅靠国家提供一些政策，不能够完全解决实际问题。怎么样大众创新？比如说国家的标准，是不是应该引导大家朝着创新技术方向前进？政府必须要引导你，胡萝卜加大棒。比如说你耗材太重了，不允许你卖。因为你消耗的材料多，实际上对社会也是污染。需要强制就要强制，需要鼓励就得鼓励，企业大到一定程度，政府给的一点钱它不是很在意的，它更在意的是政府给创造一个好的环境，大家在这个环境下去公平竞争，这是最重要的。"

　　当然，海信的创新体系还有很多可提升的空间，依然需要完善。例如在新的互联网时代，如何持续优化创新体系？如何保持高效的创新管理以及如何建立稳定的、高素质的创新团队？这些都是海信未来可以提升的地方。笔者相信，随着创新体系建设的深入，从海信这样的中国企业中必将诞生出引领市场的王者。

中文参考文献

［1］中国科学技术发展战略研究院. 国家创新指数报告 2014 ［M］. 北京：科学技术文献出版社，2015.

［2］宋卫国. 中国创新能力什么样——《国家创新指数报告 2014》解读 ［N］. 光明日报，2015 – 07 – 24（10）.

［3］中华人民共和国国家统计局. 中华人民共和国 2014 年国民经济和社会发展统计公报 ［R］. 北京：中华人民共和国国家统计局，2015.

［4］约瑟夫·熊彼得. 经济发展理论 ［M］. 北京：商务印书馆，2014.

［5］约瑟夫·熊彼得. 经济分析史 ［M］. 北京：商务印书馆，2015.

［6］克里斯托夫·弗里曼. 技术政策与经济绩效：日本国家创新系统的经验 ［M］. 南京：东南大学出版社，2008.

［7］理查德·R. 尼尔森. 国家（地区）创新体系：比较分析 ［M］. 北京：知识产权出版社，2012.

［8］克莱顿·克里斯坦森. 创新者的窘境 ［M］. 北京：中信出版社，2014.

［9］克莱顿·克里斯坦森，迈克尔·雷纳. 创新者的解答 ［M］. 北京：中信出版社，2013.

［10］克莱顿·克里斯坦森，杰罗姆·格罗斯曼，黄捷升. 创新者的处方：颠覆式创新如何改变医疗 ［M］. 北京：中国人民大学出版社，2015.

［11］克莱顿·克里斯坦森，迈克尔·霍恩，柯蒂斯·约翰逊. 创新者的课堂：颠覆式创新如何改变教育 ［M］. 北京：中国人民大学出版社，2015.

［12］杰夫·戴尔，赫尔·葛瑞格森，克莱顿·克里斯坦森. 创新者的基因 ［M］. 北京：中信出版社，2013.

［13］斯科特·伯昆. 创新的神话 ［M］. 南京：东南大学出版社，2012.

［14］彼得·德鲁克. 创新与企业家精神 ［M］. 北京：机械工业出版社，2009.

［15］彼得·德鲁克. 管理：使命、责任、实务（责任篇）［M］. 北京：机械工业出

版社，2009.

[16] 彼得·德鲁克. 21 世纪的管理挑战［M］. 北京：机械工业出版社，2009.

[17] 埃里克·莱斯. 精益创业：新创企业的成长思维［M］. 北京：中信出版社，2012.

[18] 拉里·基利，瑞安·派克尔，布赖恩·奎因，海伦·沃尔特斯. 创新十型［M］. 北京：机械工业出版社，2014.

[19] 艾德·卡特姆，埃米·华莱士. 创新公司：皮克斯的启示［M］. 北京：中信出版社，2015.

[20] 谢德荪. 源创新：斯坦福最受欢迎的创新课［M］. 北京：五洲传播出版社，2012.

[21] 井上达彦. 模仿的技术：企业如何从山寨到创新［M］. 北京：世界图书出版公司，2014.

[22] 乔希·林克纳. 创新五把刀［M］. 北京：中信出版社，2012.

[23] 根里奇·阿奇舒勒. 创新算法：TRIZ、系统创新和技术创造力［M］. 武汉：华中科技大学出版社，2008.

[24] 根里奇·阿奇舒勒. 创新 40 法——TRIZ 创造性解决技术问题的诀窍［M］. 成都：西南交通大学出版社，2015.

[25] 根里奇·阿奇舒勒. 寻找创意：TRIZ 入门［M］. 北京：科学出版社，2013.

[26] 檀润华. TRIZ 及应用：技术创新过程与方法［M］. 北京：高等教育出版社，2010.

[27] 德鲁·博迪，雅各布·戈登堡. 微创新：5 种微小改变创造伟大产品［M］. 北京：中信出版社，2014.

[28] 复旦商业知识. 芬兰：小国大创新的启示［M］. 杭州：杭州蓝狮子文化创意有限公司，2014.

[29] 艾德·卡特姆，埃米·华莱士. 创新公司：皮克斯的启示［M］. 北京：中信出版社，2015.

[30] 丹·塞诺，索尔·辛格. 创业的国度：以色列经济奇迹的启示［M］. 北京：中信出版社，2010.

[31] 顾克文，丹尼尔·罗雅区. 以色列谷：科技之盾炼就创新的国度［M］. 北京：

械工业出版社, 2015.

[32] 谢德荪. 重新定义创新 [M]. 北京：中信出版社, 2016.

[33] 弗雷德里克·泰勒. 科学管理原理 [M]. 北京：机械工业出版社, 2013.

[34] 迈克尔·哈默. 企业再造：企业革命的宣言书 [M]. 上海：上海译文出版社, 2007.

[35] L. V. 贝塔朗菲. 一般系统理论：基础、发展和应用 [M]. 北京：清华大学出版社, 1987.

[36] 赫尔曼·哈肯. 协同学：大自然构成的奥秘 [M]. 上海：上海译文出版社, 2013.

[37] 伊利亚·普里戈金. 确定性的终结：时间、混沌与新自然法则 [M] 上海：上海科技教育出版社, 2009.

[38] 郝柏林. 从抛物线谈起—混沌动力学引论 [M]. 北京：北京大学出版社, 2013.

[39] 迈克尔·C. 杰克逊. 系统思考 [M]. 北京：中国人民大学出版社, 2005.

[40] 彼得·德鲁克. 管理者的实践 [M]. 北京：机械工业出版社, 2009.

[41] 刘勇. 感悟创造：复杂系统创造论 [M]. 北京：科学出版社, 2008.

[42] 詹姆斯·格雷格. 混沌：开创新科学 [M]. 北京：高等教育出版社, 2014.

[43] 亚历山大·格申克龙. 经济落后的历史透视 [M]. 北京：商务印书馆, 2009.

[44] 特伦斯·迪尔，艾伦·肯尼迪. 企业文化 [M]. 中国人民大学出版社, 2008.

[45] 迈克尔·葛詹尼加. 认知神经科学：关于心智的生物学 [M]. 北京：中国轻工业出版社, 2011.

[46] 菲利普·津巴多. 普通心理学 [M]. 北京：中国人民大学出版社, 2008.

[47] 戴维. 迈尔斯. 社会心理学 [M]. 北京：人民邮电出版社, 2014.

[48] 迈克尔·波特. 竞争优势 [M]. 北京：华夏出版社, 2005.

[49] 吴军. 硅谷之谜 [M]. 北京：人民邮电出版社, 2016.

[50] 吴军. 浪潮之巅 [M]. 北京：人民邮电出版社, 2013.

[51] 阿伦·拉奥，皮埃罗·斯加鲁菲. 硅谷百年史：伟大的科技创新与创业历程（1900–2013）[M]. 北京：人民邮电出版社, 2014.

[52] 蒂姆·布朗. IDEO, 设计改变一切 [M]. 北京：万卷出版公司, 2011.

[53] 霍刚·吉吉斯. 变化中的北欧国家创新体系 [M]. 北京：知识产权出版

社，2006.

［54］安尼什·乔普拉. 国家创新：美国首任 CTO 眼中的美国式创新 ［M］. 北京：中信出版社，2015.

［55］大前研一. 无国界的世界 ［M］. 北京：中信出版社，2015.

［56］柳卸林，高太山. 中国区域创新能力报告 2014：创新驱动与产业转型升级 ［M］. 北京：知识产权出版社，2015.

［57］国家发展和改革委员会产业经济与技术经济研究所. 中国产业发展报告 （2015）：我国产业创新与转型升级研究 ［M］. 北京：中国市场出版社，2015.

［58］扎奥丁·萨德尔，艾沃纳·艾布拉姆斯. 视读混沌学 ［M］. 合肥：安徽文艺出版社，2007.

［59］雷家骕，洪军. 技术创新管理 ［M］. 北京：机械工业出版社，2012.

［60］梅丽莎·A. 希林. 技术创新的战略管理 ［M］. 北京：清华大学出版社，2015.

英文参考文献

［1］ Raymond Vernon. International Investment and International Trade in the Product Cycle ［J］. The Quarterly Journal of Economics, 1966 (5), Vol. 80, No. 2：190 – 207.

［2］ Kenneth L. Kraemer, Greg Linden, and Jason Dedrick. Capturing Value in Global Networks：Apple's iPad and iPhone ［R］. 2011.

［3］ Philip Cooke. Regional Innovation Systems：Competitive Regulations in the New Europe ［J］. Geoforum, 1992, 23：365 – 382.

［4］ Edward Norton Lorenz. Predictability：Does the Flap of a Butterfly's Wings in Brazil Set Off a Tornado in Texas ［C］. Washington, DC：American Association For the Advancement of Science, 139th Meeting, 1972.

［5］ Stephen H. Kellert. In the Wake of Chaos：Unpredictable Order in Dynamical Systems ［M］. Chicago：University of Chicago Press, 1993.

［6］ N. Triplet. The Dynamogenic Factor Factors in pacemaking and competition ［J］. American Journal of Psychology, 1898, 9：507 – 533.

［7］ Benoit Mandelbrot. How Long Is the Coast of Britain? Statistical Self – Similarity and Fractional Dimension ［J］. Science, New Series, Vol. 156, No. 3775, 1967：636 – 638.

［8］ Drew Boyd, Jacob Goldenberg. Inside the Box：A Proven System of Creativity for Breakthrough Results ［M］. New York City：Simon & Schuster, 2013.

［9］ Jacob Goldenberg, Amnon Levav, David Mazursky, Sorin Solomon. Cracking the Ad Code ［M］. Cambridge：Cambridge University Press, 2009.

［10］ Ronald A. Finke, Thomas B. Ward, Steven M. Smith. Creative Cognition：Theory, Research, and Applications ［M］. Boston：The MIT Press, 1996.

［11］ Walter Isaacson, The Innovators：How a Group of Hackers Geniuses and Geeks Created the Digital Revolution ［M］. New York City：Simon&Schuster, 2014.

［12］ Maximilien Ringelmann. Research on animate sources of power：The work of man ［J］.

Annales de l'Institut National Agronomique, 2nd series, vol. 12, 1913: 1 – 40.

[13] Daniel Kahneman. Thinking, Fast and Slow [M]. New York City: Farrar, Straus and Giroux, 2013.

[14] Jacob Goldenberg, David Mazursky. Creativity in Product Innovation [M]. Cambridge: Cambridge University Press, 2002.

[15] JacobGoldenberg, Roni Horowitz, Amnon Levav, David Mazursky. Finding your Innovation Sweet Spot [J]. Harvard Business Review, 2003: 3.

[16] Jacob Goldenberg, David Mazursky, Sorin Solomon. Creative Sparks [J]. Science Vol. 285, Issue 5433, 1999: 1495 – 1496.

后　记

　　企业的创新涉及很多方面，自身的定位、方向的选择、风险的承担、人才的培养、工具的运用等。本书是我们创新系列图书中的第一本，主要介绍了混沌创新理论框架及十大创新工具，希望在中国企业的创新实践中，能够起到一些帮助作用。

　　在本书的创作过程中，得到了很多领导、专家、同事、家人、朋友的帮助。首先要感谢工业和信息化部中小企业发展促进中心，中国中小企业国际合作协会对本书的指导与支持。武汉中国光谷人才服务中心的窦炜主任，对本书的内容和结构提出了很多富有建设性的意见，并为我们的实地调研采访提供了大量的帮助。壹零城邦的金莹女士，从头到尾帮助我们协调采访、调研，分析整理资料，联系出版，金莹大量而细致的工作是本书得以顺利面世的关键，在此深表感谢。中国科学院科技政策与管理科学研究所的穆荣平教授，在百忙之中对我们进行了指导；以色列的 Nir Ben Lavi 博士，给我们分享了大量系统创新方面的知识与经验；在采访和调研过程中，用友和海信两家公司给予了强力的支持与帮助，并为本书提供了丰富的素材；清美文博的首席运营官徐道生，端若管理咨询的董事长高静，国药集团北京医疗器械有限公司的副总经理谢小七，中国科学院计算技术研究所的钟运琴博士也为本书付出了大量的努力，在此一并表示感谢。最后，还要感谢笔者家人的支持与宽容，承担了大部分的家务，给笔者创造了一个宽松的写作环境。

　　由于笔者水平有限，本书难免有错误疏漏之处，欢迎读者批评指正。

周　涛

2016 年 3 月 14 日